中国伦理学会会长、清华大学人文学院院长万俊人亲笔为东安题写"中国德文化之乡"

中国·东安

中国伦理学会会长、清华大学人文学院院长万俊人（左一）亲自为东安县授予"中国德文化之乡"牌匾　蒋学赛摄

东安在湖南省的区位图

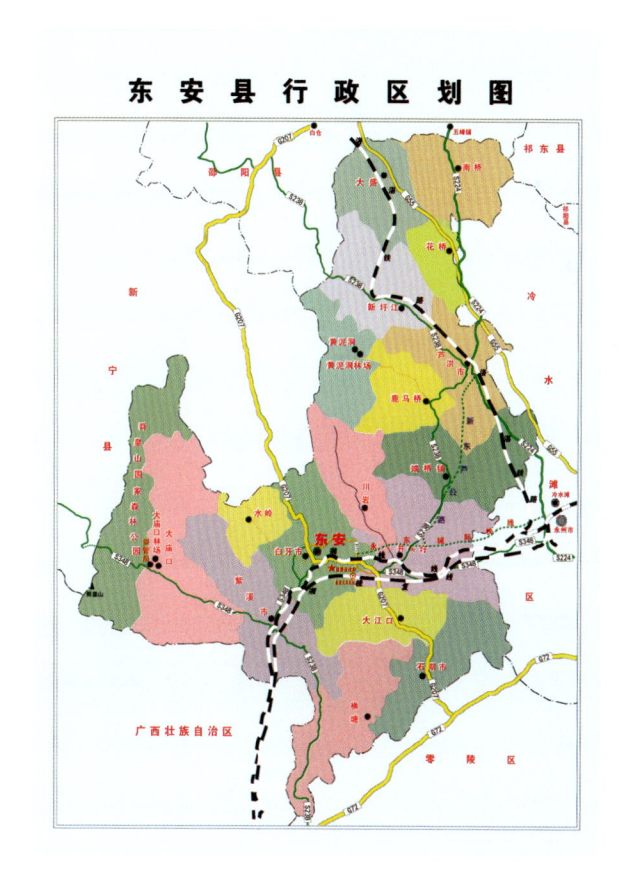

东安县行政区划图

东安县行政区划图

"湘水经东安县东，有沉香塘，石壁隙插一株，云是沉水香，澄潭清冷，绿萝倒影，故名'香潭渌水'"。香潭渌水位于东安渌埠头湘江段，禅德文化基地沉香寺下，是著名的"潇湘十景"之一，王夫之曾作《蝶恋花·香塘渌水》词一首。

潇湘十景之一·香潭渌水　文高平摄

"湘江第一湾"位于湖南省东安县紫溪市镇渌埠头。湘江自广西流入湖南后，在此忽然转向西北又折向东南，形成约360度的大转弯，状如"S"形，从而形成了湘江第一大湾。此弯从紫溪市镇调元村至白牙市镇的石门砥村，全长7公里，宽3.5公里。

湘江第一湾　李新民摄

东方巨龙城墙石蜿蜒在湖南东安舜皇山国家级自然保护区东北1600多米的高挂山山脊上，长数华里、均高50多米，龙头、龙口、龙舌、龙身、龙尾俱全，且栩栩如生。它横空出世，昂首摆尾，欲腾飞而去。又由于其酷似城墙，故人们也称之为城墙石。

东方巨龙·城墙石　蒋学赛摄

树德山庄，系国家重点文物保护单位，建于1927年，是一处规模较大、中西合璧的庄园式建筑。树德山庄现为树德文化基地。大门的树德山庄，中厅的祖德流芳、鹬追来孝，都体现了以德为先之德文化精神。

全国重点文物保护单位·树德山庄　郭松燕摄

水岭乡是著名的"武术之乡",现为武德文化基地。境内有长达十余里的"水岭河谷",沿途风光旖旎,山峦葱翠,植被茂盛。河谷一年四季经常云缠雾绕,飘飘渺渺,袅袅娜娜,聚而不团,凝而不散,被喻为十里云雾画廊。

水岭奇景·十里画廊　蒋学赛摄

吴公塔　蒋学赛摄

吴公塔为省级重点文物保护单位，位于紫溪市，建于1740年。时任县令吴德润发起修建，取名文昌塔。后任县令荆道乾，历时3年建成，更名为吴公塔。塔不以荆道乾命名，而以吴德润命名，荆道乾之官德为后世所称颂。现为官德文化基地。

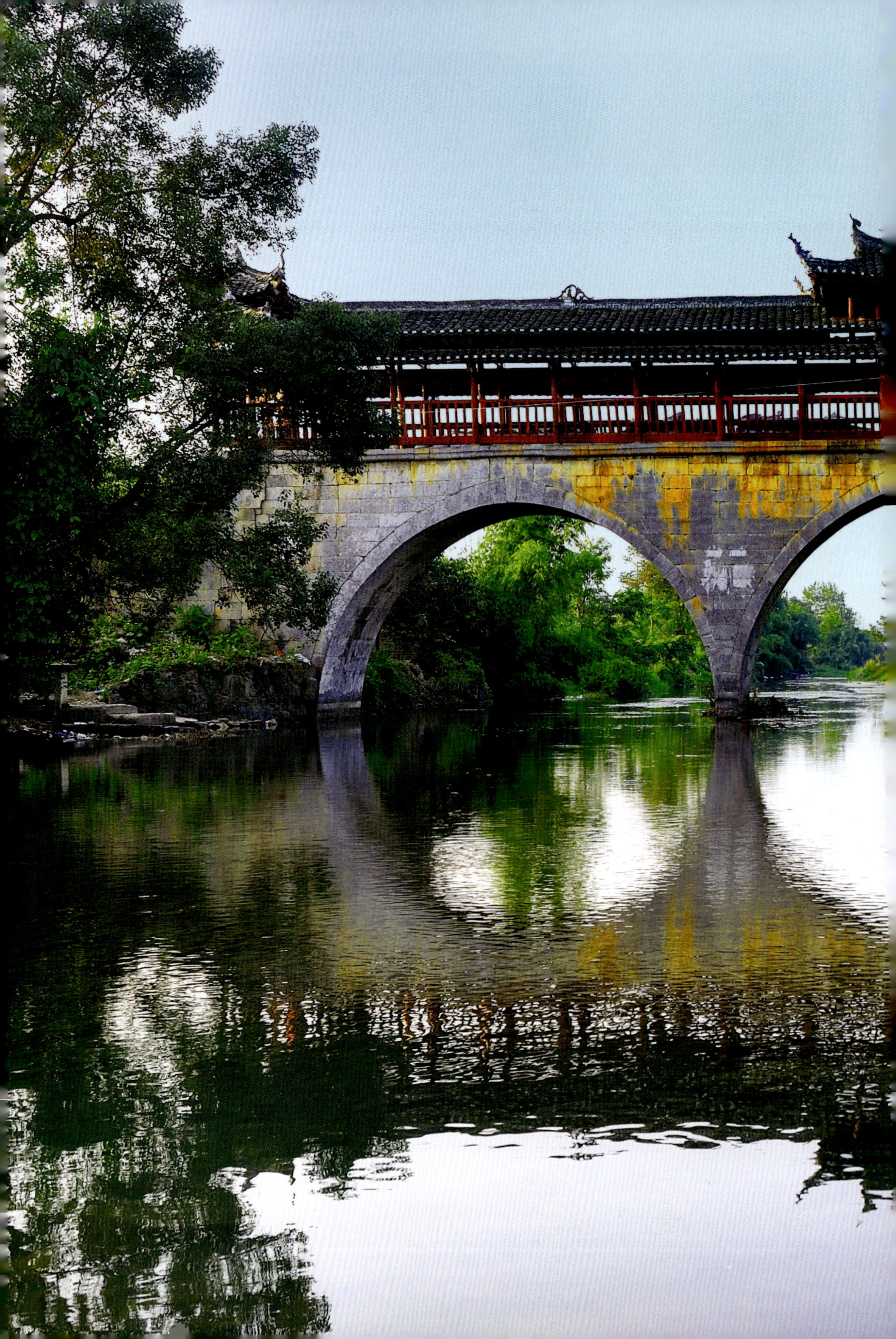

广利桥，位于湖南省东安县紫溪镇花桥村的东溪江上，是一座历时近300年仍巍然屹立的"花桥"，国务院第七批全国重点文物保护单位。乾隆三十八年(1773)文石昌、文石宝兄弟筹资修建，历时七年。桥身三拱，拱高6米，石料砌成，拱脚落水处薄至0.33米。以其独特的"金鸡腿、豆腐腰"造型闻名于世。桥上天罩系木结构，有重檐小青瓦长廊，共四柱三间17个穿斗式柱梁结构，号称"76根柱头"。"广济行人，万民称便"，现为民德文化基地。

东安紫水国家湿地公园主要以紫水河和高岩水库为主体，包含紫水河两岸人工湿地、河洲漫滩和高岩水库及周边部分山地，总面积1096.0公顷，其中湿地695.0公顷，湿地率达63.41%。紫水河是湘江一级支流，流程72公里，沿河湾多、洲多、滩多、树多、鸟多、珍惜植物多，风光旖旎，是我省境内保存最原始、景观最美丽的河流之一。现正在县城段沙洲中规划建设聚德湿地文化公园。

紫水风光·聚德湿地文化公园　文高平摄

塘家梯田，位于湖南省东安县舜皇山国家森林公园塘家工区境内。塘家梯田大大小小、层层叠叠、阡陌纵横、星罗棋布、错落有致、巧夺天工，宛如天地间一幅立体、壮观、多彩的油画卷。周围郁郁葱葱、古木参天、层峦叠翠，三三两两的木屋镶嵌其间，青石小路蜿蜒向上，静谧、古朴的原生态景观恍如世外桃源。

塘家梯田·世外桃源 唐时辉摄

厚德东安
——中国德文化之乡

刘立夫 主编

中国社会科学出版社

图书在版编目（CIP）数据

厚德东安：中国德文化之乡 / 刘立夫主编． -- 北京：中国社会科学出版社，2016.9
　ISBN 978-7-5161-9226-9

　Ⅰ.①厚… Ⅱ.①刘… Ⅲ.①文化史－研究－东安县 Ⅳ.①K296.44

中国版本图书馆CIP数据核字(2016)第258034号

出 版 人	赵剑英
责任编辑	韩国茹
责任校对	冯英爽
责任印制	张雪娇
出　　版	中国社会科学出版社
社　　址	北京鼓楼西大街甲158号
邮　　编	100720
网　　址	http://www.csspw.cn
发 行 部	010-84083685
门 市 部	010-84029450
经　　销	新华书店及其他书店
印刷装订	恒美印务（广州）有限公司
版　　次	2016年9月第1版
印　　次	2016年9月第1次印刷
开　　本	787×1092　1/16
印　　张	24.5
字　　数	326千字
定　　价	136.00元

凡购买中国社会科学出版社图书，如有质量问题请与本社营销中心联系调换
电话：010-84083683
版权所有　侵权必究

编委会

顾　问　万俊人　谢景林　冯德校　龙向阳　陈　丽
主　任　文高平
副主任　欧阳冬子　刘立夫　胡慧川　李瑞霞　涂世国　张　静
　　　　蒋燕平　秦剑元　卿仁东
委　员　文高平　欧阳冬子　刘立夫　胡慧川　李瑞霞　涂世国
　　　　张　静　蒋燕平　秦剑元　黄　晋　杨金砖　卿仁东
　　　　郭军林　唐垂辉　唐明登　蒋学赛

主　编　刘立夫
副主编　杨金砖　黄　晋　龙　璞
撰　稿　刘立夫　杨金砖　黄　晋　龙　璞　蔡自新　翟满桂
　　　　胡　勇　周　骅　唐　俊　杨　杰　熊敏秀　卿仁东
　　　　唐明登

序一

东安德文化建设的地方经验值得向全国推广

万俊人

（中国伦理学会会长、清华大学人文学院院长）

今天是一个特别的节日，也是中国伦理学会最近这些年来改革自身、走向社会、走向收获的一个节日。学会给我准备了一个稿子，我演讲从来不喜欢看稿子。北京的今天还保持着"阅兵蓝"，在这样一个收获的季节，我们在这里举办仪式，非常心怡，非常令人愉快。

我知道东安、永州，是在书中读到的，是从柳宗元先生的著名散文《捕蛇者说》中知道的。那里"产异蛇，黑质而白章"，很厉害。大家知道，柳宗元是唐宋八大家之一，他的作品很有名。我当时就想，这个地方非常遥远，也非常古朴。古朴的地方在现代社会有它的独特魅力。中国改革开放已经30多年，30多年过去以后，我们发现，我们收获了许多，也丢失了很多。

以习近平为总书记的新一届党中央提出了加强道德文化建设的要求。中国的道德文化建设是一个全局性的大问题。前几天中共中央宣传部（以下简称中宣部）开了一个座谈会，新任的部长刘奇葆是中央政治局委员、书记处书记，他和一些社会专家，包括国家博物馆馆长、中国社会科学院院长两位学者和我说要传承中华优秀传统文化。什么是优秀传统文化？拿什么标准去进行比较？从什么地方去比较？在现实生活中，传统的优秀文化比较边缘。我跟奇葆部长说，传统的优秀文化在哪里，在边远山村、在远方、在人们的心里，现在大部分城市中我们很难见到它的踪影。

我们国家拥有五千年的文明，而且是四大文明古国中唯一绵延未绝的。其他三大文明古国，要么消失了，要么完全变了。过去的古埃及和今天的埃及是两个不同的社会共同体。古印度和今天的印度是两回事。我们知道佛教产生于古印度，但是今天的印度只有大约4%的人信奉佛教。中国和东亚后来成为佛教的兴盛地。佛教的飘移证明了古印度文明的消失。巴比伦文明也只剩下遗址。只有我们这个最大的古文明五千年绵延不绝。

它的奥秘是什么？进入现代社会以后，我们怎么看待我们的历史和传统？这是五四以来，一直没有解决好的。前天，星期二，我在北京大学参加新文化运动百年高教论坛，有很多政府官员和高端学者与会。我的一个基本见解是甲午战争以后，一百多年的中国一直都没有解决好一个问题，就是我们一心向着现代，向着现代化，要追赶西方，但是我们没有认真地、谨慎地考虑我们如何面对过去。最近一百多年来，我们对自己的传统文化和文明的态度有太多怨恨、抱怨。没有哪一个民族像中国人这样，革文化的命革得那么彻底、那么激烈、那么激进！今天我们应该好好反省。

没有传统，没有我们先民的文明和文化的积累，就不可能有我们民族和国家的今天。所以，习近平总书记说，中国的传统文化是我们中华民族的命脉，我们不能自断命脉。在今天的情况下，要复兴我们这个伟大的民族、伟大的文明，首先要复兴我们的文化，复兴我们的道德。中国的传统文明，是以道德文化、以孔子为代表的中国儒家为主导的传统文化。这个本色不能丢。

改革开放30多年以来，中国的社会道德状况是最令人担忧的。今天中国人也许什么也不缺，就是"缺德"。但是我们必须去面对这个问题。

序 一

那么，在这么一个情况下，中国伦理学会深感责任重大。中央有关部门领导对中国伦理学会高度信任，寄予厚望。我记得2008年接手中国伦理学会的时候，在中国人民大学开座谈会，当时中宣部部长刘云山语重心长地对我说，你一定要把伦理学会好好地建设起来，发挥更大的作用，承担党和政府所不能够、来不及做的事。做些什么事？我们中国伦理学会是一个以高级知识分子为主体的学会，国家一级学会。它有35年的历史，今年建会35年。它的主要会员或成员，都是在全国各高校、各社会科学院、党校等高端的科研机构工作。作为象牙塔里的知识分子，怎样涉入这个时代，涉入这个社会，为党分忧，为政府分担？我们想了很多。其中，我们响应总书记的号召要接地气，与地方政府和各具特色的地方携手共建，共同参与建设社会主义道德文化建设。这是我们最近选择的一个方式，也是在今后要坚持的一个方向。

湖南省东安县应该说是文化的一个典型代表。大家知道，湖湘文化，首先是从吴楚文化开始的。吴楚文化具有很鲜明的特色，崇尚自然，有比较鲜明的宗教信仰等。东安县几乎具备了吴楚文化的全部特色，在湖南这个地方也是不多见的具有代表性的一个，可以说是古老的文明地域。东安是全国的"武术之乡"，这是上古中原时期发展到今天的一个见证。今天我们授予东安县"中国德文化之乡"，这是它的精神传统发展到今天的见证。文武双全、一文一武阴阳之道，这是大道。我为东安县感到骄傲，为它感到高兴，当然祝贺它。

东安有很多经验，与中国伦理学会结缘。我想，我们能够为东安朋友所做的事情，一个是从思想理论和社会宣传上，我们将尽力帮助东安县，把他们的地方经验广泛传播到全国各地，甚至海内外，使他们从一种地方性的经验变成一种具有当代中国普遍意义的道德文化建设的模式。这是以后我们要予以拓展的。所以我们将以知识、学术和理论的方式向地方政府提供帮助，向中央有关部门给予推荐东安德文化建设的成功经验，这是我们今后可以继续做的。从另外一个方面，我们想借东安这地方的道德宝地，让当代中国伦理学者更多地去感受一下生活，去了解当代中国社会的真实状况。

如果说中国现代经济兴起于东南沿海，那么今天中国道德文化的复兴、精神文化和信仰的重新崛起，应该有待于中原文化。这个是广义的中原文化。因为它们曾经就是中国古老文明的发源地，无论是楚文化还是中原文化，都是我们这个民族最原始的文化基因，今天应该让它们重新焕发青春和光彩。这是我们可以继续携手合作的事。还有一点，我希望东安县能够在现有成功的基础上进一步探索，把东安模式提升得更好、更高，使它的内涵更丰富。

这里面有事业上比较成功的例子。比如说联合国教科文组织曾经在全球发现10个最适合人类生存和生活的小县城。其中一个是日本的富士山县，一个是中国文登县（今文登市）。联合国教科文组织最近在做的一件重要事情就是要恢复现代人的信仰和信心。因为不管在中国社会，还是在世界其他地方都弥漫着一种焦虑、不安的现象。我们看到社会有很多不正常的现象。一方面，我们比过去富裕多了，强大多了；但另一方面，中国人比任何时候都焦虑、都不安、都缺乏信任感和安全感。这个问题不仅是中国的，而且是世界性的。大家知道，欧洲面临着难民潮的压力，美国和日本面临着经济长时间衰败而找不到重新振兴的办法。最初，有人说中国还不错，经济 GDP 增长能够保持在 7% 左右。我们告诉世人的是，我们不追求这个速度。我们现在追求的是内在式发展。内在式发展，就是说我们不但要口袋里有钱，而且我们心中要有信任，有追求，有更高的理想、信念和抱负。我们不能允许我们的社会一方面不太富裕，另一方面还有非道德、反道德的事情发生。这样的社会不是我们理想中的社会，这样的生活也不是我们感到幸福的生活。所以，在这方面，我希望东安县充分发挥它的德文化建设的巨大潜力，更多地结合当代社会的新情况、新任务、新要求，更多地借鉴包括中国在内的世界各国在道德文化建设方面的成功经验，使我们东安德文化建设能够创立新的品牌、模式，产生新的更大更积极的影响。

我祝愿东安县，感谢东安县的领导，更感谢东安县的人民。

（本文根据万俊人教授 2015 年 9 月 17 日在"中国德文化之乡"授牌仪式上的讲话录音整理，经本人同意作为本书的序言）

序二

"文武双全"才是春

谢景林

东安地处"永州之野"、湘江之源,是"海上丝绸之路"连通湖南、两广的重镇,自古以来就以"湘桂走廊""粤楚门户"而著称。特别是早在四千多年前,中华道德始祖舜帝南巡,晚年生活于此,以德化民,为东安人民留下了厚重珍贵的道德文化遗产,东安因此而享有"舜德楚韵"的美誉。自改革开放特别是20世纪90年代以来,东安相继获得"全国武术之乡""中国银杏之乡""全国粮食生产大县""全国小型农田水利建设重点县""全国生猪调出大县""全国基础教育先进县""全国科普示范县""全国科技进步县""国家农产品质量安全县"等多个国家级和省级荣誉称号。

尽管东安拥有这么多的荣誉称号,但由于历史上地理环境的相对闭塞、经济文化的相对落后,东安至今还算不上一个发达的县,知名度不高,除了"东安武术""东安鸡"以外,一般人知之甚少。因此,如何在新的历史条件下,借助实现中华民族伟大复兴的"中国梦"的时代东风,扬长避短,挖掘、整合东安自身的优势,科学发展,加速升级,成为决策层必须认真思考的头等大事。

2011年,东安县委、县政府换届后,我和县"四大家"班子成员一道,对我县进行了全面、深入的调研。我们认为,以习近平同志为总书记的党中央高度重视"三个文明"建设,强调物质文明、精神文明、生态文明之间必须协调发展。但在实际工作中，人们往往"一手软，一手硬"，过分看重GDP，忽视文化的软实力，忽视青山绿水本身就是"金山银山"。为此，我们确立了"五个东安"的发展战略，实施打造"绿色东安、小康东安、法治东安、创新东安、幸福东安"的发展思路。"五个东安"建设立足东安本土的生态、人文优势，以"绿色发展"为主旋律，以"综合创新"为手段，以全面提升全县人民的"幸福指数"为目标，既要多头并举、全面发展，又要有所侧重，避免四面出击。

2013年，在组织全县认真学习、贯彻习近平总书记关于培育和践行社会主义核心价值观、弘扬中华优秀传统文化的讲话精神后，我们对"五个东安"建设又有了进一步的认识。社会主义核心价值观本身就是一种"德"，与中华传统优秀文化一脉相承，而东安的道德文化资源非常丰富，还是一块有待开发的处女地。可以说，自四千多年前舜帝南巡播德之后，在东安这片古老的土地上，一代又一代朴实善良的东安人，传承着中华优秀道德文化的基因，养成了"崇德尚武、包容纳新、朴实诚信、勇于争先"的东安精神。据不完全统计，东安县境内拥有现存全国、省重点文物保护单位广利桥、树德山庄、吴公塔、敦伦第等19处德文化遗迹；拥有中华"德圣"舜帝、南宋礼部尚书邓三凤、清代太子少保唐仁廉、近现代爱国将领唐生智、机械工业"火车头"宾步程、现代最可爱乡村教师吴才有、雷锋传人钟挺华等59名道德模范人物；至于民风淳朴、画山秀水的"美丽乡村"就更多。可谓人文荟萃，山水含德。基于此，我们认为，东安完全可以打造又一个"国字号"的文化品牌——"中国德文化之乡"；通过德文化建设，不仅有助于解决当代人的道德"滑坡"问题，也有助于凝聚人心，激发广大干部群众的工作热情，更为重要的，则是通过"接地气"的道德文化建设，推动社会主义核心价值观在东安落地生根，在全县形成崇德、厚德、树德、行德、弘德、明德的社会新风尚。

心动不如行动。我县为此专门成立"创建中国德文化之乡建设领导小组"，积极组织开展"中国德文化之乡"创建活动，先后制定下发了《东安县打造"中国德文化之乡"的实施意见》等4个文件，传承和弘扬中华优秀传统文化，以"官德""民德"建设为主题，以"一核心六基地"为载体，以"诚、和、孝、善"为重点，大力实施"美德工程"，开展"八进八建"活动，组织道德模范、孝贤模范、诚信企业、最美家庭、最美媳妇等"十大评选活动"，推出"美德红榜"。并邀请中国伦理学会、中南大学、湖南师范大学、湘潭大学等高校、学术机构的专家学者，来东安实地考察和项目论证。经过几年的大力建设，2015年9月17日，东安县成功荣获中国伦理学会的授牌，被授予"中国德文化之乡"的称号。

古人云，张弛有度，文武之道。东安的德文化建设不能视为单一的文化项目，而是一大系统工程，是推动"五个东安"建设和全面建成小康社会的文化之根、精神之魂。随着洛湛铁路、湘桂高铁的开通、神华国华永州电厂的启动，东安现在已经不再是古代的"蛮荒之地"，经济的发展也将步入永州市的前列，正是在这样的情况下，东安的德文化建设就显得尤为迫切和见重。按照"中国德文化之乡"的建设思路和规划，东安的德文化将与城乡发展深度融合，与文明创建、经济发展、乡村旅游有机结合，与机关、学校、企业、社区全面整合，真正做出让人民满意的"中国德文化之乡"金字招牌。

建成"中国德文化之乡"，是东安县委、县政府造福当代、利益后世的一件大事，是一项具有重大战略意义和现实意义的本土文化传承与创新工程。我一向认为，这个工程的价值绝不亚于造价240亿元

的神华国华永州电厂。可以预见，"中国德文化之乡"的成功打造，必将发挥东安发展的后发优势，展现一个山清水秀、文明和谐、幸福美丽的新东安，成为永州、湖南乃至全国的骄傲。

序三

建设最接地气的中国德文化之乡

文高平

（东安县人大常委会主任、县创建中国德文化之乡领导小组第一任组长）

东安官德源远，民德归厚，德文化资源极为丰富。县委、县政府据此提出"创建中国德文化之乡、践行社会主义核心价值观"。这是一个富有远见的战略决策。作为县"创建"领导小组，我们首先想到的是，如何落实这个决策？建一个什么样的中国德文化之乡？怎么建？对这些问题，本书从理论和实践上对我们的做法作了较为详尽的阐述，毋须赘述。这里我仅就践行中如何"接地气"再扼要作个强调。

思路决定出路，细节决定成败。我们认为，"创建"工作一定要有大思维、大视野、大境界，既要有宏观上的审视把握，又要有微观上的具体操作，因而制定一个接地气的顶层设计至关重要。工作伊始，经过理论学习和调研分析，我们认识到：国无德不兴，人无德不立。核心价值观其实质就是德，既有国家、地方、社会、单位之德，又有家庭和个人之德。而且从本土生长出来的德文化之树，更加具有长久的生命力和普遍的适应性。因此，我们提出"立足东安，借鉴县外，挖掘传承，创新发展，把握当代，面向未来，建设最接地气的中国德文化之乡"的发展思路。

在具体工作中，我们坚持以"创建"为抓手，促进核心价值观入心入脑，在全社会形成"崇德、厚德、树德、行德、弘德、明德"之风，为建设"绿色、小康、法治、创新、幸福"东安提供强大的精神支撑。力求做到"思想上有高度，工作上有力度，行动上有速度"，求真求实求效。领导小组从指导思想、目标任务、工作步骤、挖掘底蕴、建设载体、创新方式、健全机制、培育典型、营造氛围、督促落实、成效考核等方面制定了一整套具体的举措，并责任到单位到人，明确完成的时限和要求，先后以县委、县政府的名义下发文件，务求贯彻落实到位。我们还聘请具有国学实力的设计单位，做出了中长期建设规划，旨在坚持一张蓝图干到底，一届接着一届干，避免建设上的不稳定性和随意性。

东安的德文化既是历史的，又是现实的。深入挖掘其历史底蕴，是传承的基础，也是总结提炼在自己土地上产生、发展和形成的道德价值的前提。东安是德圣舜帝南巡驻跸之地，其气脉自远古袅袅而来，这正是东安德文化的源头。因此，我们注意从舜皇山等大量与舜有关的地名、遗址及祭舜民俗中，挖掘舜德文化的精粹；从众多的名胜古迹中，挖掘"官德""民德"文化的内涵；从武术瑰宝中，挖掘武德文化的精华；从各种民风习俗中，挖掘社会的崇德风尚；从邓三凤、宾步程、唐生智、文光普等历史名人中，挖掘家风家训及独具地域特色的德文化精神。通过挖掘，相继形成了《德在东安》《东安德孝故事》《东安德文化人物》、中小学生德育乡土教材《我的东安·我的家》《厚德东安——走进首个中国德文化之乡》等一系列成果，从而使"创建"工作奠定了良好的"软件"基础。

"硬件"，是德文化接地气的物质载体。我们花大力气精心打造可游览休闲的德文化"一核心六基地"。目前以县城十里德文化长廊为中心的核心载体，以及全县舜德、树德、禅德、武德、官德、民德六大德文化宣教基地已初具规模。其中有五个进入国家级，一个进入省级，一个为潇湘十景之一。这样的基地还在拓展中，今后会越来越多。在建设过程中，我们创造性地提出"融合发展"的理念，把"创建"工作融入

"五个东安"建设的各个领域和全过程，植入德文化基因，使之像血液一样渗透在身体内，像空气一样无处不在。

《易经》曰："日新之谓盛德。"在新形势下建设德文化，必须坚持建立在接地气基础之上的创新发展，做到与时俱进。重中之重是创新德文化建设的内容和形式，特别是活动方式。几年来，我们在全县范围内广泛开展"八进八建""十大评选""赛德"等丰富多彩的德文化活动，紧紧围绕"尚诚、贵和、重孝、扬善"，实施"纵向到底、横向到边"的"美德工程"，公布"美德红榜"，把德文化建设推进到社会最基本的细胞，在人们大脑里面搞建设。全县各级各部门单位根据各自的职责和行业特点，采取"德文化+"的方式，开展具有自身特色的各种德文化活动，从而形成上下齐心合力、全社会"大合唱"的生动局面。我们在"创建"工作中的一个重要体会，就是打造"活的德文化之乡"，因而在开展活动时尤其重视将德文化与各种民间风俗有机结合起来，走最接地气最有生命力的民间发展之路。

"德在青山绿水间"，是我们在"创建"实践中重点倡导的一个本土特色十分鲜明的理念，这在面临生态危机的当下，其接地气的现实针对性和对未来的引领作用不言而喻。"天地之大德曰生"，古代哲人早就对此做出了智慧的回答。东安山清水秀，是锦绣潇湘一颗耀眼的生态明珠。尤其是老百姓素有在房前屋后种树的好习惯，现在全县古树名木繁多，其实这是对楚文化信仰、敬畏自然优良传统的传承。我们因势利导，引导干部群众自觉贯彻落实全县摆在首位的"生态立县"战略，打造绿色东安，像保护自己的眼睛一样保护好子孙后代赖以繁衍生息的生态家园，并在统筹城乡发展中，坚持美丽发展，有序推进美丽乡村建设。值得欣慰的是，目前"德在青山绿水间"的理念深入人心，"绿色东安"建设取得了显著成效，可谓其德莫大焉。

圣人含道映物，贤者澄怀味象，君子厚德载物。德文化建设接地气，从根本上说就是要做到立德育人，培养君子，促进人的全面发展。我们在"创建"工作中始终坚持以人为本，微观操作上注重做到"既见物，更见人"。我们的目标归结到一点，就是最大限度地在社会上"把君子搞得多多的，把小人搞得少少的！"让心胸"坦荡荡""和而不同""泰而不骄""周而不比""成人之美""喻于义""怀德"的君子遍布东安城乡。

正式荣获"中国德文化之乡"称号，标志着"创建"工作取得了阶段性成果。成绩来之不易，作用更为重大，它既有力地促进"五个东安"建设取得前所未有的巨大成就，又促使东安社会风尚和全县人民的精神面貌发生了极为深刻的变化。这一波澜壮阔的德文化建设的生动实践，长期不懈地坚持下去，东安的经济、政治、社会、文化、生态建设将展现出更加广阔美好的前景。

东安的"创建"工作还值得浓墨重彩写上一笔的是，坚持贯彻开放合作共建的理念。我们把最大限度地寻求理论指导和智力支持作为一个重要举措。而国内的国学机构、国学专家也正需要接地气，从理论的象牙塔走向生动的社会实践。东安"中国德文化之乡"建设得到了中国伦理学会、湖南省委宣传部、湖南省社会科学院以及众多高等学校专家学者的指导和大力支持。中国伦理学会先后多次派专家学者到我县调研、指导，经过考察认证，在北京举行了隆重的授牌仪式，并确定将我县作为道德文化建设的一个重要基地，建立合作关系。中国伦理学会会长、清华大学人文学院院长万俊人教授在授牌仪式上发表重要讲话并亲自为东安县授牌，秘书长孙春晨宣读决定，副秘书长黄海滨亲自到东安考察认证和进行现场指导。中共中央党校、中南大学、山东省委党校、西南大学等高等学校的专家来我县进行了实地考察认证。中南大学、南京大学、长沙理工大学、湖南师范大学、湘潭大学、湖南科技学院的专家学者多次到我县挖掘德文化底蕴、制定发展规划等。国学国画大师林凡及著名画家海天对"创建"工作给予了热忱指导帮助;中南大学国学研究中心主任刘立夫教授和客座教授黄本理带领团队多次来东安实地调研、进行讲课,并担纲《厚德东安——中国德文化之乡》课题研究和《东安县"中国德文化之乡"建设总体规划》,他们与其团队一道倾注了大量的心血和汗水,中国社会科学出版社编辑出版的这本书就是他们心血的结晶。在此,我想借本书问世之机,对多年来关心、参与、支持、帮助东安县"中国德文化之乡"建设的各位领导、专家、学者及社会各界人士,以及为编辑本书付出了辛勤劳动的编辑们,表示由衷的感谢!

所有的竞争,归结到最后是文化的竞争。目视于途谓之德,人行于途谓之道。积极探索,择路而行,永远在路上,是德文化建设的必然选择。我们将坚持"传承、纳新、巩固、提升"的方针,充分借鉴国内外成功的经验,走"厚德自强,民主法治"之路,推动最接地气的中国德文化之乡不断升级发展。

目 录

序一　东安德文化建设的地方经验值得向全国推广..................万俊人 / 1
序二　"文武双全"才是春..................谢景林 / 7
序三　建设最接地气的中国德文化之乡..................文高平 / 11

第一章　生生不息　东安德文化

一　东安是舜帝晚年生活之地 / 5
二　"德自舜明" / 8
三　德之本源 / 12
四　东安德文化的源与流 / 16
　　1.修身之德以敬 / 18
　　2.敦伦之德以孝 / 19
　　3.家国之德以忠 / 21
　　4.民治之德以仁 / 23
　　5.教化之德以文 / 24

五　全国首个德文化之乡 / 27
  1. 以德为纲，文化为魂 / 30
  2. 规划引领，政策护航 / 31
  3. 传承保护，利用创新 / 32
  4. 方案务实，深化笃行 / 32
  5. 互联传播、交流推广 / 37

第二章　官德民德相辉映

一　东安"为官三德" / 43
  1. "忠勇"之德 / 44
  2. "实干"之德 / 52
  3. "廉介"之德 / 57

二　东安"民风三德" / 60
  1. "孝悌"之德 / 61
  2. "仁施"之德 / 65
  3. "耕读"之德 / 67

三　当代东安道德楷模 / 72
  1. "献血义士"黄会战 / 73
  2. "孝勇双全"荣业科 / 75
  3. "带父上学"陈君君 / 77
  4. "雷锋情结"钟挺华 / 79
  5. "明星教师"吴才有 / 82

第三章　东安武德扬天下

一　峨眉、少林入东安 / 91

二 冷山文家拳 / 95

    1. 文荣坤跪门拜师 / 95

    2. 文成仪武德传湘桂 / 99

    3. 文家闺女也习武 / 105

    4. 亲友聚会先过招 / 106

三 东安武德立山乡 / 109

    1. 全国武术之乡 / 109

    2. 武有七德 / 114

    3. 东安武德传统 / 118

第四章　德在青山绿水间

一 生态危机根于人心污染 / 127

二 东安民众的"好生之德" / 130

    1. "不捕下崽鱼，不打阳春鸟" / 131

    2. "白竹九老" / 132

    3. 红豆杉的"守护神" / 134

    4. "湖南第一古树" / 137

    5. "植物大熊猫"石山苣苔 / 138

三 东安的山水人文之德 / 140

    1. 帝德流芳舜皇山 / 142

    2. 画山秀水黄泥洞 / 147

    3. 万民称便广利桥 / 152

    4. 吴公造塔铸清官 / 154

    5. 邪不压正斩龙桥 / 156

    6. 誉满天下东安鸡 / 159

    7. "我心非石"沉香寺 / 161

四 "绿色东安"与"美丽乡村" / 163

  1."潇湘第一生态城" / 166

  2."一核心六基地" / 169

  3.美丽乡村东安情 / 181

第五章　史海钩沉人物传

  甲篇　循令良吏 / 212

  乙篇　忠臣勇将 / 238

  丙篇　乡贤仁绅 / 272

  丁篇　笃孝节烈 / 290

  戊篇　东安女德无虚誉 / 310

中国德文化之乡

ZHONG GUO DE WEN HUA ZHI XIANG

第一章

生生不息　东安德文化

舜石桥　蔡小平摄

- 东安是舜帝晚年生活之地
- "德自舜明"
- 德之本源
- 东安德文化的源与流

  1. 修身之德以敬

  2. 敦伦之德以孝

  3. 家国之德以忠

  4. 民治之德以仁

  5. 教化之德以文

- 全国首个德文化之乡

  1. 以德为纲，文化为魂

  2. 规划引领，政策护航

  3. 传承保护，利用创新

  4. 方案务实，深化笃行

  5. 互联传播、交流推广

东安县位于湖南省西南部，在湘江的最上游，素有"湘桂走廊""粤楚门户"之称。东安县历史悠久，钟灵毓秀，人文荟萃。春秋战国时期，东安地属楚国南境。汉武帝元鼎六年（前111），归于零陵郡洮阳县，县治设于今广西全州境内。西晋惠帝永熙元年（290），从零陵郡观阳县分出应阳县，这是东安建县之始。当时的县治设于今芦洪市镇，因芦洪市位于应水之北，故名"应阳"。此后数百年，东安一直以"应阳"称名。隋文帝开皇九年（589），将应阳县并入零陵县。唐高祖武德七年（625），立芦洪戍。宋太宗雍熙元年（984），设立东安县，隶属零陵郡。从元、明、清至民国，东安县治皆设于今紫溪市镇。1949年东安解放后，县人民政府驻白牙市镇，隶属零陵地区。

"东安"县名始于北宋。《太平寰宇记》载其事云："马氏割据时，析零陵县置东安场，以近东安江岸为名。"《郡县释名》又云："宋雍熙初立为县，从驿场故名也。"综合二者可知，唐末五代时期的第一代楚王马殷曾于零陵县下的东安江畔设东安驿场[①]，宋太宗雍熙元年重新划分行政区域时，便以"东安"驿场作为县名。此一名称一直沿用至今。

长期以来，东安县因处于"永州之野"而默默无闻，除了近代才出名的"东安鸡""东安武术"外，人们似乎对她只能如雾里看花，难以睹其真容。然而，正是因为地域环境相对闭塞、经济文化相对落后，东

---

① 驿场，简称"驿"或"邮"，是古时专供传递文书者或来往官吏中途住宿、补给、换马的处所。

第一章
生/生/不/息/东/安/德/文/化

安最大限度地保存了舜帝文化的基因，成为中华德文化的"活化石"。如果说，上古时代的舜帝是公认的"中华道德之祖"，那么，东安正是四千多年来舜帝南巡、传播孝德的"文明奥区"。基于深厚历史文化底蕴，以及东安人特有的崇德尚武、淳朴厚道、包容纳新精神，特别是东安县对弘扬中华优秀传统文化的高度重视，全国首个"中国德文化之乡"终于脱颖而出，成为目前东安最响亮的一张文化名片。

一 东安是舜帝晚年生活之地

按司马迁的《史记》，虞舜是继尧之后的又一贤君，为中华上古"三皇五帝"之一。虞舜活动的疆域，在《禹贡》所列冀、兖、青、徐、扬、荆、豫、梁、雍九州，再加并、幽、营三州。舜帝晚年在南方巡狩途中，"崩于苍梧之野，葬于江南九嶷，是为零陵"。零陵即今天湖南省永州地区，"九嶷"则是永州宁远县内的九嶷山，又名苍梧山。毛泽东曾据此写下"九嶷山上白云飞，帝子乘风下翠微"，让人产生神奇的联想。

作为舜帝晚年的巡狩之地，东安保留了特别多的有关舜帝的人文和自然遗迹。根据古文献，舜南巡，沿湘江而上，进入五岭之一的越城岭北麓，就到了今天的东安县地界。所以，舜帝本人在东安县境内留下了众多的人文自然古迹。《九域志》曰："东安有大小阳江。"旧《志》："清溪水出舜峰金字岭万山间者也。"清光绪元年《东安县志》卷八的"大阳川"词条曰："大阳水自李竹山东，引泉粗通，津刷五里，经金字岭北南流五里为杨家源……有舜庙，庙有《明嘉靖四十三年碑》，无撰人姓名。碑曰：县治西三十里为虞溪，正源崇山峻岭，北望苍梧，有石台对朱明等峰，山麓古建为虞帝庙。其碑云，重修于宋元，不知始于何代？案此，大阳水，又名舜溪也。舜庙后又有祠祀。知县谢相额曰：如舜堂，文在相传。大阳水东南流七里届舜石桥。"明洪武《永州府志》的山岩卷里，记载东安县有"舜岭"，并在其条后附释："在县西二十五里，有舜庙在焉。"显然，在元末明初，舜岭下的舜庙犹在。

舜文化在东安的遗存，还有一条重要线索，即舜的弟弟象被封于"有庳"。《帝王纪》云："舜弟象封于有鼻。"《括地志》曰："鼻亭神在营道县北六十里。故老传云：舜葬九嶷，象来至此，后人立祠，名为鼻亭神。"营道县即今天的道县。《舆地志》云："零陵郡应阳县东有山，山有象庙。"王隐《晋书》注："应阳，本泉陵之北部，东五里有鼻圩，象所封也。"从西晋开始，东安称"应阳"县，属零陵郡。由此可知，与舜帝的弟弟象的封地有关的古迹大致有"有庳""有鼻""鼻亭""象庙""鼻圩"等，位于今天的道县北部和东安县东部之间。

"鼻圩"其实就在今天的东安县境内。西晋时期的东安县治所在应水之北，即今天的芦洪市，推知应水就是今天的芦江。《水经注》曰："应阳县，即应水为名。应水东南，经有鼻圩，又东南注湘水。"若应水出邵陵历山，又流经鼻圩注入湘江，那么，鼻圩的位置大致就在今天东安县的牛角圩一带。

通过相关历史文献的发掘，可以清晰地发现，在东安地域内，象、有鼻、舜岭、舜峰、大阳江、虞溪、虞帝庙、舜石桥等，如此之多与虞舜相关的历史地名和古建筑，以无可辩驳的事实证明，东安就是舜帝晚年主要生活之地。这个发现并不影响舜帝"崩于苍梧之野，葬于江南九嶷"的历史定论，也就是说，并不影响舜帝与宁远县的关系，反而更加凸显了舜文化在湖南永州地区的特殊地位。

舜帝为何晚年"驻跸"东安？2008年10月，湖南省文物考古研究所在东安县大庙口镇南溪村坐果山发掘一处商周文化遗址，为"湖南十大考古发现"之一。该遗址约1000平方米，共发现柱洞100多个，灰坑（包括火塘）10余个。在遗址内一条长达数十米的自然深沟中，发现文化层厚达3—4米，出土了大量的文化遗物，如石斧、石锛、石凿等石器，釜、罐、鼎、鬲、纺轮等陶器，还有少量的青铜矛、镞和玉玦、玉环等。根据发掘出土的大量动物遗骨，可以确定聚落的经济形态是以狩猎为主体。所发现的石器，已构成了一条完整的石器制作加工链，这在湖南考古史上尚属首次。

东安坐果山遗址体现了北方文化南下扩散交流的特征。这种区域文化的分散与聚合、差异与交流，为华夏民族共同体的融合过程、中华文明的形成脉络提供了重要的实物佐证。它是否能佐证舜帝南巡的传说，还有待进一步的考证。

东安坐果山商周文化遗址出土文物

二　"德自舜明"

舜是中华民族公认的道德典范和圣德之君，被尊为中华道德文化的始祖和"德圣"。《尚书》说"德自舜明"，《史记》也说"天下明德皆自虞帝始"。在先秦诸子中，儒家特别推崇尧舜，孔子"祖述尧舜，宪章文武"，孟子"道性善，言必称尧舜"。正可谓舜德巍巍，如天地之大，如日月之明。20世纪90年代，湖北荆门郭店楚简的重大考古发现，进一步证实了以往史书中的有关记载。如楚简中的《唐虞之道》篇曰："爱亲忘贤，仁而未义也；尊贤遗亲，义而未仁也……爱亲尊贤，虞舜其人也。"既爱亲又尊贤，就是虞舜所做的榜样。所以，在中华文明的开创时代，如果将黄帝看成是政治文化之祖，炎帝是农耕文化之祖，那么，舜帝则是道德文化之祖，开启了中国道德文化的新纪元。

舜名重华，亦称虞舜，被司马迁《史记》列入"五帝本纪"。五帝是远古传说中相继为帝的五个部落联盟的首领，分别是黄帝、颛顼、帝喾、尧、舜。尧舜之后便是禹，他建立了中国第一个奴隶制国家夏朝。所以，舜生活的这个时代正处于中华早期文明的发轫期，是国家产生的前夜。这是现代历史学的一种看法。但中国古人认为，尧舜都属于上古时代的圣贤明君。

最早对舜的记载，见于《尚书》。《尚书·尧典》曰："瞽子，父顽，母嚚，象傲。"这是对虞舜家世最简洁的介绍。可以看出，舜帝小的时候家庭环境非常恶劣：父亲瞽叟不能辨别是非好恶，后母为人刻薄狠毒，弟弟象骄横狂暴，不把兄长舜放在眼里。因此，舜多次被无端加害。《史记·五帝本纪》详其事曰："舜父瞽叟盲，而舜母死，瞽叟更娶妻而生象，象傲。瞽叟爱后妻子，常欲杀舜，舜避逃；及有小过,则受罪。"虞舜整天生活在父亲及后母的责骂、毒打的恐惧之中,其中有好几次还差点丧命,如舜象种豆、纵火焚廪、使舜穿井、醉酒杀舜、壬女自伤等。在这种常人无法想象的家庭环境里,面对家人的百般折磨,普通人是无法忍受的,但舜不一样,竟然"顺事父及后母与弟,日以笃谨,匪有懈"。舜对瞽叟与壬女仍然毫无怨言,甚至当家里的牛吃了村里的庄稼,按乡规一定要责罚瞽叟时,舜还主动代父负荆请罪。

《史记》上说:"舜顺适不失子道,兄弟孝慈,欲杀,不可得。即求,尝在侧。"大意是,虞舜处处以不失子孝之道,恭敬顺从,但瞽叟与壬女要杀他的时候,却机敏地躲在远处,让其无法找到得手的机会;而当瞽叟需要他帮助的时候,虞舜则常常就在父母的身边。于是,虞舜的笃孝之誉,名播天下,让四方长老无不为其动容。因此,在尧帝垂暮之年,准备物色接班人时,四方酋长,一致推举。这样虞舜从一个庶民之子立即升为一人之下、万人之上的储君。

虞舜不仅在家做到了孝以事亲,友爱兄弟,在外面对左邻右舍的村民,对熟悉的朋友,对陌生的路人,皆能以友善待之,并通过自己的行为很快地改变了当地的陋习。史书上说,虞舜在历山上垦荒种地,当地人在他的感化下化干戈为玉帛,都愿意将好的田地让与别人。到雷泽捕鱼,雷泽的百姓在虞舜的劝导下化仇怨为恩情,未及半年,不但无争斗的场面,而且还能将较好的捕鱼位置让与年长的渔民。后来,又到黄河边传习制陶的手艺,很快制作出来的器具不再粗陋难看。无论熟悉或不熟悉虞舜的人,都愿意跟随他而居。对此,《管子·治国》篇赞曰:"舜一徙成邑,二徙成都,三徙成国。"《史记》亦曰:"一年而所居成聚,二年成邑,三年成都。"古代的"聚"是村落,"邑"是小镇,"都"则是大城市。都城有多大呢?《周礼·郊野法》说:"九夫为井,四井为邑,四邑为丘,四丘为甸,四甸为县,四县为都也。"用几年的时间就能使村落变成都市，也许有溢美之词，但也足见虞舜的人格之美与感召力之强。

舜是民主推举出来的平民帝王，他治理天下的办法是"以德安邦，以法惩凶"。一方面，他起用有才能的人来管理国家事务，推行德教。他是中国历史上推行"父义、母慈、兄友、弟恭、子孝"五种家庭伦理规范的第一人，即提倡做父亲的应该仁义，做母亲的应该慈爱，做兄长的应该友善，做弟弟的应该恭敬，做儿女的应该孝顺，并使之上升成一种社会道德规范，以约束天下。另一方面，他广开言路，惩罚凶族，做到法理相融，政令通畅。虞舜不仅明确了五种刑罚，包括墨、劓、剕（也作腓）、宫、大辟，而且亲自流放四大作恶多端的凶族，在以德安邦、以理制法、以法罚凶方面，开后世帝王德法并举治国之先河。

中国的上古时代流行"禅让"制度。相传舜帝任人唯贤，禅位大禹。如果说尧对舜的禅让，还存在一些姻亲利益联盟的关系，是传子与传婿的选择，那么，虞舜传位于禹，则完全以天下利益为重，以用人唯贤为己任，不再有任何家族利益的纠结。舜帝在94岁的时候，正式将天下大事交由禹来治理。禹代替舜行天子事，这时南方三苗动乱，禹多年征伐，仍不见效。百岁高龄的虞舜，想用自己的道德教化来驯服三苗，于是，率部出巡南方。这就有了《史记》所载的舜帝晚年的结局："践帝位三十九年，南巡狩，崩于苍梧之野，葬于江南九嶷，是为零陵。"

尧舜的时代，正是中华先人从漫长的原始社会走向父权制的时代，在西方则被视为"英雄时代"。按照儒家的传统看法，舜帝最高贵的品格是以孝悌为先，以德化人。所以，古人避谈五刑，专颂其德。以今人的眼光看，舜帝作为一位伟大的部落联盟首领，其无与伦比的道德情操和高超的治理智慧极大地推动了中华民族从野蛮时代过渡到文明时代，无愧为一位承前启后的伟大历史人物。以舜的人格主体形成的舜文化，是中华民族道德文化的源头，对华夏文明的形成与发展产生了深远而持久的影响。

舜德文化的基本精神和主要内涵到底是什么？学术界发表了不同的研究成果。有学者认为，舜帝明德主要表现在五个方面：一是勤劳勇敢，二是仁慈孝义，三是勤政爱民，四是教化万民，五是德法并行。[①] 也有学者认为，舜德文化的主要内涵表现在"五教齐家"与"明德治国"两个方面。五教即父义、母慈、兄友、弟恭、子孝。明德治国主要体现在两个方面：一是体察民情，纾解民困；二是选贤任能，造福于民。[②] 李学勤先生认为：舜帝先人后己，孝悌忠信，勤政爱民，以和为贵，受到人民的普遍爱戴。虞舜倡导的为人、持家、做官、治国均以道德为本，开创了中华道德文明的先河，因而被后世尊为"百孝之先""道德之祖"。[③] 显然，李学勤把舜德的内涵概括为四个方面：为人方面的先人后己，持家方面的孝悌忠信，做官方面的勤政爱民，治国方面的以和为贵。翟满桂等认为舜帝德文化包含着极其丰富的内涵，主要体现在以下三个方面：一是持家在德——舜尊重家庭，孝顺以悌，身体力行，德行于世；二是为人在德——舜修身为本，待人诚实，乐于助人，踏实做人；三是治政在德——舜实施善举，推行五教，擢贤任能，用人唯绩，心怀天下。其结论是："舜持家、为人、治政均以道德为大本，为东方人类社会走出童年时代提供了全新的社会规范，成为源远流长的华夏文明极为重要的组成部分。"[④] 从这些不同的学术成果中，可以看到一个共通的地方，即舜帝是以孝治家、为政以德、德主刑辅的儒家德治文化传统的先行者。

[①] 杨东晨：《帝舜"明德"五说》，《宝鸡社会科学》2002年第2期，第26—27页。
[②] 尚恒元：《舜文化中的"五教"与"明德"》，《运城学院学报》2009年第4期，第1—2页。
[③] 李学勤：《中国早期文明史上的虞舜》，《湖南科技学院学报》2012年第11期，第2页。
[④] 翟满桂、蔡自新：《舜文化是中华民族道德文化之源》，《湖南社会科学》2002年第1期，第93—95页。

古人云，物有本末，事有始终。从文化发生学的角度看，舜帝既为上古时代的道德化身和道德符号，这一身份绝非空穴来风，恰恰说明，在舜帝以前中华道德早已存在的客观事实。这就涉及进一步解释中华道德文化的起源和本质等更深层次的问题。

三 德之本源

中国"德"文化的起源，从本质上来说，是中国上古先民生活实践的结晶。先民在具体的生活实践行为上必须先有德，然后才会反映到观念和语词概念上，也就是说先有德之"实"，后有德之"名"，否则道德就成了无本之木、无源之水。① 正如李德龙在《先秦时期"德"观念源流考》一文所说：

> 目前学界关于"德"观念的起源，大致有原始社会说、殷商时期说和西周首创说三种观点。分歧产生的原因，在于学界方家们的立论前提不同，以"德"字的出现为其起源标志的，并认为甲骨文中有"德"字的学者，多持殷商时期说；认为在周代金文中才始见"德"字且"德"在政治生活中发挥重要作用的学者，多持西周时期说。关注社会学和人类学研究成果的学者，多用"德"字的原始意义去推测"德"观念的起源，而多持原始社会说。②

---

① 中国早期之"德"与后世，尤其现代的"道德"概念是有一定差异的，有时可以互通，但切不可把"德"看作"道德"的同义语；认为"德"观念同道德观念的形成过程是一致的，也不可简单地把"德"字的出现作为"德"观念形成的标志。这是在探讨中华文化"德"观念的起源问题之时首先需要明确的。

② 李德龙：《先秦时期"德"观念源流考》，博士学位论文，吉林大学，2013年，第23—24页。

第一章
生/生/不/息/东/安/德/文/化

其实，无论是原始社会说、殷商时期说，还是西周首创说，"德"字的出现是德文化起源与形成进程中十分重要的标志。但是，起源与成熟是两个不同的标志。也就是说，德文化或者说道德观念的起源，一定大大早于对德的文字描述。

马克思主义认为，道德文化是人类文化最重要的标志，它构成并衡量着人类内在最深刻的抑恶扬善的精神力量，促成人类文明由低层次进入高层次乃至更高层次。① 正如苏联马克思主义理论家加里宁曾指出的那样，在人类社会初期，道德从生活中成长起来，在实践上逐渐构成人们的行为规范。也就是说，道德文化与人类社会一同诞生，可以说哪里有人类社会生活，哪里就有相应的道德实践的存在。

因此，中华德文化或德观念的起源，应该肇端于史前人类原始时期。颛顼时期尤其是尧舜时期，则是中华德文化起源之最关键的发生期。从人类考古学分期来看，尧舜禹时期正处于都邑国家形态，属于早期国家文明形成和确立期。② 对此，李德龙提出了以下观点：

其一，正是早期国家的形成才把人们纳入了政治生活的轨道，"德"开始进入政治领域并逐渐成为人们关注的话题。

其二，在尧舜禹时代，由于部族联合体的超血缘、跨地域性，严格意义上的华夏族尚未形成，无论哪一个部族，只要有雄厚的实力和出色的部落首领，都可能成为一些部族的核心，或成为某一部族联合体的首领。

其三，从尧舜尤其是虞舜开始，联合体的最高首领及各地方部族首领公共权力及威望的获得，已经有了相对固定的方式，那就是依靠自身之"德"，"德"已经被有意识地运用于政治实践中，从而为"德"观念

---

① 黄钊等：《中国道德文化》，湖北人民出版社2000年版，第6页。
② 李学勤主编，王宇信、王震中、杨升南、罗琨、宋镇豪：《中国古代文明与国家形成研究》，中国社会科学出版社2007年版，第12—13页。转引自李德龙《先秦时期"德"观念源流考》，博士学位论文，吉林大学，2013年，第41页。

的形成提供了契机。先秦文献中关于"禅让"的传说，表明禅让制作为一项权力继承制度在尧舜禹时代是真实存在的，同时也是部落联合体首领政治之"德"在早期国家文明中的重要体现。①

根据以上分析，殷商时期的"德"字大多可以用其原始义"行为"来解读，其"德"观念的主要价值指向最终还是落实到殷王及臣民的政治行为上，并已经衍生出"王德""臣德""民德"三个不同的层次。同时，殷商时代的"德"观念是其宗教观的被动反映，商代之"德"的标准不是来自人间，而是以上帝的启示或先祖的政行为标准的。殷人包括君王通过占卜的形式，把自己的行为及其未来结果，交给上帝来裁决。尽管这些行为为当政者所提倡，并对稳定国家政权、维护族群整体利益发挥了积极作用，因而也就或多或少地内蕴了一定的理性色彩；但最终使得殷商时期的"德"观念在神权的笼罩下，被浓重的宗教色彩裹挟着。②

尽管周代的"德"也包含着崇敬皇天上帝、注重效法祖先成功政行的内容，但其"轻神重民"的理性色彩已日益凸显，周人的主体自觉意识已经萌发，周代之"德"是对商代之"德"理性化"祛魅"的结果，即在对殷商时期"德"观念批判继承的基础上发展起来的。③

由上可知，殷商时期和西周时期的德观念既相互联系又相互区别，分属早期中国德文化发展过程中两个十分重要的发展阶段：宗教性之德与政治性之德。到先秦时期，中华德文化的发展进入一个全面形成或基本成型的重要阶段，其最大特点在于，在保存宗教性之德与政治性之德的基础上，大力发展出人文性之德。由此构成中华传统道德内涵的三个维度：宗教性之德、政治性之德与伦理性之德，与此相对应的正是

---

① 李德龙：《先秦时期"德"观念源流考》，博士学位论文，吉林大学，2013年，第45—49页。
② 同上书，第91页。
③ 同上书，第93页。

"德"字本源意义的三个方面：德格、德行、德性。

那么这三个时期的三种德文化类型，与上古时期尤其是虞舜时期的德文化之间是一个怎样的关系呢？不妨用下面的图示来说明。

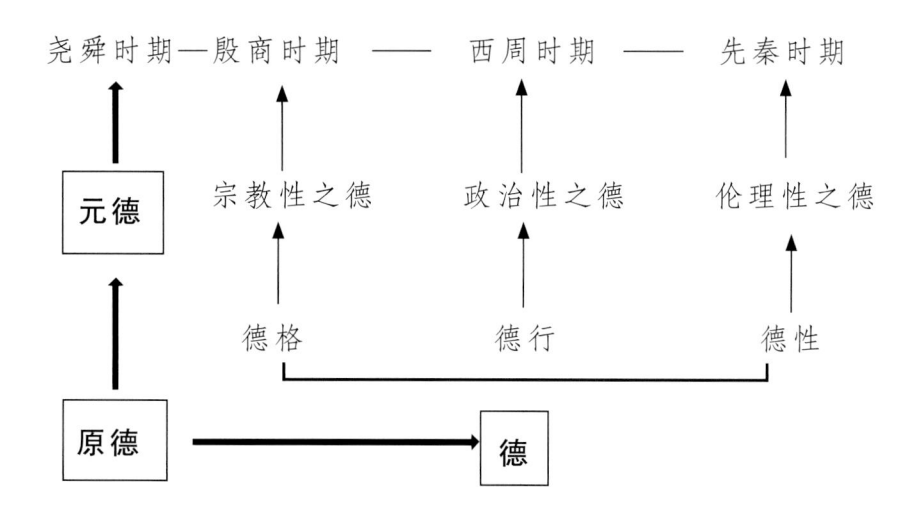

```
尧舜时期—殷商时期 ——— 西周时期 ——— 先秦时期
     ↑           ↑          ↑           ↑
  ┌────┐      宗教性之德   政治性之德    伦理性之德
  │ 元德 │        ↑          ↑           ↑
  └────┘       德格        德行         德性
     ↑
  ┌────┐              ┌────┐
  │ 原德 │ ──────────→ │ 德  │
  └────┘              └────┘
```

如上图所示，尧舜时期的德观念或德文化，既是中国德文化的源始时期，也是中国德文化的元构时期，分别以"原德"和"元德"来标明。原德是从时空上来说的，表明殷商时期的宗教性之德、西周时期的政治性之德以及先秦时期的伦理性之德都起源于尧舜时期，虽然这三种德之间也有着历史的承继关系。元德则从德文化的内涵或结构要素上表明：尧舜时期尤其是虞舜之德在起源之初，就已经同时包含了宗教性、政治性和伦理性三个方面的要素或内涵，只是这三个维度的德之理念没有如后期发展得那么清晰和明确而已。

如此说来，虞舜时期的德文化既是中华德文化形成的最早起源，也是中国传统道德独特内涵和结构特色的最早孕育——中国传统道德文化乃是宗教性、政治性与伦理性三者互有消长而又最终融贯一体。这种独特内涵和特色，既奠定了中华传统道德文化在中国文化以及社会发展中的独特地位和深刻影响，也构成了中华传统道德文化与世界其他文明中所发展出来的道德文化之间最为鲜明的差别所在。

四千多年前舜帝南巡驻跸于东安，晚年把主要精力用于中国南方的安定，不仅给古代的零陵特别是东安、宁远人民带来了福祉，也给当地的历史添加了浓墨重彩。舜帝以身作则，传播德孝，流布道德人文，并积淀至今，使得东安素有"舜风楚韵"之美誉。这正是东安深厚的道德文化的历史基础。

四　东安德文化的源与流

东安能够被认定为首个"中国德文化之乡"，不仅意味着东安是中国道德文化的发源地之一，也意味着东安是中国道德文化的一个最典型的基层代表，还意味着东安有着深厚的道德文化根基和鲜活的道德文化生命。

历史地看，东安德文化不仅是舜帝南巡之后教化东安人民的珍贵遗产，也是几千年来东安的官员和民众道德实践的结晶。她表现在不同历史时期东安人的物质创造与精神生活中，凝固在东安独具魅力的自然山水之间和人文构造之内，也积淀在东安人世代相传的民情风俗之中和历代的道德楷模身上，至今仍然保持着其独特的道德内涵和时代魅力。在东安，不仅存有丰富多彩的道德文化遗存和载体，而且得到了很好的保护和传承，尤其在今天还能够在东安人的道德建设中发挥重要的示范作用。换言之，东安的道德文化既是历史的，更是现实的。

迄今为止，东安与舜帝的密切关系还有着诸多待解的谜团：大庙口舜皇山前的一座庙，名曰"太庙"，即祭祀舜帝的庙宇；流经东安最长

第一章
生/生/不/息/东/安/德/文/化

的一条水为"应水",东安最早名为"应阳";《水经注》又曰"应水出邵陵历山,县即水以为名",而"历山"又与舜耕之地的"历山"同名。这诸多人文胜迹与山川风物,或隐或显地无不与虞舜有关。尘封的历史中,蕴藏着四千多年来虞舜道德的文化基因如何泽被江南,又如何在东安这片土地上滥觞与光大的神秘和传奇。

不仅如此,东安县内目前还有以舜帝命名的"舜皇山""舜皇岩",全国重点文物保护单位"广利桥""树德山庄",省级文物保护单位"吴公塔",德文化遗迹"敦伦第""邓禹庙""舜石桥",禅德胜地"沉香寺",水岭冷山武术等德文化名胜古迹、实物;还有南宋礼部尚书邓三凤、清太子少保唐仁廉、爱国抗日上将唐生智、最可爱乡村教师吴才有和雷锋传人钟挺华等59例道德人物及其事迹;还有"一核心、六基地"德文化的展示载体和平台。这些人文遗存和载体,既是东安人德文化底蕴深厚的直观诠释,又是东安人崇德意识的生动体现,更是东安人创建"中国德文化之乡",塑造"崇德、厚德、树德、行德、弘德、明德"良好氛围的最好资源和最佳平台。受虞舜的仁风德雨的熏染和沾溉,无论是在东安为官者,还是东安民间百姓,都曾涌现出许许多多可歌可泣的感人故事和道德高人。他们仁爱、勤政、廉洁,他们尊道、尚学、笃孝,他们重信、好武、忠君,他们是东安人道德践行的楷模。翻开历代东安县志,身先士卒、为民请命者有之,勤于政务、克己慎独者有之,勇于拒敌、大义凛然者有之。千百年来,东安人对这些良官贤牧和百姓楷模,或立祠以祀,或立传以彰,流布于民间,传颂于闾里,彰显于史籍,影响于后世。概而言之,历史上的东安德文化有以下几个方面的内涵和特色。

1. 修身之德以敬

东安人一直以来重视修身之德。所谓修身之德，即重视人格的完善和道德的自主，强调人之为人的自觉性和超越性。这种修身之德，在东安人的血液中流淌几千年，可以概括为一个"敬"字。敬的本义即恭敬、端肃、态度认真，强调自我的谨慎修持。

东安人的敬畏，主要表现为对神明、天命和大自然的敬畏。由于东安百姓历代以来重视神庙祭祀，故而不仅有舜庙、二妃庙、城隍庙、土地庙，还有其他地方所不曾有的舜弟象庙、黑神庙、火神庙，庙宇之多，林林总总，不一而足。除此之外，东安百姓对坛神的敬畏尤为突出。如狩猎、开山、烧瓦、砌屋、搬迁、春耕、秋藏，凡是大的活动，总是不忘去祭一祭坛神。尤以狩猎与伐木为甚，每次进山，都会到某一棵古树边设坛祭祀，祷告鬼神，以求平安。不仅如此，东安人还笃信佛道，讲求"积阴德"。这种习俗，沿袭至今。像渌埠头的沉香寺、黄泥洞的兴隆寺，曾经高僧大德云集，每年二月十九日、六月十九日、九月十九日，总是人流涌动，络绎不绝，梵音缭绕，纸烛洞明，通常从清晨一直燃到近午。到庙宇中去做义工、吃斋饭者，几乎每周都有。去佛庙者，有为家人求平安，有为老人求健康，有为子女求吉祥，也有为自己求前程，为亲友求姻缘，但也有什么都不求而只是去感受宗教文化氛围的。这种对自然神灵和宇宙天命的敬畏，虽然在科技不发达的古代，容易导致人的迷信，时常是淫祀成风；虽然宗教活动中所包含的道德性和神秘性很难完全分开，但是，从实际的效果看，其更多的是塑造了东安人民崇德向善的传统美德。

东安人修身之德第二个重要方面乃是谦让之敬，体现了东安人在人际交往中尚礼谦让的精神。这种谦让之敬在作为武术之乡的东安，显得尤为难能可贵。东安民间有一个流传甚广、家喻户晓、人人皆知的民谚，那就是："唱不过祁阳，打不过东安，巧不过零陵，蛮不过道县。"其中"打不过东安",指的是东安很早就形成了一种尚武之德,是全国有名的武术之乡。东安曾为东安驿、东安场,自古以来就是驻兵之地,故习武之风盛烈。像在东安水岭一带,文家拳以少林拳为宗,众采百家之长,而独成一门,每逢农闲时节,或春节期间,总要举行形式多样的武术比赛,以倡崇武之风。但这种崇武之风并没有使东安人丧失武德,变得轻鄙好斗;反而是东安习武之人中,礼让自谦、以德服人之风盛行。东安人多习武,但习武不是用来打人的,即使遇到强劲的敌手,也从来不打第一拳。这一民俗至今还保持着。《韩非子·五蠹》记载:"当舜之时,有苗不服,禹将伐之,舜曰:'不可,上德不厚而行武,非道也。'乃修教三年,执干戚舞,有苗乃服。"[1] 干是盾,戚是大斧,都是古代作战的兵器。舜用干戚之舞调教不服王化的苗民,而非直接用武力征服,这就是武德的最高境界。东安人尚武而不以武伤人,引而不发,这让人联想到舜帝"执干戚舞而化有苗"的上古遗风。

2. 敦伦之德以孝

百善孝为先。孝不仅是中华传统美德的核心和基础,也是家庭和睦兴旺的重要保证,还是社会和谐的基本要求。古人家国同构,移孝为忠。所谓羊有跪乳之义,乌有反哺之恩。如果一个人连生养自己的父母都不感恩,还阔谈什么礼敬他人、忠于国家!《诗经·蓼莪》曰:"父兮生我!母兮鞠我!拊我畜我,长我育我。顾我复我,出入腹我。欲报之德,昊天罔极!"孔子更是将"孝"推至极致,《孝经》引其语云:"夫孝,德之本也,教之所由生也。"

中国历史上曾有"二十四孝"之说,从不同时代和环境中遴选出24

---

[1] 韩非著,陈奇猷校注:《韩非子新校注》,上海古籍出版社2000年版,第1092页。

位堪称行孝典范的历史人物，被元代人编成《二十四孝》一书，用于童蒙教育。其中舜帝孝感动天，列为二十四孝之首。

在东安这片土地上，事亲敬孝蔚然成风，在历史上曾涌现出众多的贤孝子孙。二十四孝中有一个"卧冰求鱼"的故事，最早出自干宝的《搜神记》，讲述晋人王祥冬天冒着凛冽寒风，在河上脱衣卧冰，冰被暖化后竟然跃出两条鲤鱼，被他逮住，拿回家孝敬一直虐待他的继母。这个被后世奉为经典的行孝故事，其主人公王祥是晋朝的琅琊人，即今天山东临沂人。在东安县城的白牙市紫水河有一"孝子潭"，李文珍的孝亲故事也许更为感人。此事记录在《康熙永州府志》卷十七中，其文曰：

> 李文珍，咸淳时人，秉性孝友。母邓氏获异疾，思鱼作羹。会时冱寒，冰坚不可破，珍祷于潭，持斧凿冰，得鱼三尾，供母，病即愈。越三年，病复作，珍仍祷于是，入水良久不出，旁视者危之。既而披巨鱼出，母得食复瘳。人以为孝感，命其潭为"孝子"云。又一日，母疾将革，珍割股和药，母啜之即安。后以上寿终。县尹赵崇砼以事闻，命下，赐粟帛，旌表其门，建"孝感坊"，立碑记之，祀乡贤。

李文珍是宋代人，他一次在严寒中凿冰取鱼，又一次竟然跳进水里良久不出，直到抓到一条大鱼才露面，最后一次还割股肉为母治病。东安人为之感动，立下"孝感坊"。此外，还有宋代刲肉愈母、孝感天地的唐杰，乾隆时期砍柴奉母、笃敬至孝的雷震远，以及贫而笃亲的蒋义尊，仅各类志书上记其故事和姓名者，就多达数十人之众。今天的唐庆利更是东安人的孝德楷模。作为儿子，他敬老事亲，毫无怨言，为父母提供了一个幸福的晚年；作为工人，他救工友于危难之中，承担起了工会主席的责任；作为村民，他带领村民改善居住条件和生活条件。

3. 家国之德以忠

爱国始终是公民最宝贵的品质，爱国主义是首要的公民美德。这种品质和美德一直流淌在东安人的血液之中，成为代代相传的精神传统。忠于国家人民，忠于民族大义，乃是东安人最为可贵的道德精神，精忠报国是东安人的不懈追求。

东安自汉唐以来，一直是一个训兵出将的地方。自汉末开始置驿于此，五代时马殷窃据永州，设东安场。相传诸葛孔明曾屯兵于此，至今垒迹犹存，东安紫溪河边的石崖上有"汉营古迹"四字，其字甚古，可为一证。在沉香潭下半里的湘江边，有一绝崖，石壁峭立，江水湍急，不可攀跻。绝崖上有石匣，相传诸葛亮当年曾藏兵书于此，故名曰"兵书匣"。

东安作为多朝练兵训将之地，造就了东安人习拳尚武、精忠报国的思想观念。故在民间有"拳不打东安"的说法。东安人不仅讲求武德，

紫水河上的孝子潭

更有一颗炽烈的精忠报国之心。在历史上，凡是国是变故，边疆动荡，强敌压境，叛逆作乱，总有东安人挺身而出，抗击强乱，以尽忠义。因此，在历史上，东安这片土地上精忠报国者甚多：舍生取义邓镜心，不惧强敌唐灵甫，誓死拒敌黄福彦，忠肝义胆樊学洙，怒骂强贼黄建盛，护村好汉魏庆茂兄弟，且战且勇唐本兴，愈战愈勇夏基洪，骁勇善战金国泰，等等，英雄豪杰，不胜枚举。

忠必有勇。东安人生活在崇山峻岭之中，敢于挑战，敢于担当，多有血性之人，常常是宁可站着死，不愿跪着生。在中国历史上，每遇外族欺凌，强敌压境，官府欺压，豪强争夺，在东安总是不乏仁人志士，挺身而出，身先士卒，敢为人先，不畏强暴。仅中国近代史上，像席宝田、唐生智、唐生明等，这些民族的脊梁，就是东安这方热土中走出来的血性男儿。

湘江绝崖边的"兵书匣"　唐明登摄

"东安县里悲霞日，玉霁亭边混共天"，横批"抗日民族英雄王甲本"，这是朱德总司令为原国民革命军第七十九军军长王甲本将军题写的挽联。1944年9月衡阳保卫战失败后，王甲本将军奉命拦截日军，以免日军进入广西攻打桂林，在山口铺与日军意外相遇。由于日军伪装成国军模样，王将军并未防备，他所带领的手枪排被日军伏击全部牺牲。王将军手枪子弹打光，带着副官吴镇科在玉七亭与日军展开肉搏战，后被乱刀刺死，满身鲜血。后继部队廖明宣赶到，从日军手中将王将军和吴副官的遗体抢回，并得到老乡的帮助，将两位军人的遗体合葬在了村后的山坡上。

需要说明的是，王甲本将军本是云南人，但他的精神留在了东安的土地上。更为可贵的是，东安的一家普通农民，几十年来竟然顶着各种压力，始终为王将军守墓，有记者问他为何要这么做，他只有朴实不过的一句话："王将军是中国人，他是为打日本才死的。"抗日不分你我，从一个普通的乡下人言行中我们看到了东安人朴实的家国情怀。

4. 民治之德以仁

"仁"是儒家道德的基础。仁者爱人，己所不欲勿施于人，己欲立而立人，这是孔子所倡导的"仁学"的基本主张。孟子将孔子的仁爱精神推广到"仁政"。这样，仁不仅是为人之道，也是为官之道；不仅是人之为人的大本，更是人之为官的底线。尧、舜、禹、商汤、文、武、周公等人之所以历经数千载而受人爱戴，原因即在其为仁爱之君。历代政府官员之所以能够成为爱民如子的"父母官"，也在于能够做到"泛爱众而亲仁"。

仁而能勇。在东安循良传中，第一位入史立传的是以仁勇见称的北宋末年的徐处仁。在人才辈出的宋一代，徐处仁能以"仁"而从东安起身，进阁拜相，立于群雄之中，必有其过人之处。

仁而必廉。在东安历代循良之中，以清正廉洁、中直方正见称者非常多，他们皆是廉洁狷介而有品行，仁政爱民，百姓称道，成为东安官吏相继效法的榜样。如宋高宗绍兴年间的罗上行，宋度宗咸淳年间的赵崇硂，明洪武年间的吉岳，明弘治年间的沈孟仪，还有清乾隆年间的廉慎知县荆道乾。

荆道乾在东安还有一美名，与吴公塔的修建有关。乾隆十二年，东安知县吴德润为了教化百姓，打算在县城紫水河边修建一个"回隆塔"，希望以此为东安士子开启一方文运。但历时三年，塔只建了一半，吴德润于乾隆十六年调离东安，于是，回隆塔成了一个"烂尾工程"。及至十七年后，即乾隆三十三年荆道乾来东安任知县，认为吴德润的回隆塔的确可造福东安百姓，于是，决定重新启动修建工程。又历时三年多，于乾隆三十七年终算将塔建好。在为塔题名时，荆道乾认为吴德润品德高洁廉慎，深受百姓爱戴，于是，将塔名之为"吴公塔"，以示对前任清廉知县吴德润的纪念。后任县令建塔，而取前任知县之名，这在中国历史上不说前无古人，后无来者，但是确属罕见。因此，东安百姓对荆道乾的为人更为敬重。

仁必勤政。在东安历代循良中，以勤而名者尤多。诸如：明嘉靖年间的勤察县令谢相，清顺治年间的勤俭良吏潘文彩，清康熙年间的勤苦知县李如泌，还有清道光年间体恤民情的知县唐知铣。

仁必乐善。翻开相关的史志，东安虽然民风强悍，而在修桥筑路，赈济灾荒，救济民众等方面，却代不乏人。这主要得益于东安这片土地上那些世代大族富室所形成的乐善好施的家风。因有了他们的善举，使饱受贼寇与战乱之苦的东安民众，总算多了一份人世间的温馨。

5. 教化之德以文

《礼记·中庸》谓："天命之谓性，率性之谓道，修道之谓教。"修

第一章
生/生/不/息/东/安/德/文/化

道即是修德，修德的途径或过程本身就是教化。中国传统教化有武化和文化。文化以虚，武化以实；虚由实生，实仗虚行；以文载道，以武入道。通过上行而化成于下，最终达到文化和武化相融合。"文"与"化"二字联用，较早见之于战国末期所撰的《易·贲卦·彖传》："（刚柔交错，）天文也。文明以止，人文也。观乎天文，以察时变；观乎人文，以化成天下。"在这里，"人文"与"化成天下"紧密相连，"以文教化"的思想已十分明确。逮及西汉之时，"文"与"化"方才合成"文化"一词，如《说苑·指武》曰："圣人之治天下也，先文德而后武力。凡武之兴，为不服也。文化不改，然后加诛。"以及《文选·补之诗》中有"文化内辑，武功外悠"。可见，在汉语系统中，"文化"的本义就是"以文教化"，它表示对人的性情的陶冶，品德的教养。事实上，教化是一切文明的缘起，而作为"礼仪之邦"的中国，自古以来尤其以道德教化为文化教育的根与魂。

舜帝之所以能成为中华道德"以文教化"的最早确立者，就在于其精神内涵和要义可归为"德为先，重教化"。古人谓"文可载道，艺以教化"，而重教尚学、诗书耕读一直是东安人推行德育教化的优良传统。唐代刘禹锡在《海阳湖别浩初师并引》中曾这样写道："潇湘间无土山，无浊水，民秉是气，往往清慧而文。"所谓一方水土养一方人，潇湘自古多山水，且多石少土，水质清冽，这在古人看来是一种"清慧"之气，出文人。潇湘之地在永州，而东安位于湘江的最上游和入江之地，大概是沾了清慧的文气，所以民间特别重视耕读传家。东安横塘周家大院一副对联曰："一等人忠臣孝子，两件事读书耕田。"

东安民间还流传一语，"砸锅卖铁，也不亏子孙读书"。尤其是在花桥、南镇、紫溪等地，尤以读耕为乐。检点文献，东安人尚学崇礼、以文德教化的例子比比皆是。譬如明代闭户自厉的文明，自幼有孝悌之誉，不务仕途，雅志正学，聚徒讲习，远近追随者甚盛，晚年成为宿儒。还有艰苦为学的蓝衣染，终生为学的席际云，和厚化俗的谢献廷等。近代以降，办学兴教，蔚然成风。最为称道者，一是清末湘军将领、延续文脉的知府席宝田；二是重民族大义，收留义子兴办教育的将军唐生智。今天更有背父读书的陈君君和执教深山的"全国优秀教师"吴才有。

说到"以文教化"，就不得不提东安人最为喜爱的两道文化大餐——祁剧与渔鼓。

祁剧源于祁阳，而祁阳与东安为近邻，因此，闲暇时间，东安百姓以祁剧为最爱，残雪的母亲李茵老人，曾在她的《永州旧事》里，有过甚为精到的记述："潇湘庙就在潇湘门街上。春节过后，总要唱个把月的大戏（汉剧）了。唱戏之前，有很多人家把家里的烂桌子、凳子，先搬到戏台的两边占着好的位子。到开锣唱戏的时候，那些奶奶们小姐们，就占着戏台两边既看得见又听得着的好位子。坐在那里，观音菩萨一样一个个的。"读其文字，想其形态，足见百姓对祁剧之喜爱。在东安凡是有些家资的人家，其迎送嫁娶，通常都要扎台演大戏。演大戏，则离不开祁剧。演大戏，十里八村的百姓都会云集而来，享受这文化盛宴。

渔鼓是一种根植于广大百姓中的民间曲艺，起源于唐代，传入湘南已有一千余年的历史。渔鼓演出乐器甚为简单，演员少则一人，多则三四人，也不需要什么特定的舞台，田间地头、街巷弄里、庭院厅堂皆可演出。因其成本低廉、张罗简单，甚得湘江河边劳作百姓的喜爱。

东安渔鼓属于永州南北二路中的北路渔鼓，多杂糅祁剧、祁阳小调的唱腔，以及零陵、祁阳花鼓的味道。渔鼓的唱本中，唱得最多的是《三姑记》："苦口良言奉劝君，为人切莫起黑心。起心害人终害己，明有官府暗有神。男子莫用两把斗，女人莫用两样心。大秤小斗遭雷打，恐怕群民不顺情……"唱到动情处，无论是敲鼓者，还是听鼓人，都会泪眼婆娑，久久不能平静。

无论阳春白雪的祁剧，还是下里巴人的渔鼓，其内容无一不是在教人去恶扬善，劝人尊老爱幼、兄弟友善、和睦邻里、诚信为天、忠于国家的。这正是东安人"教化之德以文"的最好表现。

五　全国首个德文化之乡

"道德"是当代中国最为稀缺的资源。改革开放几十年，中国在科技、经济等领域取得了长足的进步，人民的物质生活条件也得到了极大的改善，然而，诚信的缺失、道德的滑坡却已成为不争的事实。在严重的短缺经济时期，我们可以有崇高的精神自信，那个年代，我们压根儿不担心大米有毒，猪肉有瘦肉精，蛋有苏丹红，油会从地沟里来，牛奶里有三聚氰胺，菜里有福尔马林。可是今天，这些"缺德"的东西却时常见诸传媒，让人见怪不怪。发展经济、改善民生本来是好事，可在很多人眼中，它变成了"一切向钱看"，变成了单纯地提高 GDP，变成了大兴土木，变成了破坏自然环境。

在这种情况下，很多人呼吁加强法治建设，依法治国。问题在于，法律只是最低的道德，我们不能仅仅满足于不踩底线，而缺乏内在的道德信仰；更不能在利益的驱使下，一旦有机会就会置法律于不顾，损人利己，以邻为壑。虽然我们还需要完善法律制度，但事实上我们并不缺乏法律条文，一些不法商人和昧良心的老板却越来越胆大，满眼通红地盯着利润，一夜暴富的心态日益严重。马克思在《资本论》中说过："资本如果有百分之五十的利润，它就会铤而走险；如果有百分之百的利润，它就敢践踏人间一切法律。"这句话本是对资本主义时代的莫大嘲讽，但在经济全球化的今天，为一己之私而践踏法律显然变成了世界性

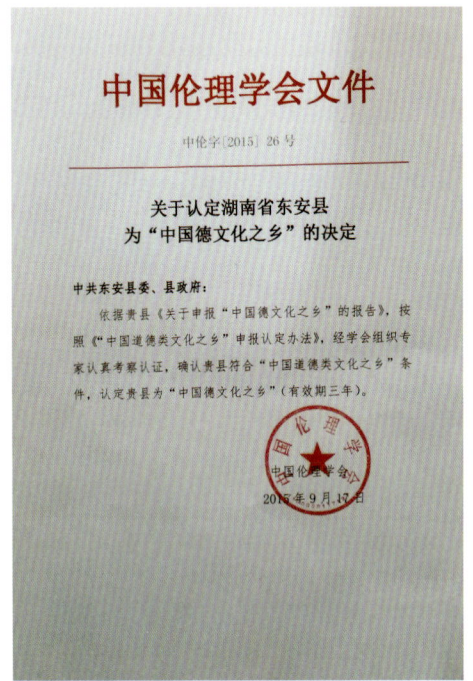

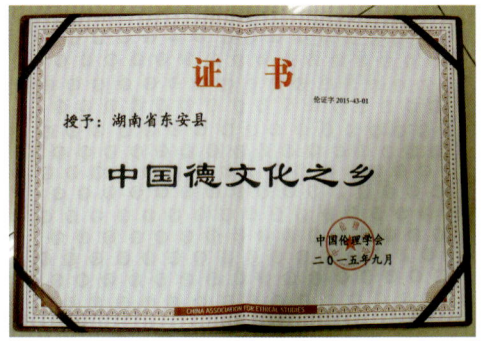

"中国德文化之乡"认定文件、牌匾、证书　蒋学赛摄

的难题。法律只能打击某些外在的犯罪，却无法阻止私欲的扩张。这正应对了古代老子的那句名言："法令兹章，盗贼多有。"

  时代需要我们重估道德的价值，尤其需要我们重温先人的智慧。宋代哲学家陆九渊有云："君子所贵在德。士庶人有德，能保其身；卿大夫有德，能保其家；诸侯有德，能保其国；天子有德，能保其天下。"在传统中国，道德的地位至高无上，个人的发展、家庭的和睦、社会的稳定乃至国家的繁荣都得靠它来保证。然而，经过五四的批孔和"文化大革命"的破"四旧"，我们已经把祖先的智慧忘得差不多了，传统文化所倡导的艰苦朴素、积德行善反而成了"迂腐"的代名词，道德和良心似乎离我们渐行渐远。正因如此，党和国家高度重视社会主义核心价值观的培育和践行，特别强调，培育和弘扬社会主义核心价值观必须立足中华优秀传统文化；要深入挖掘和阐发中华优秀传统文化的时代价值，使中华优秀传统文化成为涵养社会主义核心价值观的重要源泉。习近平总书记用六个概念对中华优秀传统文化进行了概括："讲仁爱、重民本、守诚信、崇正义、尚和合、求大同。"这一概括言简意赅，意义重大。

正是在这一新的历史条件下，东安县委、县政府做出了一个重大的战略决策：倾全县之力着力打造全国首个"中国德文化之乡"。要求在培育和践行社会主义核心价值观的进程中，架起一座历史传承与时代创新的桥梁，在道德建设上探索出一条可复制、可推广的经验和做法，用崇德向善的力量来唤醒每个人的良知，播撒善的种子，为东安县的经济社会发展探索一条既承继传统又契合时代精神的新路子。

作为"中国德文化之乡"建设的首倡者和决策者，时任东安县委书记谢景林认为，建设"中国德文化之乡"，至少有三大意义：第一，践行社会主义核心价值观的具体体现；第二，东安历史和现实传承的需要；第三，凝心聚力发展东安经济的迫切要求。心动不如行动，高层的决策迅速达成共识，并组建以县人大主任文高平为指挥长的"中国德文化之乡建设领导小组"。经过较长时间的紧张筹备、建设发展和专家学者的论

中共东安第十一届县委常委会议研究德文化建设工作

证考察，2015年9月17日，东安县荣获首个"中国德文化之乡"称号，授牌仪式在中国伦理学会隆重举行。这是改革开放以来，东安县荣获的最为响亮的一块国字号文化品牌。

授牌的荣誉仅仅是开始，关键在于落到实处。要成为名副其实、享誉中华的"中国德文化之乡"，今后还有很长的一段路要走。令人感到欣喜的是，新一届中共东安县委发扬"吴公造塔"精神，继续高度重视德文化建设，新任县委书记冯德校在中国共产党东安县第十二次代表大会的报告中指出"坚持以社会主义核心价值观为引领，以德文化为载体，把德文化建设成为东安人民的精神家园和展示软实力的一扇窗口，增强全县人民的认同感和归属感"。思路决定出路，实干才能兴邦。根据目前东安县委县政府的思路和安排，大致有如下方面值得关注。

1. 以德为纲，文化为魂

建设首个"中国德文化之乡"，特别是在东安县这样一个有历史底蕴但经济还不太发达的县级区域，应该是难度大于机遇。这就不仅需要

在授牌仪式上的合影　蒋学赛摄

高瞻远瞩、目的明确，更需要视野开阔、思路清晰，特别要始终坚持"以德为纲，文化先行"的建设理念。

"以德为纲"，一是以德文化为纲，以全面建成更高水平的小康社会为目，提纲挈领，做到以德感人，以文化人。二是在硬件建设上将"中国德文化之乡"与城镇建设深度融合。三是将"中国德文化之乡"与文明创建、教育、微旅游有机结合起来，进一步抓好舜德学校建设，打造一批德文化知名景点。四是用德文化推动社会主义核心价值观落地生根。五是用"中国德文化之乡"金字招牌扩大东安的知名度和美誉度，把东安建成全国知名的微旅游目的地，争创国家全域旅游示范县。

"文化为魂"，就是要全面挖掘东安的德文化底蕴，积极保护、恢复、修建有关德文化遗迹；多样化建设德文化的表现载体和推广平台，大力宣传东安的德文化，传承其中的优秀基因，让具有东安特色的德文化发扬光大。

2. 规划引领，政策护航

全面建设"中国德文化之乡"是一项系统工程，不能靠一时的冲动热情，必须有长远的规划，特别在政策上要有连续性，不能新官不理旧事。概括起来就是八个字："规划引领，政策护航。"

"规划引领"，就是将"中国德文化之乡"纳入国民经济社会发展规划，制定近期规划和中长期远景规划，一茬一茬地接着干，一届一届接着办。在总体的创意规划上，不仅要立足本土，还要放眼全省全国，要有高人指点。既要听本土专家领导的意见，还应组织全国德文化研究的名家专家对东安的德文化建设进行有的放矢的研究，就东安"中国德文化之乡"创意建设制定总体规划。

"政策护航"，就是要把"中国德文化之乡"建设，放到"六大战略"的同等位置，作为"第一要务"的重要内容，纳入发展全局之中，摆上重要议事日程，高度重视，强力推进。与此同时，还要建立健全工作体制、机制，保证人、财、物到位，确保"中国德文化之乡"工作与中心工作同部署、同安排、同实施，与城市建设深度融合，同频共振，交相生辉。

3. 传承保护，利用创新

作为"中国德文化之乡"的积极倡导者，东安县人大常委会主任文高平认为：东安建设"中国德文化之乡"，务必抓住东安德文化历史底蕴深厚、文化遗存丰富的特点，做好"传承保护、利用创新"的文章，如此才能将东安建设成为有长远生命力的、最接地气的"中国德文化之乡"，并使之成为一种精神的力量，推动地方经济社会的可持续发展。

"传承保护"，一是探究德文化的基本理念，挖掘德文化的历史底蕴，梳理东安德文化的发展脉络；二是要全面调查东安境内的文物古迹、文化遗存，科学保护，合理利用；三是收集整理有关德文化的民间传说、节庆风俗、榜样人物和典型事迹等丰富的德文化表现载体。

"利用创新"，就是要在上述丰富的德文化遗存和文化资源传承保护的基础上，结合东安经济社会文化发展的总体需要，予以充分论证和规划；创新思维，把文化保护与开发结合起来，依靠德文化"一核心六基地"的建设，充分发挥东安德文化建设的政治效益、经济效益、文化效益以及整体的社会效益。

4. 方案务实，深化笃行

为了打造富有本土特色的东安德文化之乡，东安县以"美德工程"和"一核心六基地"为抓手，务实笃行，全面推进各项工作。

第一，确立方案，成立机构，切实推进。东安县分别于 2015 年 5 月 8 日、6 月 8 日以东办 [2015]10 号、东办 [2015]15 号文件形式下发

第一章
生/生/不/息/东/安/德/文/化

新一届县委常委会议专题研究德文化建设工作，研究通过了《东安县全面建设"中国德文化之乡"升级版实施方案》 刘联波摄

了《全面深化"中国德文化之乡"建设工作实施方案》《关于在全县开展"美德工程"建设的实施方案》和2016年10月11日县委常委会议研究通过的《东安县全面建设"中国德文化之乡"升级版实施方案》（三者以下均简称《方案》），对东安县开展"美德工程"建设工作的指导思想、主要内容、主要活动、工作措施做出了具体安排。按照《方案》要求，围绕诚、和、孝、善"四德"建设主题，着力开展"舜德之家"、"舜德之星"、"赛德"及"十大评选活动"，并明确了各部门各单位的职责，列出了牵头单位、配合单位。牵头单位县人社局制定了"公务员标兵"评选方案；牵头单位县卫生局制定了"医德标兵"评选方案；牵头单位县教育局制定了"师德标兵"评选方案；牵头单位县委宣传部制定了"文明标兵"评选方案；牵头单位县文明办制定了"道德模范"评选方案；牵头单位县民政局制定了"爱心大使"评选方案；牵头单位县工商局制定了"诚信企业"评选方案；牵头单位县妇联制定了"最美家庭"评选方案；牵头单位县老龄委制定了"孝贤标兵"评选方案；牵头单位县妇联制定了"最美媳妇"评选方案。

33

为确保《方案》落到实处，县建设"中国德文化之乡"领导小组负责评选活动的指导、综合、督促、检查，并联合县大督察办、"两办"督察室组织专人，采取多种形式，不定期对《方案》落实情况进行监督检查。

第二，扩大舆论，营造氛围。主要从以下几个方面着手：一是开展媒体宣传。在东安电视台、东安新闻网、东安手机报开辟"打造中国德文化之乡"专栏，县内新闻媒体积极宣传报道"打造中国德文化之乡"工作情况，大力推介工作中的好做法、好经验、好成效。二是深化社会宣传。在县城重要路段、主要街道的显著位置设立"打造中国德文化之乡"宣传标语牌，在县城重要公共场所、门店及机关、企事业单位有电子显示屏的地方开展宣传标语滚动宣传。三是注重文艺引导。积极创作《礼》《美丽东安》等群众喜闻乐见的节目，结合文艺下乡活动，深入全县各地开展文艺演出。四是突出典型宣传。对涌现出来的最可爱乡村教师吴才有、雷锋传人钟挺华、社区"孝子"王小军、好心邻居唐龙成、李平贵爱心救助团、全国敬老模范社区——茶亭社区等道德人物和事迹进行深入挖掘，通过多形式多渠道进行宣传报道，在全县上下营造浓厚的打造中国德文化之乡的舆论氛围。

第三，突出特色，彰显魅力。具体来说，一是打造具有东安地域特色的德文化载体。按照"官德"和"民德"两大德文化系列，围绕"诚、和、孝、善""四德"建设主题，积极推进德文化"一核心六基地"建设，把县城作为一个综合载体，囊括紫水国家湿地公园内的聚德湿地文化公园、紫水河两岸的十里德文化长廊、县城北的当代德文化碑林，以及一系列的德文化公园和广场，分别建好舜皇山、树德山庄、沉香寺、江东武校及水岭、新老吴公塔、新老广利桥等舜德、树德、禅德、武德、官德、民德六大德文化宣教基地，大兴崇德、厚德、树德、行德、弘德、明德之风。二是拓展具有东安地域特色的德文化内涵。举办"德文化"征文、德文化展览、德文化"送戏下乡"，编印乡土德育

第一章
生/生/不/息/东/安/德/文/化

教材，编排中小学生核心价值观体操，出版《孝德故事》，创作《德在东安》，撰写"万德碑"，不断挖掘拓展具有东安地域特色的德文化内涵。三是开展具有东安地域特色的主题活动。组织开展"舜德之家"、"舜德之星"、"赛德"、"标杆单位"、"十佳公仆"、"最美家庭"、"师德标兵"、"十佳好媳妇"、德孝故事评选，在机关单位组织道德模范巡讲活动和"道德讲堂"活动，广泛开展孝亲走访慰问活动，以活动为载体，以活动促建设，以"官德"带"民德"，以"民德"促"官德"，不断扩大"中国德文化之乡"品牌效应。

第四，深入基层，全面践行。主要包括：

首先，拓宽德文化宣讲渠道，让乡村干部群众补上德文化教育短板。当前，德文化宣传教育热在上头，冷在下面，一些边远乡村的群众、基层干部的德文化知识一片空白，做好乡村德文化宣传教育至关重要。各乡镇要通过中心组集中学习、干部培训、专题报告会、讲座、以会代训等方式让广大基层干部丰富德文化知识，补上德文化知识短板。要经常开展送德文化经典书籍、宣传册等进农村、进基层、进社区，用

县委书记冯德校（左二）、代县长龙向洋（左一）深入基层开展德文化建设调查研究　刘联波摄

通俗读本充实乡村农家书屋，让农民在阅读、娱乐中感受德文化。组织道德模范巡回演讲，持续开展东安德文化进农村、进社区、进机关、进企业、进学校活动。

其次，打造德文化传播平台，让群众在喜闻乐见中感受德文化的魅力。进一步办好"道德讲堂"，让干部经常接受德文化熏陶。县电视台办好"东安德文化讲坛"专栏，邀请知名人士、专家，制作讲课资料，宣传德文化。在县电视台、新闻网站开辟专题专栏宣传东安德文化，充分利用乡村宣传栏、墙报开展德文化知识宣传。利用县内的《县委通讯》《东安政报》《东安人大》《东安政协》、东安新闻网、红网东安信息平台、红网东安手机报，开设"德在东安"栏目，刊播各类道德名言、故事，解说道德文化的传统内涵与时代精神，组织新闻工作者深入基层采访，报道各类德文化先进人物事迹。将德文化纳入"五下乡"内容，大力开展"五下乡"活动，将德文化以群众喜闻乐见的形式送到群众身边。文化部门开展系列德文化主题活动，创作编排有本土特色、富有德文化内涵、群众喜闻乐见的节目和作品，开展各种文艺演出。组织和参加各种体育、武术比赛活动，大力弘扬"打不过东安""不打第一拳"的东安"武德"精神。编撰东安德文化系列丛书，并做好教育普及工作。创作设置一批孝亲敬老、勤廉节俭、诚实守信等主题鲜明、创意新颖、生动感人的户外公益广告。通过地名标识，明确崇德广场、尚武广场位置，标出生智路、树德路、吴公路等含有德文化痕迹的道路，县城和乡村所有广告内容嵌入德文化内容。组织乡村干部加强执行力培训，提升乡村干部队伍"官德"水平。

再次，建设德文化宣教展示基地，让乡村处处可见德文化品牌"效应"。以东安紫水国家湿地公园成功进入国家试点为契机，按照生态建设、德文化建设、园林城市创建与县城建设融合发展的理念，把聚德沙洲湿地公园作为德文化的核心载体，按建设"5A级"景区的标准，努力打造一个上档次、有品位的德文化绿色休闲湿地公园。进一步建设好崇德广场，继续加大引资兴建石林公园和舜皇大庙力度，着力逐步将紫水河县城段两岸打造成十里德文化景观长廊。充分发挥舜管局、县文广新局、县民宗局、县体育局、县住建局和县城管执法局的积极作用，建好舜皇山、树德山庄、沉香寺、江东武校及水岭冷山村、新吴公塔和新广利桥等德文化宣教基地，建成舜德、树德、禅德、武德、官德、民德六大德文化宣教展示基地。

最后，大力实施"美德工程"，让乡村处处成为德文化熏陶的"沃土"。组织开展以"孝、诚、和、善"为主要内容的"美德工程"，大力加强职业道德、社会公德、家庭美德和个人品德建设，努力形成县、乡镇、村组（社区）三级德文化建设体系。大力开展公务员标兵、医德标兵、师德标兵、文明标兵、道德模范、爱心大使、诚信企业、最美家庭、孝贤标兵、最美媳妇"十大评选活动"，培育和推出一大批德文化先进典型，将德文化建设的触角延伸至每一个村组，每一个家庭，每一个居民，使之成为践行社会主义核心价值观的一杆标尺，使德文化建设上接天线，下接地气，更有成效，使崇德向善在全县蔚然成风。同时，突出"德在青山绿水间"，由县旅游部门牵头开展"美丽乡村"评选活动，每年评选出一批美丽乡村。

5. 互联传播、交流推广

东安德文化建设，既要埋头苦干，务实笃行，也要充分运用现代信息手段，做好德文化对外推广、传播和交流。一是树立"大宣传"意识，要多发现、多报道"东安德文化"典型人物、事件，大张旗鼓地宣传东安传统德文化。二是紧紧抓住新媒体宣传，精心策划网上系列"德文化"主题宣传、成就宣传、典型宣传，让更多主流舆论和正面信息在网上传播。要大力推进融合发展，抓好东安发布、美丽东安政务微博微

厚德东安 | 中国德文化之乡

县委书记冯德校(左二)到武德文化宣教基地水岭乡崇文尚武广场调研　唐明登摄

信，发挥好东安新闻网、新华社客户网客户端、华声在线等阵地作用，加强网站、政务微博和公众微信的备案管理，确保互联网可管可控。

　　总之，在湖南东安建成"中国德文化之乡"，是在培育和践行社会主义核心价值观的新的历史条件下，一大具有重大现实影响的本土文化传承与创新工程，是东安县委、县政府立足于弘扬民族优秀文化、加快推进东安经济社会发展的一次前无古人的大事业。她的成功不仅取决于决策层的顶层设计，也取决于相关部门的大力支持和社会各界的积极参与。无论如何，东安已经迈出了成功的第一步，走到了时代的前列。可以预见，"中国德文化之乡"的成功打造，必将发挥东安发展的后发优势，展现一个山清水秀、文明和谐、幸福美丽的新东安，成为永州、湖南乃至全国的骄傲。

第二章

官德民德相辉映

十里德文化长廊之新吴公塔、新广利桥　蒋学赛摄

- 东安"为官三德"
  1. "忠勇"之德
  2. "实干"之德
  3. "廉介"之德

- 东安"民风三德"
  1. "孝悌"之德
  2. "仁施"之德
  3. "耕读"之德

- 当代东安道德楷模
  1. "献血义士"黄会战
  2. "孝勇双全"荣业科
  3. "带父上学"陈君君
  4. "雷锋情结"钟挺华
  5. "明星教师"吴才有

中国是一个崇尚德治的国度。正如宋代哲学家陆九渊所云："君子所贵在德。士庶人有德，能保其身；卿大夫有德，能保其家；诸侯有德，能保其国；天子有德，能保其天下。"在传统中国人的眼中，道德的地位至高无上，自天子至于庶人，皆以修德为本，个人的发展、家庭的和睦、社会的稳定乃至国家的长治久安都靠它来保证。

中国传统道德名目很多。早在商代，就有"六德"之说，即知（智）、仁、圣、义、忠、和六个道德规范。春秋时期的《管子·牧民》中以礼、义、廉、耻为"国之四维"。战国时期，孟子上继孔子，提出了仁、义、礼、智"四德"说，并提出"五伦"，即父子有亲、君臣有义、夫妇有别、长幼有序、朋友有信的伦理原则。汉代的董仲舒倡导"五常"，即仁、义、礼、智、信；并根据孔子的"君君，臣臣，父父，子子"，扩为"三纲"，即君为臣纲，父为子纲，夫为妻纲。宋元时期，思想家们在管子的礼、义、廉、耻四维上，配以孝、悌、忠、信，变成了孝、悌、忠、信、礼、义、廉、耻"八德"。基于传统道德文化理念的多样性和复杂性，现当代伦理学家又对此进行了不同程度的总结和发挥。如张岱年先生总结出中国传统伦理道德的九个主要规范，即公忠、仁爱、诚信、廉耻、礼让、孝慈、勤俭、勇敢、刚直的"九德"。罗国杰先生将中国传统伦理道德规范划分为四大部分，即基本道德规范、职业道德规范、家庭伦理规范、文明礼仪规范，并析理出十八个基本规范，亦即"十八德"，即公忠、正义、仁爱、中和、孝慈、诚信、宽恕、谦敬、礼让、自强、持节、知耻、明智、勇毅、节制、廉洁、勤俭、爱物。山东曲阜孔子研究院编纂的《中华伦理范畴》丛书则分析探讨了仁爱忠恕礼义、廉耻中信和合、善勇敬慈诚德、孝悌勤俭修志、圣公洁贞敏惠、乐毅庄正平温、友强容智道顺、良格省新恭直、博节健实恒明、忧质行美刚气等 60 多个传统德目。

自南宋迄于当代,在舜德滋润、灵山秀水的东安本地,从官员到庶民,涌现了一批又一批德行高尚、彪炳千秋的人物。其为官者或仁政惠民,富济百姓;或忠勇献身,鞠躬尽瘁;或廉洁自律,克己为公。其为民者或孝感天地,贞烈悲歌;或拾金不昧,信诺千金;或勤俭持家,扶贫助困;或淡泊明志,宁静致远。他们的感人事迹作为东安人民的道德楷模载于史册,千古传颂,有的甚至在民间被立祠以祭。

一 东安"为官三德"

官德即从政之德,是从政者应当恪守的职业道德与政治操守。孔子在中国历史上第一次提出"为政以德"的命题,被历代当政者奉为圭臬。但为政者到底需要具备什么样的道德标准才算合格?这是一个很难量化的问题。一般而言,中国传统时代的道德规范,如"五常""四维八德"等,既是为官者的道德标准,也是普通民众的道德标准,具有全民性和普适性。也就是说,为官者首先是一个"道德人",要有做人的基本原则,然后才能从政。做官须先做人,修身而后能齐家、治国、平天下,所谓"政者,正也,子帅以正,孰敢不正",为官者正己才能正人。所谓"君子之德风,小人之德草,草上之风必偃",为官者毕竟不同于普通民众,前者被赋予了普通民众所不具有的"公共权力"。拥有公共权力的官员,如何正确利用手中的公共权力以维护公众的利益,不以权谋私,坚持正义,为民做主,也就成了考验官员是否合格的基本标准。从理论上讲，人品越高，权位越重，"以德配位"。中国历代推崇"为官一任，造福一方"，只有那些解民忧，恤民情，为天下社稷之人，才能名留青史。

东安虽然是边陲小地，常为正史阙载，但翻阅历代方志，古往今来，无论是朝廷任命的东安县官，或生于东安而在外地为官者，涌现出为数极多的循令良吏、忠臣勇将，彰显出东安人特有的为官之道、从政之德。综合东安历代德文化人物的相关资料，我们可以发现，东安人的为官之德至少有三大特点，一是"忠勇"，二是"实干"，三是"廉介"。

1."忠勇"之德

"忠勇"即忠诚兼勇敢。忠诚既是为人的美德，更是为官的基本要求。朱熹释"尽己之心"为忠，而为官者则以忠于职守、忠于国家和民族为要义。忠而能勇，勇而不惧，敢于承担，尽忠报国谓之忠勇。东安古属汉族与少数民族杂处之地，多遭寇乱，故历代东安官吏常怀忠勇之德。宋代的东安县令徐处仁，明代的东安县令吉岳、县令李右文、典吏周志跃，清代的东安知县李如旭、知县恩霖，皆为其典型。至于东安人在外地为官者，宋代的礼部尚书邓三凤，明代武平知县周玉衡、兴安知县邓懋家、南赣游击李玉美，清代河南知县唐知铣、广东水师提督唐仁廉，亦皆以忠勇著称。特别是在晚清、民国时期，东安出了100多位有名的武将，尤其席宝田所部的湘军"精毅营"，为湘军击败太平军以及平定湖南、贵州等地的

席宝田

第二章
官/德/民/德/相/辉/映

"苗民叛乱"立下了赫赫战功。这里仅举数例。

光绪《东安县志》卷五载宋代东安县令徐处仁事迹云：

> 徐处仁，字择之，谷熟人，进士甲科。宋哲宗时，为东安县令。自庆历初，蛮瑶内寇，经四五十年，朝命杨畋、狄青、徐的等先后讨击招抚，迄未有定。元祐四年，邵永蛮寇复炽，提刑张绶被旨督捕。八年，复命方蒙道东安至广西，经度蛮事。然朝议注意招抚，全州守臣亦上言，宜遣官直入溪洞。而东安距瑶洞径直，故处仁遂入洞，开示恩信。蛮感泣，誓不复反。

徐处仁因进士甲科而被任命为东安县令，于宋仁宗元祐八年（1093）接受朝廷命令平定全州"苗蛮"，他本为一介书生，却不顾个人安危，单骑入瑶洞，开示朝廷恩信，"诸蛮"感化，誓不复反。徐处仁后来因功入朝为相，为平定方腊、击退金人屡立大功。

光绪《东安县志》卷五载明代东安县典史[①]周志跃事迹云：

> 周志跃，北直隶某县人，明崇祯十五年补县典史。洁己自爱，勤于捕盗，县人颇倚信之。沙贼起，守道望风遁走，贼攻县城，人恇惧。志跃曰："贼，乌合可击也。今坐待其至，至亦杀掠，官可逃免，民能尽走乎？"率居民斩竹木为兵，出御之，陈于北门。民初从志跃，特一时作其气，及见贼，哄而走。志跃独前奋击，被斫死。明年沙贼平，士民悲伤志跃死为民也，相率立祠于战地，春秋祀之。

---

① 典史在元代为县令属官，掌收发公文。明沿置，职掌与元同，另有县丞掌粮马，主簿掌巡捕，如无县丞或主簿，则由典史兼管。清代典史掌缉捕与狱囚，俗称县尉，如无县丞或主簿，亦兼领其职官名。

周志跃作为一县之典史（相当于现在的公安局局长），在县城遭遇贼寇围攻、守官逃逸之时，临危不惧，率居民斩竹木为兵，后来众人皆散，他便独身击贼，最后死难。

在东安众多的忠勇之士中，邓三凤是其中的佼佼者。据光绪《东安县志》卷五载：

> 邓三凤，字鸣阳。生时，母梦有异鸟三集于梁，故以名之。幼敏慧，志意磊落，以词赋擅名，年二十五，乡举贤良、方正，绍兴十二年进士乙科，通判福州。是时，吴磷专制四川，与制置伊王刚中论不合，孝宗即位，召刚中赴阙，以三凤为制置使。隆兴二年，还为礼部尚书兼侍读学士，直集贤院。虞允文、梁克家喜言战以自壮，克家于三凤为后进，三凤又曾官其乡，议论不能相饶借，三凤自以年六十余，国是无所定，久宦思归，遂称疾，还湖湘，道卒。孝宗惜之，赠秘书阁学士。所修《宋礼仪制》，议论方正，有古史风。

邓三凤出生于东安大庙口，以擅长词赋享誉一时。南宋建炎初年，其文深得试转运司运使虞铠赏识，被保送入太学。25岁时，他被乡举为贤良方正。绍兴十二年（1142），中进士乙科。分发福州，久授通判。后入京任职方员外郎。其时，朝廷取士兼用经义诗赋，而一般士子仍沿用王安石《三经新义》，邓三凤上疏，以为王氏持论偏颇。

宋孝宗初即位，朝廷主战派受到挫伤，金兵渡淮水，大臣汤思退又以主和误国获罪。面对诸多复杂之事，孝宗认为只要对金国免于称臣，以平等的形式接受书礼即为满足。金世宗嗣位，派使臣到宋，宋伴使持国书随金使后，金使要宋伴使称陪臣，并进而无礼要求宋帝亲

第二章
官/德/民/德/相/辉/映

自下榻来接受金的国书。邓三凤当时身为礼部尚书，为一介文人，不能领兵打仗，与金人决战于千里之外，却在骨子里展现了东安人不卑不亢、据理力争的倔强性格。他奉诏作《大金天德录》（天德是金主亮改元后的年号）及《宋礼仪制》，历举天德间两国交往的礼仪依据，驳斥金使的无理要求，并先后派范成大、赵雄和汤邦彦等人与金使折冲，特别注意于受书礼仪，以免再蒙受耻辱。是时，邓三凤年已六十余岁，而国事却在和与战之间举棋不定，深感棘手；加之久宦在外，思归故乡，遂告病还家，逝世于归途。孝宗闻讯，深为惋惜，追封他为秘书阁学士。

今天，人们还可以在距东安县城西约18公里的大庙口乡南溪村的石乳岩前找到邓三凤古墓遗迹。石乳岩宽约10米，长约百米，有两个出口，洞内有碑刻四块，岩外原有一寺庙，邓三凤死后就葬于庙内。现寺庙虽毁，残址犹存，墓已不能辨认，仅从洞内碑刻上尚能辨认此处乃南宋铮臣邓三凤的长眠之所。

如果说邓三凤是东安古代文人为官忠勇的典范，那么，唐生智则是忠于民族大义的近现代传奇军人。唐生智（1889—1971），字孟潇，乳名祥生，东安县芦洪市镇大枧塘村（现赵家井村）人。台北1977年版《湖南省东安县志》之人物卷载：

> 唐生智，字孟潇，东安县南应乡大枧塘人。祖有本，少贫，养鸭为生。后为席宝田之部将，于江西屡胜石达开，擒洪秀全子福瑱，累功至广东提督。父承绪，字耀先。清季，席沅生长湖南盐务督销

唐生智

局，耀先为其水缉私营官。至民国，任湖南省实业司司长，于各矿业，首树规模。历宰湘乡、汝城、零陵各县。晚年，为东安县南应区区长，不辞小官，引以自熹。倜傥诙谐，极潇洒脱略之致。貌丰美髯，和易亲人，谈笑释争，一归仁厚，人以"长者"称之。夫人陈，生子四，长生智，次仲湘，三叔沅，四生明。

生智初入长沙陆军小校，继入保定军官学校一期。毕业后，任职湖南督军府。赵恒惕主湘，生智以旅长赴吴佩孚军考察。吴相而异之曰："其目上视，不易驯，非久居人下者。"民［国］十二［年］（1923），以湘军第四师师长，兼湘南善后督办，隐然雄踞一方，驾凌侪辈矣。时湘军第一师师长贺耀祖、第二师师长刘铏、第三师师长叶开鑫，皆拥赵者。生智于十四年迫赵出走，自代省长，乃藉开会议于长沙，将与会之师长刘铏、参谋长张雄舆、旅长刘重威，及萧培阶皆绞焉。虽皆保定同学，杀之不顾也。其为营长时，有吴某为其连长，亦东安人。违军纪，立拔枪杀之。平日以"杀人如麻，挥金如土，爱才如命"自况焉。

十五年二月，湘军互战，其败退衡阳，向广东军乞援，以抗吴佩孚之介入战争也。既而底定湘局，奉编为国民革命军第八军，兼前敌总指挥。十五年广西第七军入湘，为之助，乃于七月克长沙、宁乡，直逼岳阳。与第四军张发奎部夹击吴佩孚军，攻克汀泗桥。时吴佩孚亲临指挥，亦不克撄其锋而遭溃退。八月攻汉口、汉阳，威声大振。十五年八月十四日，蒋总司令检阅第七、第八两军，训词有云："唐总指挥与各位将士加入革命，使我革命军进入湖南，此乃第八军对国家之最大功劳。否则我军北伐，不如是之速也。"十五年九月，下武胜关，而直窥河南。是时也，蒋总司令入赣，将鄂军事全部交生智。原设湖北临时政务会议，蒋总司令任主

第二章
官/德/民/德/相/辉/映

席，亦命生智代之。吴军刘玉春死守武昌数旬，至十月十日，亦以攻克闻。……

二十四年后，生智以一级上将历任军事参议院院长、训练总监。日军进逼南京，会议中无人敢守，生智慨然请任之。于是受命为南京卫戍司令长官，仓卒应战，卒之失守，仅以身免。盖明知其不可为而为之。论者多议其未死，或谓"其不自量力"，或谓"其将不受命，非旧属耳"。然而统帅命其撤退，此其所深感而不忘者。……

生智形瘦长，目炯炯，鼻中起而准低，短髭舒展有威，斜坐睡椅，人以"卧虎"名之。其旧属名将大吏，偶聚之于其里第，谈笑自若，见生智至，则肃然屏息，一若在军中然。其余威逼人可知矣。又尝自谓"其决心最快，若作战，人必踌躇再三，我则即知即行，所以比常人快一着也。"其亦性急轻率之谓欤？

唐生智因当年南京失守而一直受到非议。民国版的《东安县志》本传采用史家"秉笔直书"的写法，不虚美，亦不隐恶。比如说到唐生智在做湘军第四师师长期间逼迫赵恒惕出走，而自代省长，以"杀人如麻，挥金如土，爱才如命"自况。又点评唐生智"性急轻率"，几乎一点都"不给面子"。而北伐期间攻克汀泗桥、汉口、汉阳等要地，唐生智作为前敌总指挥立下了汗马功劳，蒋介石也对此充分肯定，认为国民军入湖南，唐生智的第八军对国家有"最大的功劳"。然而，对于民国二十四年（1935）唐生智慨然守卫南京，"仓卒应战，卒之失守"，很多不明真相的人都会怪罪其"失职"，而作者却在这里道出了当事者的难言之隐："然而统帅命其撤退，此其所深感而不忘者。"客观而言，唐生智主动请缨与南京共存亡，是"明知不可为而为之"的无奈之举，在当时的情况下，谁都不可能守住一座孤城，唐生智实际上是在为国家尊严、民族大义而战。

南京保卫战失败后，唐生智退隐，一心办教育、做慈善。遵其父嘱，他在东安创办了"耀祥"中学。当时许多家庭因日军侵略流离失所，儿童无家可归，当他听说武昌、汉口地区有一所300余名难童的教养院，便召集全家商议资助，并决定从中收养义子，亲自选出11名体貌不凡的难童，将他们带回东山町耀祥山庄，由专人照管衣食住行。唐生智还专门择日在兴隆寺大雄宝殿举行了庄严的收义子仪式，宣布孩童们原来的姓氏不改，只是遵循唐家的族谱辈分取"仁"字为孩童们姓名的第二个字；第三字按年龄顺序依次以宜、宇、宏、寰、宁、宝、宽、宣、守、定、安排列，每字都有宝盖头，寓意日后皆成圣贤。这11个义子在唐生智的关爱下习礼仪，学文化，有的被推荐考入黄埔军校，有的考入大学，绝大多数成为栋梁之材。唐生智收义子一事功德无量，堪为佳传。

唐生智一生从未向共产党放过一枪。抗战胜利后，唐生智拒绝蒋介石任命他为西北行政长官，坚决不打内战，反而指示自己的亲信以县、市参议联谊会的名义，致电蒋介石和毛泽东，呼吁"互信互谅，共商国是"。之后，唐生智又拒绝李宗仁、何应钦邀请他参与南京国民政府组阁，却在湖南成立"湖南人民自救委员会"，亲自担任该会的主任委员，主持开展湖南人民自救运动。同时，唐生智还要求全省各地方武装，在安定社会、维持生产、团结自救方面发挥作用。不久，湖南成功和平起义，毛泽东为之赞许。

新中国成立以后，唐生智加入"民革"，曾任湖南省人民政府副主席、副省长、中南军政委员会委员、国防委员会委员等职，积极参政议政，报国为民。他坚决拥护中国共产党的领导，赞成社会主义道路。特别是"文化大革命"期间，专案组曾将唐生智软禁在省政协办公大楼

唐生智故居"树德山庄"正门牌匾　唐明登摄

内，进行秘密审查，逼迫他检举揭发刘少奇、贺龙的所谓"反党历史罪行"，唐生智拒绝违心书写诬陷材料。专案组的人恼羞成怒，用枪对他进行威胁逼供。唐生智指着胸膛说："我是军人出身，为了正义和真理，就是用枪打死我，我也绝不会颠倒是非，出卖别人。"

1970年，唐生智因直肠癌复发病逝，享年81岁。1979年4月，中共湖南省委、湖南省人民政府为唐生智召开了隆重的追悼大会，高度评价他的一生，充分肯定他为祖国统一、为湖南和平解放和社会主义建设事业所做出的重要贡献。1988年12月，经中共中央统战部和中共湖南省委统战部同意，东安县举办唐生智100周年诞辰纪念活动，并将其亲手创办的"耀祥中学"恢复了校名。

唐生智青年时期投身革命，在北伐中为前敌总指挥；抗战时期为守卫南京主动请缨，为国家荣誉而战；主政湖南时，修通了"湘桂铁路"；一生坚持不打内战，从未与共产党为敌，收义子、办教育，争取湖南和平解放；晚年在中国共产党的领导下积极参政议政，"文化大革命"期间面对迫害不退缩，坚持正义，决不做违心之事。他以忠勇的一生树立起一个忧国忧民、坚忍刚毅的英雄形象，展示了东安人的为官之德。

2. "实干"之德

"实干"作为为官之德，可以上溯到儒家创始人孔子的"君子欲讷于言而敏于行""敏于事而慎于言"。中国古代哲学家有"知先行后""行重于知""知行合一"等种种看法，但从为官之道的角度看，则以实干优先。明末清初的伟大思想家顾炎武有感于魏晋玄学家谈玄说妙、轻视名教，宋明理学家"无事袖手谈心性，临难一死报君王"的官场作风，发出过"清谈误国"的感叹。

为政之德，贵在力行，重在履事。以当代的政风建设而言，"实干兴邦，空谈误国"，抓落实是领导干部最重要的能力，坚持真干不争论、快干不议论、实干不空论。树立强烈的责任心，有"众里寻他千百度"的毅力、"衣带渐宽终不悔"的韧劲，对认定的事，咬住不放，绝不优柔寡断；对定下的事，坚定不移，持之以恒，绝不瞻前顾后；对已干的事，坚持一抓到底，抓出成效，绝不半途而废。以实干论英雄，以实绩论英雄。崇尚实干、埋头苦干、恪尽职守，不断提高抓落实的能力，把事办成的能力。

东安历代官员有一个良好的传统，就是以"实干"为信条，勤政为民。从地理环境看，东安地处湘桂交界地带，没有省会大城市的区域优势，没有沿海开放地区的外贸优势，唯有山水与农业为基，故生于斯、长于斯的本土乡民或外调而来的东安官员，常以实干作为人生的座右铭或职业操守。查阅东安历代方志，像南宋的东安知县罗上行、赵崇砼，明代的东安知县陈祥麟、吴允裕、刘三锡，清代的东安知县潘文彩、李如泌、程云翀、荆道乾、张瓒昭、郑家甡；东安在外地为官者，如清代的席宝田，民国时期的雷铸寰、宾步程，皆为其楷模。以下仅举

第二章
官/德/民/德/相/辉/映

其中数例。

历史上第一个有记录的东安勤政官员是南宋高宗绍兴年间（1131—1162）的罗上行，字元亨，庐陵人。清代光绪《东安县志》称其"廉介多惠政"。他去世后，妹婿杨万里为其作墓志铭，称其"死于勤民"，其文云：

> 初，岳飞讨杨幺，檄上行督饷。至全州，运判范寅秩不时发，上行语侵之，寅秩怒。及其为令，而寅秩为监司，数龃龉之。俾以东安令为祁阳县丞，令鞫狱衡州。衡阳僧夺县民孤儿田，僧事宗杲。宗杲者，张九成友也。多通权贵，徒党颇纵恣。上行当往，而得上官请托书以十数，寅秩欲假此困之。上行卒发僧奸利状，以田还孤儿。坐是去官，贫甚。所当请犹有八月奉，寅秩复持不与，以为丞不可食令禄，上行愠愠。……
>
> 上行去令，为德安教授。复迁安仁令，治有殊绩。竟日坐厅事治政，饥则入屏风后索食。食未撤，屣履复出矣。夜常过丙，倦卧屏风后，以为常。太守奏其治状，请以上行《治县条教》颁天下，为法式。朝议欲骤擢之，而上行卒。其妹婿杨万里表其墓，以为死于勤民云。

罗上行在东安主政时，正值岳飞讨杨幺，朝廷命罗上行到全州催军粮，转运使范寅秩不买账，遭到罗上行的怒斥，二人因此结怨。后来罗上行从东安调到祁阳县为知县，办了一件更为棘手的案子。当时名僧宗杲的手下因侵夺孤儿田产被上诉，罗上行秉公办理，不想宗杲是宰相张九成的朋友，范寅秩借机报复，罗上行因此去官，被降职为德安县教授。后复官，迁安仁县令，竟日坐堂，废寝忘食，得到朝廷嘉奖。罗上行以一生的刚直勤政践行了"忠于朝廷，为民做主"的人生信条。

明代的东安县令吴允裕以"简易安民"而受到东安百姓的拥戴。光绪《东安县志》记其事云：

> 吴允裕，字天和，南海人，嘉靖二十三年（1544）知县事。是岁有立石之异，比年旱饥，而巨盗李金等时出没窥伺。人皆吊允裕，允裕曰："受百里之任而畏盗贼，非[丈]夫也。"单车到官，以简易安民心。每听讼，开陈恩义，不事敲朴，人敬乐之。允裕患县僻小朴漏，渐蛮瑶之习，始建名宦、乡贤、节孝诸祠，以显示风教。
>
> 陈祥麟之在官也，将采辑故事，撰《县图经》，未成而去，允裕继成之。又十年，施仁以府推官摄县印，乃刊为九篇。今之志书，犹其例也。允裕治七年，县境安堵，士民和乐，以奉满迁宁波通判。

吴允裕来东安上任时，正值本地遭受饥荒，盗寇横行，家人为他的安全担心。而吴允裕却毫无惧色，不带家属，单车上任，以安定民心为本。他对人民示以恩信仁义，力图从根本上消除犯罪的源头，做到了孔子所说的："听讼，吾犹人也，必也使无讼乎？"考虑到东安地方偏远，夹杂陋俗，于是，在当地多修明贤祠堂，表彰节孝，化民导俗，深得人心。吴允裕在东安做了七年县令，以"县境安堵，士民和乐"之政绩迁宁波通判。

东汉著名史学家班固在《汉书·河间献王传》中，赞扬刘德严谨治学："修学好古，实事求是。"这句话后来成为中国共产党民主革命时期的"三大法宝"之一。殊不知此语早在1917年就被立为岳麓书院的校训，此校训的倡导者即是宾步程。

第二章
官/德/民/德/相/辉/映

宾步程（1879—1943），又名孝聪，字敏陔，号艺庐，东安县山口铺乡人。他天资聪颖，家教甚严。光绪二十六年（1900），宾步程被派赴德国柏林工科大学留学，学习机械工程，期间他曾奔赴欧美各地实习，足迹遍布二十余国。宾步程在学生时代，备受维新思想影响，追随孙中山先生的民主革命。留学第二年，他被选为留德学生会会长。光绪三十一年（1905），孙中山先生赴德发展革命组织，他留孙中山先生于寓所三日，并秘密加入同盟会。光绪三十四年（1908）宾步程学成归国。开初，担任粤汉铁路机械工程师。民国肇建，受孙中山委托，主持金陵制造局，致力于枪炮改良，沪厂的"七五山炮"即是由他设计制造。

宾步程

1914年，宾步程出任湖南公立工业学校校长，并将学校迁到岳麓书院，成为湖南大学的前身。当时，中国的教育制度正处于大变革时期，各种观点层出不穷，莫衷一是。宾步程则在书院讲堂两旁撰写了一副楹联："工善其事必利其器，业精于勤而荒于嬉。"这副楹联与"实事求是"的匾额相呼应，告诫学生在做人和处事上不能懈怠，必须脚踏实地，成大事者必作于细。宾步程也许并未意识到他的这一校训对于未来中国命运的巨大影响。1916—1919年，毛泽东在湖南第一师范学校读书，与蔡和森、张昆弟一起曾两次利用假期寓居岳麓书院半学斋学习，与同伴们研讨革命真理。在"博于问学，明于睿思，笃于务实，志于成人"的书院精神熏陶下，"实事求是"从此嵌入毛泽东的思想世界中。

宾步程立岳麓书院院训"实事求是"　熊敏秀摄

辛亥革命后,宾步程不愿从政,一心致力于实业兴国,尤以改良火车头而闻名一时,被人赠以"火车头"的绰号。他还先后负责河南焦作煤矿、湖南水口山矿务局、湖南造币厂、湖南黑铅炼厂,为发展民族工业做出了贡献。民国十四年(1925),宾步程辞去湖南黑铅炼厂职务,栖隐长沙回龙山,潜身翰墨,从事译述,介绍欧美科学,启迪后进,有《中德字典》《艺庐言论集》《无线电报简单机器学》《机算集要》等刊行于世;未刊行的有《读史杂记》《集古医方考》《集古工艺考》等。然而当道慕其名,地方重其望,遇有建设事宜,多求咨询,民众代表每有集议,他总是首先入选,先后选为湖南宪法会议议员、湖南省自治筹备会委员、湖南公路监察委员、湖南省银行监理委员、团款稽核委员、国民议会代表、国民经济建设运动委员会总会专员。他还担任过南京建设委员会设计委员、军政部兵工研究委员会专任委员等职务。

民国二十一年(1932),宾步程在长沙创办《霹雳报》,致力新闻事业,匡扶正义,针砭时弊。他在报上遇事而发,嬉笑怒骂,毫无忌讳,以敢言闻名。该报因而累被查封。但每当启封之后,依然不改其风。民国二十三年(1934),该报因发表社论,反对国民党军队在追击红军时实施"坚壁清野"政策,触怒当局,迫令停刊。民国二十七年(1938),湖南《国民日报》社改组，他被委任为社长，初心不改。

抗战初期，宾步程担任湖南省政府委员、难民救济总署主任，设难民救济所，并襄助中国战时儿童救济协会，创办浦市、东安两个教养院。卸职后，旋被聘为湖南临时参议会参议、湖南省高等顾问、军事委员会政治顾问，后又被推为湖南省参议会常任参议。

宾步程性格率直，常在公开场合坦诚直言，不讲情面。他曾在省政府主席何键面前，直斥民政厅厅长曹某娶英文老师为妻是"缺德"。张治中主湘时，他也当面指责过张的过失，毫无顾忌。而对黎民百姓，他却乐善好施。有一荒年米价昂贵，富者常囤积居奇，谋取暴利，他嘱家人典当其长沙寓所，将所得之款全部购谷运回家乡，照原价不计运费发卖给百姓。

民国三十一年（1942），宾步程主持筹建省立第七高级中学，开学后即因日军攻打长沙，学校被迫迁址于零陵双牌大路口的鸦山村。他因地制宜，艰苦建校，惨淡经营。虽历酷暑严冬，除参加省参议会外，不曾离校一步。此外，宾步程还在长沙创办了明宪女子中学，在长沙回龙山建"艺庐"。民国三十二年（1943）12月，因积劳成疾，宾步程病逝于任上，成为又一个"死于勤民"的东安官德楷模。

3. "廉介"之德

清廉是为官者的第一品德。宋代大儒吕祖谦在《官箴》一文中开篇云："当官之法，惟有三事，一曰清廉，二曰谨慎，三曰勤勉。"把清廉列为官德之首。在中国历史上，子罕以"不贪"为宝；屈原"宁廉洁正直以自清"；周敦颐以莲寓廉，"出淤泥而不染，濯清涟而不妖"；白居易任杭州刺史三年，离任返乡只取"两片石头"。可见，清廉从政，秉公用权，严于律己，一生清白，是中华民族自古以来推崇的从政美德。

《三国志·魏志·管辂传》谓管辂廉介不讲情面，人多爱之而不敬。裴松之引《辂别传》注云："（辂）常谓：'忠孝信义，人之根本，不可不厚；廉介细直，士之浮饰，不足为务也。'"宋叶梦得《石林燕语》卷一云："质性本下急，好面折人过，然以廉介自居，未尝营生事，四方馈献皆不纳。"《明史·马谨传》："谨性廉介，杨士奇尝称为'冰霜铁石'。"可见，清廉之士多耿介，常给人以铁面无私的印象，而这样的官员恰恰能得到民众的拥护。

　　翻阅东安史志，常多廉介之官。从宋代开始，东安县令沈孟仪、朱应辰即以廉慎持正、冲容自得闻名。在清代的东安知县中，如潘文彩的崇俭节约、李如泌的恤困怜贫、李如旭的治吏免官、郎廷模的割奉建仓、杨琯发仓赈济、荆道乾的勤恤民隐、曾镛的廉政勤学、徐大纶的耿介不苟、田诏金的高蹈于时、由升堂的廉干自重，清廉耿介之官一时蔚为壮观。至于宋代陈知邺、清代唐知铣，则以一无所私、廉明刚正的形象彰显了东安人在外地为官者的高尚情怀。以下略举三例。

　　光绪《东安县志》卷五载宋代东安县令沈孟仪事迹云：

　　　　沈孟仪，昆山人，由举人官知县。弘治中，知县事。为政廉慎，知大体。岁饥，有抚绥之效。于时水旱灾连十年，岁免秋粮，官吏乃缘以为利，惟孟仪无所苟贪。人忌其持正，乃反以冒振诬之。谤议沸腾，迄不为动。士民咸保明之，上官亦廉其守，置不问。

　　　　孟仪以县多山，原恒艰于水，教民凿井以备旱，多所全利焉。先孟仪时，有眉州费彬，以课农、筑陂堰，有远利。在官三考，不乐久吏，致仕归。

　　宋代官员的考核，一般是文武官员一年一考，三考为一任。沈孟仪在官三考，也就是在东安做了三年的县令。期间正值水旱频发，沈孟仪

第二章
官/德/民/德/相/辉/映

为官廉慎，从不贪钱，并发动民众凿井备旱，生产自救。这让同僚们无机可乘，因而谤议之声四起。然而，沈孟仪的善举却得到了广大士民的拥戴，上级亦不为他人之非议所动。

尽管清廉是为官者的第一底线，但并不是每一位清廉之官都会有好结果。清代康熙年间，东安发生了知县李如旭因廉介而遭免官之事。光绪《东安县志》卷五载：

> 李如旭，芜湖人，以拔贡生用知县，康熙五十年知东安。性仁厚，勤于吏治，严防吏胥，唯恐其假手。是年春，湘水溢濑，颇被灾。县多山田，实稔，以米贵艰食，赋不登。如旭拘欠户至，则诉以贫困，辄戚然，命释之。于是正饷不能及三分，竟坐免官。

李如旭性情宽厚，严防部下扰民。康熙五十年（1711），他在东安做知县时，湘水上游正遭水灾。考虑到百姓生活艰难，许多民户拖欠税款，有司将他们抓来，而李如旭不忍其苦，最后将他们放了。于是，当年东安官员的正饷连三分之一都发不出。李如旭竟因此而被免官。

清代中后期，官场贪腐成风，民间流传"三年清知府，十万雪花银"。而清代道光、咸丰年间，东安人唐知铣却以廉吏之名震惊朝野。唐知铣（1794—1864），字子寅，号敬轩，永州东安人。幼年家贫而苦读，道光戊子（1828）中举，任河南知县。迁商州、固始、偃师、虞城、登封、息县等县，后调宝丰任知县。时宝丰大盗周小泥横行州里，前任知县对之无可奈何。唐知铣刚上任，就将周捕获斩首，震慑余贼。在民众安定之后，唐知铣随即实施"清简"之政：

> 唯日与县中士子讽诵讲习，为文悉有法，前后两充乡试同考官，号能得人。咸丰二年，宝丰饥民数万户，困顿流离，知铣戚然

捐俸钱，调富户谷数千石赈之。事闻，大计卓异，迁郑州知州。寻以俸满归省。

宝丰县在咸丰二年（1852）大闹饥荒，民众流离失所，生活悲苦。唐知铣将自己的官俸捐出，并征调富户数千石谷米赈济。此举获得朝廷表彰，迁为郑州知州。

时苗沛霖反叛，率部十余万围攻郑州。唐知铣亲率兵民死守城池长达两个月，最终郑州城得以解围。事闻，朝廷以坚守之力赏赐花翎，擢运同御同知。同治三年（1864）七月，河北大雨，冰雹成灾，唐知铣被调前往勘视灾情。此时，他已是七十高龄，同僚担心他年老体弱，劝他报请上级另派他人，唐知铣坚决不以个人安危而让万民失望，于是毅然上路，走到安阳，竟病死在旅途驿馆。

唐知铣为人廉明刚正，不爱钱，不沽名，生平俭朴自守。曾两度任宝丰知县，百姓对他特别拥戴。他在郑州离任赴省城时，县人拦路挽留，车马无法通行，终于留不住时，都大哭返回。他一生做知县30多年，死时家无余财，得同事们解囊相助，妻儿才得以扶柩归家安葬。

二 东安"民风三德"

《管子》曰："仓廪实而知礼节，衣食足而知荣辱。"《史记·货殖列传》亦谓："礼生于有而废于无。故君子富，好行其德；小人富，以适其力。"一般而言，经济基础对道德礼仪往往起着决定性的作用，但经济条件的改善也有可能打开人类无法满足的私欲之门，造成道德的退化。事实上，人类的道德水平的高低未必与经济发展的程度成正比。古代一些思想家早就发现了这一秘密。《韩非子·五蠹篇》云："上古竞于

第二章
官/德/民/德/相/辉/映

道德，中古逐于智谋，当今争于气力。"当人类处于原始时代，物质条件相对匮乏，人的道德水平反而可能比文明时代要高出许多。中国的道家就向往这样一个时代，故《老子》曰："至治之极，邻国相望，鸡狗之声相闻，民各甘其食，美其服，安其俗，乐其业，至老死不相往来。"可见，发达的经济条件虽有助于人们养成"富而好礼"的雅俗，而某些相对封闭的地域亦有助于保存人类淳朴无私的道德情操。东安则属于后者。

东安有舜德遗风。这里的地理环境相对闭塞，经济条件也比较落后，而且常遭水旱之灾，匪患亦多，但是，当地却有着令人感叹的淳朴民风，长期传承着舜帝的仁孝美德。综合历代《东安县志》所载，举其荦荦大者有三，一曰"孝悌"，二曰"仁施"，三曰"耕读"。

1. "孝悌"之德

善事父母谓之孝，礼敬兄长谓之悌。中国传统以农立国，人们按血缘关系的远近组建宗法社会，形成从个人到家庭、由国家到天下的社会治理模式，而家庭作为国家社会的基本细胞，其和谐稳定往往起着举足轻重的作用。《论语·学而》云："其为人也孝悌，而好犯上者，鲜矣；不好犯上，而好作乱者，未之有也。君子务本，本立而道生。孝悌也者，其为人之本与！"因此，以孝悌为核心的家族伦理被视为中华传统道德的基础。在民间，能否遵行孝悌之道，往往作为一个地方安定和谐的晴雨表。东安人有德，首先就在于这里的人民特别看重孝悌之德。

从宋代开始，《东安县志》就记录了大量的民间重孝事迹。从唐杰"孝行感祥瑞"到李文珍"凿冰祷鱼"，从胡顺佳"孝母止酒"到蒋茂兰"千里归弟骨"，从李珍先"大义均家产"到秦茂贤"三世同财"，从胡炳焴"孝事继母"到周才富"佣力养父"，从唐大鑅"为叔弃功名"到陈于琯"贫困笃孝"，从刘元清"侍母感贼寇"到席三德"高年拜世母",从李文宜"不争家产"到陈元音"厚德孝亲",从胡舜裔"幽隐孝悌"到邓公璠"冒冰取蟹以救母",从雷震远"千里寻亲葬父骨"到陈氏"劝孝书家训",种种鲜活的典案,无不生动地诠释着东安民间那厚重悠长的孝悌之风。这里仅举三例。

在东安县城紫水河畔,现在的新吴公塔旁,有一人文景点,名曰"孝子潭",源于宋代李文珍"凿冰祷鱼"的故事。它与晋代王祥"卧冰取鱼"一样,属于民间"二十四孝"的典型。此事在本书第一章已作介绍,这里不再重复。其实,东安这样的事例还有很多。光绪《东安县志》卷七载有清代乾隆年间邓公璠"冒冰取蟹"的行孝善举:

> 邓公璠,乾隆时人。曾祖孝可,家殷富,损己济人,与妻周氏日操作以给求者衣被、粥饭。因时施振,其门常如市,乃至自编草履与丐者,以耆年受粟帛之赐。子子诰,县学优附生,孝义,能承其业。
>
> 公璠弱冠为诸生,母病须蟹合药,冒冰雪,历溪涧得蟹以归,医者惊其孝感。嘉靖元年,通举孝廉方正之士,以公璠应选,未及举而卒。同时,有胡炳然,府学生,亦以文学见重,尤睦于族。

邓公璠的家族从其曾祖父开始,就积德行善,但长期的积德行善却让一个本来很富有的家庭渐渐变得一贫如洗。好在"天道无亲,常与善人","积善之家必有余庆",嘉靖元年(1522),邓公璠被官家推为"孝廉方正之士"。邓公璠在20岁时,一日正忙于求学,突然听说母亲得了重病,便急忙赶回照顾。医生开的方子中需用螃蟹合药,时值冬季,天降大雪,找到螃蟹几乎是不可能的事!但邓公璠救母心切,毅然冒着严寒,寻遍所有的溪涧,扒开积雪,竟然找出一只螃蟹带回。这么不可思议之事让治病的医生亦为之惊叹。

马迹函晨雾　张帜摄

明清之际东安人胡舜裔以"幽隐孝悌"知名当朝,光绪《东安县志》卷七有载:

> 胡舜裔,字开甫。高祖父鉴,明正德中诸生。家贫有守,一应乡试不举,遂不复往。晚以名重,举乡饮正宾。鉴子怀周,字草窗,少好词赋,嘉靖中举人,历官保宁同知、安南知府。怀周子用敬,字心舆,亦有文名,以例监生补开化县丞。敬子来宾,字葵南,崇祯初贡生。宾子舜裔、舜年。
> 舜裔幼聪颖,有至性,事父母爱敬兼尽。母丧,寇至,守柩不去。乱兵见其哀毁,皆相戒不入其门。督弟成学,弟疾,护视周至。居弟丧,哀感吊者,以为有古人之风。本志高蹈,慕东方朔之为人。多游山水,常独往忘归。营筑所居,竹石幽胜。闲作诗画,求者弗与也。惟时出为人治疾。县令闻名,延召,谢病不往。教谕唐世皞躬造其庐,亦不得见,叹息而归。前后临县者,并知有隐士胡开甫,而未尝见也。或疑其自托遗老,然舜裔终身颀然,未尝有感慨之色。其所居室,题曰"谋野"。客曰:"野则已耳,何谋之有?"舜裔笑曰:"是非子所知也。"康熙元年,知县乔开阆闻而高之,手书"漱石"以赠。及程云翀撰《县志》,以为隐士自宋以来

无其人,惟舜裔近之云。

胡舜裔的家族在明代开始即为望族。胡舜裔在年幼时就特别聪慧孝敬,在他母亲去世时,正值明末战乱,突然贼寇闯入其家,众人皆惊骇奔走,只剩下胡舜裔一人守在灵柩前,不为所动。乱兵见状,为其孝道感动,不仅不加伤害,反而主动保护其家办理丧事。胡舜裔成年后,有隐士之风,一生优游山水,不慕功名,于居室中题"谋野"以自况。东安知县乔开阆慕其高风亮节,亲书"漱石"二字以赠。程云翀撰《东安县志》,评价胡舜裔是宋代以来"东安第一隐士"。胡舜裔既隐且孝,乃名副其实的"舜裔",上古舜帝遗风存焉。

清代乾隆年间,雷震远千里寻亲葬父骨的故事亦被《东安县志》立传。雷震远7岁时,父亲雷大禄客死云南,家庭顿失支柱。从此,雷震远与母亲唐氏相依为命,自己白天拾薪,夜晚读书,勉强入了私塾。此后,再入县学,因经济困顿,多次考场失利。此事被人禀报县丞,知县安佩莲为之照应。后来母亲去世,雷震远不复参加科举,却与弟弟不远千里步行去了云南,寻找父亲的遗骨:

徒步往惠理,求父骨,居人无知者。逆旅一少年,自言为文白珩,俶傥萧远,与震远相语洽然。文生出辄数日不还,还或数日卧不食,震远异之,不敢问也。久之,谓震远曰:"我知君诚孝子,今示葬处,勿言归骨也。"震远泣拜。文生促急装行数十里,指一冢曰:"此是矣。"震远疑焉,文曰:"墓上仆石,当有题字。"掀之,其文曰:"湖南东安雷大禄墓。"震远悲喜,再拜,起则无人矣。大惊异,急标识之,循途归。问其弟,言文生早还襆被去,寄声谢兄而已。乃告主人,择日迁柩。俄而苗寇起,所在奔窜,留云南二年,艰厄频死,道塞不通,乃潜往墓所,封树立碣而还。贫益

第二章
官/德/民/德/相/辉/映

甚，又以神人言无归骨，疑父魂乐彼土，故不复往。隐居教授，以道义训勖童孺，皆敬礼之。

雷震远与弟弟在云南四处打听，终于找到了父亲雷大禄的墓，择日迁柩，但由于苗民叛乱，两年后才将父亲的遗骨迁回乡安葬。这种事情在今天看来，也许是一种"愚孝"，不值得效法。然而，一个时代有一个时代的伦理道德准则，我们不能完全用今天的价值观念衡量古人。子曰："慎终追远，民德归厚矣。"在"百善孝为先"的时代，雷震远兄弟的所为正是东安淳朴民风的体现。

2. "仁施"之德

"仁施"是中华传统美德。儒家主张"仁者爱人"，"己欲立而立人，己欲达而达人"，将家庭之爱推而广之，扩为社会之爱、世界之爱。古人以行医为"仁术"，意在救死扶伤，济人之困。大乘佛教中，菩萨为了度化众生，要修习四摄法，即"仁施、爱语、利行、同事"，其中以"仁施"为第一功德。基督教的"博爱"与此异曲同工。可见，仁施之德具有普适性价值。

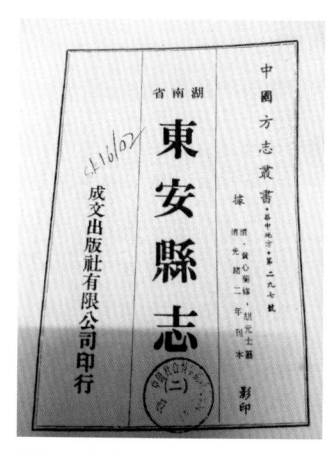

光绪二年东安县志 　　光绪二年刊成　　光绪二年《东安县志》记载唐绍光万金捐邻

东安人质朴善良，民间常出乐善好施之人。此中实例，如邓发秀之"仁济疫患"，谢献廷之"仁孝息讼"，唐德荣之"终身施贫"，李逢原之"仁慈解讼"，蒋德富之"困尽济乡"，李珍先之"大义均产"，秦茂贤之"三世同财"，李成仕之"重义散财"，魏朝贤之"毁墙让地"，孙天茂之"积财赈灾"，唐黑子之"救人不图报"，宋正彩之"代邻偿息"，蒋志述之"富而不吝"，唐绍光之"万金捐相邻"，唐中正之"施财家落"，汤氏之"贤淑好施"，蒋氏之"饶益济贫"，不胜枚举。限于篇幅，这里略举三例。

光绪《东安县志》卷七列传载清代宋正彩"代邻偿息"之事云：

> 有宋正彩者，当道光十五年，岁旱，以己券贷谢氏钱数十万，贷族邻而自偿其息。谢庭芳者，亦好义，笑曰："宋翁独为君子邪？"尽蠲之。时人两称焉。庭芳，县学生，自有传。庭芳父添富，性和厚，邻人来为盗，遇而避出。尝典屋居，人以半价赎，未及移，遽塞其门，添富自后墙梯而运。其能忍如此。以高年赐九品冠带。

道光十五年即公元1835年。当年东安发生旱灾，宋正彩为解决受灾邻居的困难，主动给他们无息贷款。另一位东安人谢庭芳见此义举，不甘落后，干脆将他人的债务全免！这个谢庭芳的父亲更是一位宽厚的长者，曾有邻居来其家盗窃，他不但不报警，反而避开出门，"成人之美"。这三人可谓当时的"仁施三杰"。

更有清代富人唐绍光，一辈子都在施财给别人，有一次竟然将万金捐给了乡亲。他的儿子唐中正继承父业，也做了一辈子的好事，直到家道中落。县志载其事云：

第二章
官/德/民/德/相/辉/映

　　唐中正，字庆堂，绍光次子也。绍光既已富好施，至中正益甚。中年与其兄中规析财，财各万金，田六百亩。中正妻子衣食所费，岁不过百金，谷数十石，其余悉推与师友、族戚及门客。客食于中正，中正别其等辈，酒肉之。客或少年，常厌其主人，主人又折节过当，则告去。中正于其来也，不与抗礼，而使子姓款狎数日，已不过当食一接席，临去一送别，务在各厌其意，客以故益盛。中规寿至八十余，时节中正坐兄于宾筵，身率子姓上寿。出则具舆马，以为常。然中正竟以厚施，用破其产，而客不来矣。始，中正悯乡里贫人之举女常不育也，振一人，人谷四石。其远人不知，则揭于衢。至家落乃止。

这段文字很通俗易懂，已经无须解释。在常人看来，一个富贵人家花掉一些钱财用于接济贫困之人无疑是一种慈悲之举，但将全部的资财供养那些游手好闲的食客，而且一辈子都这样做，那几乎带有一种信仰的情结。唐绍光、唐中正父子的仁施之德确实体现了东安人豪爽大气的性格，但过分豪爽，最后竟至家财败落，这又让人为之唏嘘。

3. "耕读"之德

中国古代以农立国，"耕读传家"深入人心。在广大民间，以耕田养家糊口，以立性命；以读书达礼义，修身养性，这样，"耕读传家"便形成一种优良的人文传统。

"耕读传家"的传统可追溯到春秋战国时期。孔子认为："君子谋道不谋食。耕也，馁在其中矣；学也，禄在其中矣。"与孔子同时的一个老丈则讽刺孔子四体不勤，五谷不分。孟子主张劳心劳力分开，提出"劳心者治人，劳力者治于人"的命题。可见，在原始儒家的传统中，并不主张读书与劳作并举。但与孟子同时代的农家学派代表许行则主张

"贤者与民并耕而食"。后世遂形成两种传统：一种标榜"书香门第"，"万般皆下品，唯有读书高"，看不起农业劳动；一种提倡"耕读传家"，以耕读为荣，打破儒家的传统。然而，自南北朝以后，民间家训多有耕读结合的劝导。《颜氏家训》提出"要当稼而食，桑麻而衣"。张履祥在《训子语》里说："读而废耕，饥寒交至；耕而废读，礼仪遂亡。"这样，"耕读传家"便逐渐成为民间社会的主流价值观念，并成为民间教育文化的一道风景，可谓深入人心。

东安是一个典型的封闭性农业区，历代主政的官员和社会贤达常以庠序执教化民导俗，改良风气，而民间也多有重视教育的风俗，这一传统一直延续至今。在东安的史志中，无论是席伟观"读书讲礼"还是唐明德"理学传家"，无论是席际云父子"高蹈为学"还是唐锦圭"严谨训课"，无论是宾步程"痴心办学"还是蒋氏"曲意教子"，均反映了东安人的耕读传统。以下亦举三例。

《东安县志》卷七载清代人唐锦圭事迹云：

> 唐锦圭，岁贡生。性严谨，勤于训课，开馆授经，学舍恒不能容。每讲必正衣冠，端坐执卷，盛暑不禅衣，诸生侍立，无敢欹洼。乡农来者，必延之坐，送之门外，揖而退。邻里畏见之，当至者，辄伺其出，告其家人传语与相闻。闻邻妇恶声者，则登其门，召其夫若子，授《女诫》，自为之讲且诵，令劝其妻母，乃徐问故。失物者，自偿之；与人争者，为理曲直。久之，里中妇女无诟诶声，盗亦自绝。卒年七十有八。

按古代的科举制度，"贡生"是府、州、县等地方挑选出的生员，成绩优异者方可升入京师国子监读书。清代的贡生，又可称为"明经"。唐锦圭大致属于当地的秀才。他开馆授徒非常严格，但对于乡民又十分

第二章
官/德/民/德/相/辉/映

和善。唐锦圭在民间的教育，更多的是针对农民，尤其对于耕读之家起到了表率的作用。

《东安县志》还载有妇人蒋氏"曲意教子"的故事，这在历史上极为少见，故列于此：

> 雷世年妻，幼习女教，事舅姑以孝闻，敬夫劝学，称贤妇。年二十七，夫死。雷氏故富室，族人睊其孤而陵朘之。世年父先死，有继妻，无子，以蒋氏之抚孤承家也，视家资若他人有，暴殄财物，苛索所无。蒋氏内外调协，曲意承欢，姑感其顺，遂助之理。教二子，皆为名诸生，年五十一卒。

蒋氏27岁时，丈夫雷世年去世，其一人担起了整个家族的责任，协调各种关系，竟然将两个儿子教育成当地有名的"诸生"。明代称考取秀才入学的生员为诸生，这在当时已经是了不起的成就。

在近代，东安出现了雷发聋、雷铸寰两位杰出的教育家，被称为湖南近代教育界的"双雷"。

雷发聋（1876—1909），号竟蛮，东安花桥人。自幼好学，读书有蛮劲，每至不解处，往往以头触柱。17岁参加县试，考取第一名。光绪二十八年至二十九年（1902—1903），他就读于武汉两湖书院，后被选派赴德国留学，不料刚起程到日本，因染病未能前往，深为痛惜。因家境贫寒，辍学归里。光绪三十二年（1906），雷发聋至长沙求学。家乡有人见他家境贫苦，筹集数十金资助，他却不受："我在外面苦惯了，平生唯恐受恩多。"他妻子为贫困所迫，欲将初生的女儿于襁褓中与人为媳，他得知后急忙写信予以制止，说："童养媳常被姑婿憎视受折磨，男女平等，怎能歧视，我就是饿死也不忍心这样做。"对革命真理，他矢志不渝。曾与友书云："秋瑾之死诚侠烈。但既以身许国，早晚不免'秋风秋雨愁煞人'。"他节衣缩食，用省下的钱秘密结交革命党人。同时，他带领其弟雷竞群投身"常备新军"，参加萍浏醴起义。事败之后，他决心兴办新学，招纳同志，讲肄方略，以为异日再举。

光绪三十四年（1908）冬，雷发聋支持家乡一些开明乡绅，募资六七千金，借花山庵子为校舍，搬迁佛像，赶走和尚，创办民立初等小学堂。可是，以文炳奎为首的一些土豪劣绅，认为这是大逆不道之举，极力反对，并唆使群痞力阻，使办学形成僵局。是时，雷发聋在省城从事革命活动。乡绅认为他威望高，只有他才能排除阻力继续办学，便多次写信敦促他回乡担任校长。他毅然回乡接受此任，打破僵局，使学校于翌年正月十九日正式开学。但此举为当时官府注目，奸豪环视，特别是以文炳奎为首的一些劣绅，对雷发聋毁寺办学尤为忌恨。他们聚众举酒盟誓，煽动说："你们以前阻止办学，与革命党人为敌，现在如果让学校办成，使革命党人得势，你们必死无疑；想要不死，必废弃办校；想要废校，必先杀雷某。知府是德泰旗人，非常仇视革命党人，我已向他报告，说雷某为革命党人，杀之可不偿命，且有重赏。"乡绅中有人将这一情况告知雷发聋，并劝他将学校暂时解散，以防不测。雷发聋力持不可，说："杀人是要犯死罪的，他们是不敢冒天下之大不韪的。如果害怕他们的恫吓而解散学校，是让豪绅顽劣之徒的阴谋得逞。纵使有事，我愿一人承担。"他依然孜孜从事，毫无惧色。二月初六，文炳奎等劣绅蛊惑千余人众，将学校团团围住，捉拿雷发聋。当时，雷发聋正在花桥街上理发，刚理了一半，校内一工友偷偷前来报信，并要他赶快逃走，他却说："我不能只顾自己脱身而祸及师生。"坚持不走。后在工友的强拉硬扯下，才向街后出逃。歹徒闻讯追来，将他杀害于距校约半里许之翁家坪。他气绝时还喃喃呼号："开讲！开讲！"念念不忘校事。时年仅32岁。其弟雷竞群只身犯难救兄，被打成重伤，后咯血而亡。

事后，谭延闿、雷铸寰、鲁涤平等将他的事迹附记于"湖南大汉烈

第二章
官/德/民/德/相/辉/映

士祠"。民国十三年（1924），东安县学界为他举行追悼大会。民国十五年3月，县人将其遗骨公葬于花山校后石山中，并在墓旁石头上刻"花山血迹"四个大字，以为纪念。为褒扬其办校功绩，曾将花山学校更名为"发聋学校"。

雷铸寰（1884—1941），字孟强，东安花桥人。幼读私塾，及长，先后肄业于长沙时务求实学堂。光绪三十二年（1906）毕业于湖南高等实业学堂理科。他在学生时代就加入同盟会，参加过萍浏醴起义。

辛亥革命后，雷铸寰在湖南都督府任职，旋任东安县保安会会长，后历任东安县行政事务所所长、嘉禾县长。民国初期，他不遗余力地追随谭延闿、刘人熙匡赞湘政。民国五年（1916）汤芗铭拥兵祸湘，他与林支宇、曾继梧等共谋驱逐之计，拥护刘人熙出任湖南都督，反对袁世凯称帝。民国六年（1917），张勋复辟，他与刘建藩等在湖南声讨，并组织联军，反对复辟。民国七年（1918），谭延闿第二次督湘，委他为"定字营"司令官，宣抚湘南。民国八年（1919），张敬尧、吴佩孚等挟重兵深入湘境，他随谭延闿退守郴、永，与孙中山誓师护法相呼应。是年，他还受命赴上海，为南北议和代表。民国十年（1921），赵恒惕主湘，委任他主管湖南教育。民国十一年（1922），湖南推行宪政，他被选为省议会副议长，三年后被选为议长。民国十五年（1926）7月，时唐生智主湘，他代表唐赴广州与革命政府联系，为唐加入国民革命、出师北伐起了积极作用。北伐军入湘后，他历任国民党湖南省党部第二届执行委员、主任委员等职，并曾与李荣植等国民党左派一起，接受中国共产党的政治主张，与中共湖南区委合作，站在工农运动一边，跟"左社"等国民党右派组织进行斗争；还同中共湖南区委一起，制定了国共合作下湖南省政府的第一个施政纲领——《湖南省行政大纲》，为大革命高潮时期湖南国共合作做了有益的工作。在此期间，他由于倾向革命，结识了苏联顾问鲍罗廷，得以保送湖南大学学生甘泗淇等赴莫斯科中山大学学习。

"马日事变"后，国民党举行清党运动，他任国民党湖南省党部改组委员会常务委员。民国十七年（1928）至十八年（1929），他主持湖南汽车路局，对发展湘粤、湘桂交通做过贡献。民国二十二年（1933），任豫、鄂、皖三省"剿匪"总司令部党政委员会委员兼党务处主任。民国二十五年（1936）至二十六年（1937），任国民党中央政治委员会教育专门委员。抗日战争时期，担任第九战区党政委员会分会委员。

雷铸寰一生热心办学，致力教育事业。早在辛亥革命前，萍浏醴起义后，他与先进青年雷发聋共同将家乡的花山庵子改办为花山学堂，开东安办新学之先河。民国二年（1913）5月，他与宾步程等创办濂溪中学（后改为湖南第十三联合中学），并担任校长。民国十年（1921），他与高等实业学堂校友任凯南等创办大麓中学，并任校长。民国十四年（1925），他担任船山中学校长。他在省政务厅主管教育期间，将当时湖南的工、商、法政三所专科学校合并为湖南大学，并于民国十五年（1926），出任湖南大学首任校长，后又兼任船山中学校长。抗战前夕，他把船山中学改办为船山高级农业中等专业学校。抗日战争开始后，他于民国二十七年（1938）春和民国二十八年（1939）秋先后将濂溪中学初中部、船山农校迁至东安伍家桥和花桥，坚持继续办学。民国三十年（1941），他会同乡绅，将家乡的"娘娘庙"改为云霞女校。

雷铸寰对王船山十分崇拜，勤奋治学，刻苦整理《船山遗书》，俾得陆续校正出版。民国三十年（1941）春，雷铸寰在故乡病逝，时年58岁。

三　当代东安道德楷模

东安作为"中国德文化之乡"，既有着深厚的历史底蕴，也有着鲜

第二章
官/德/民/德/相/辉/映

活的时代气息。历史只能说明过去,重要的是建设当下,开创未来。如果说,东安历代为官者闪耀着"忠勇"之德、"实干"之德、"廉介"之德,东安历代民间传承着"孝悌"之德、"仁施"之德、"耕读"之德,那么,近年来东安涌现出来的大量道德楷模不仅让人看到了东安德文化的巨大活力,而且成为东安党政决策部门加快建成"中国德文化之乡"的现实基础。道德的价值不在于被多少人传扬和诉说,而在于人们长期不断地实践。这里,我们仅从媒体曾报道的几个平凡事例,展现"中国德文化之乡"的时代新篇。

1. "献血义士"黄会战

黄会战,中共党员,东安县端桥铺镇农技站农艺师。自参加工作20余年来,他一直默默奉献在服务三农的第一线,勤奋工作,无怨无悔。

2011年5月11日,黄会战在献血时了解到有关捐献造血干细胞的信息,二话未说就与局里几位同行自愿加入中国造血干细胞捐献者的行列。当初签订协议时,黄会战对自己能否成为合格的捐献者并不抱很大的希望,然而,正是这么一颗拳拳的爱心,使他成了其中的千万分之一。

2012年9月4日,经检查,黄会战的HLA配型资料与一名求助白血病患者初配相合。当省红十字会的工作人员征求他本人意见时,他毫不犹豫地同意履行捐献志愿。经过2012年11月21日HLA高分检测和2013年1月5日身体检查,黄会战完全符合捐献条件。当捐献干细胞的函送到黄会战手里时,面对家人的担忧和同事的疑虑,黄会战没有退缩,而是主动做好他们的思想工作,并默默地做着赴长沙履行捐献意愿前的一切准备工作。

2013年4月10日上午9时,东安县首名造血干细胞捐献者黄会战踏上了爱心之旅,奔赴长沙湘雅三医院捐献造血干细胞,他将用自己骨子里的爱奉献给那位未曾相识的求助者。黄会战因此成为东安县参加"中华骨髓库采集"志愿者第一人。

4月16日,从长沙湘雅三医院传来喜讯:黄会战捐献手术非常成功,待身体恢复后即可回到工作岗位。

黄会战的义举,得到东安县委常委、宣传部长欧阳冬子的高度评价:"黄会战同志是东安县首位造血干细胞捐献者,他的博爱胸襟和无私奉献的精神,是社会高尚精神境界的集中体现,是我县精神文明的具体体现;黄会战同志是农技干部中的活雷锋,他用自己的实际行动诠释了红十字精神的精髓,不仅是农技干部的骄傲,更是东安县的骄傲,大家要以黄会战同志为榜样,不仅要把'人道、博爱、奉献'宣传好,更重要的是用自己的行动来践行,让爱心在我县进一步发扬光大。"

黄会战这一义举,绝非出于一时的冲动。在同事心目中,黄会战从来就是一名仁施者。1992年7月,黄会战从长沙农校毕业分配至东安县鹿马桥农技站当了一名基层农技干部,并于1995年入党。从鹿马桥镇到大盛镇再到井头圩镇,黄会战无论走到哪里都深受欢迎,每到一处都干劲十足。1999年,黄会战当上了井头圩镇农技站站长,一干就是5个年头。在这5年里,黄会战将农技站当成了自己的家,将同事当成了自己的亲人,井头圩农技站成了全县农业部门的示范单位。在单位里,只要谁有困难,他都会倾力相助。一些新分配来工作的同事没有住房,黄会战主动搬运杂物,打扫卫生,不到半天时间就将杂物间清理出来。为了尽量节省工作经费,黄会战常常自己充当搬运工,亲自动手装卸种子,但他从未到单位报一分钱加班费和搬运费。他成了同事们的"偶像",年年被评为先进个人,站里也因为工作业绩突出年年被评为先进单位。局里打算重用黄会战,多次要调他到局里重要职位工作,他都婉言谢绝。当时,有些人想不通,说他傻。"别人削尖脑袋想进局机关,他倒好,反其道而行,不可思议。"黄会战却说:"我是农民的儿子,又是学农技的,我对农业有着深厚的感情,为'三农'服务是我最大的心愿。"

为了在农村这块广袤的土地上最大限度地发挥自己的特长,闯出一片新天地,黄会战毅然辞去了站长职务,创办了"湖南良神直销东安总公司"。在公司,员工们对黄会战"吃苦在前,享受在后"和"急别人之所急,想别人之所想"的办事风格深有体会。公司里来了客人,他非要把事情做完了,才去陪客。在长期的农村工作中,黄会战认识到种子是农民的命根子,于是他狠抓种子质量和售后服务,在经营中尽量让利于农民,让农民真正得到实惠。农民购买稻种,只要一个电话,他就会亲自送种子下乡,并充当义务技术员。

2012年井头圩良缘公司承包当地3000亩稻田,黄会战便成了这里的常客,浸种催芽,样样都干。当3000亩稻田喜获丰收时,老板要奖励他时,他却一概谢绝。芦洪市镇一种田大户承包了300亩稻田,早稻减了产,黄会战又自告奋勇地给这户当起了晚稻义务技术指导员,终于使这户晚稻获得了丰收,这家户主也成了种田能手。一些农民由于自己管理不善、技术不到位等原因导致种子发芽率不高、插后不丰收等现象出现,黄会战并没有一味地将责任全部推给农户而不管不问,而是主动上门提供无偿技术服务,避免再次出现同样的现象挫伤农民种粮积极性,有的还要根据实际情况给予一定的补偿,尽量减少农民的损失。

黄会战常说:"我们将力所能及帮助他人,只要我们有能力帮助他人就尽量帮。每个人献出一点爱,这个社会就会更加和谐美好!"黄会战从骨子里迸发的爱,是那么真情无限,那么光彩耀人。

2."孝勇双全"荣业科

东安人民尚武。俗语云:"唱不过祁阳,打不过东安。"这种打绝不是斗勇斗狠,而是表现为一种侠义,一种路见不平拔刀相助的英雄气概。侠义本身并不能成为一种德性的来源,只有德性的灌注才能彰显善良。荣业科就是这样一个人。他性格刚毅、耿直，对待乡亲却温良、敦厚。

在东安县2014年3月31日召开的政法、民调和信访维稳工作大会上，该县横塘镇狮子铺村48岁的村民荣业科因多次见义勇为，获得了表彰和2万元的奖金。

2013年8月1日，天刚拂晓，荣业科准备出车运营，突然接到邻村一个电话："老叔，有三名偷狗贼偷了我们村的狗，请帮忙拦截。"电话一挂，他立即将车横在马路中间，一下车就看见三名男子骑摩托车飞奔而来。荣业科孤身一人赤手空拳地冲了上去，偷狗贼立即拿出砍刀向他砍来，荣业科顺势用手一挡，左手食指肌腱被当场砍断，血涌如注。强忍着剧痛，荣业科死死抓住其中一人，最终制伏了他，另外两人弃车逃进荒山。后来村民赶到，将荣业科送进了医院。

事后，荣业科表示："当时心里不害怕，因为这是在我们村里，我也曾是村支书，身后有诸多的村民，心里踏实着；面对偷狗贼还是有充分的信心将他们制伏的，即使他们人多势众，但是没想到他们会拿刀砍人。说实话，当匪徒拿刀出来行凶时，还是要尽力避让，保全自身更重要，智斗歹徒是最佳的选择。"

负伤住院期间，大坪、狮子铺等村的很多百姓，都自发地来医院看他。据村民回忆，自2004年以来，为了挽救村集体财产及村民个人财产，荣业科曾多次见义勇为，2006年时还从河里救起过邻村两名落水儿童。

见义勇为的次数多了，荣业科被誉为"百姓的保护神"，被县委授予"见义勇为"荣誉称号。老百姓则称他为"大侠"。其实，"大侠"只是荣业科的一个称号，他的故事远不只是风风火火的"擒贼"。

早在1988年，荣业科在担任村团支部书记期间，就带领村里年轻人创建"青年基地"，还被评为"全省优秀团干"。说起当时创建这个基地的初衷，荣业科解释道："在我担任村团支部书记的两年后，为发展集体经济，缓解团支部经费紧张的状况，就萌生了创建'青年基地'的想法，也因为当时我们年轻人有那种心愿，有那种干劲，一群年轻人一协商，大家都很赞同这个想法。因为之前村里也对这块地做了规划，于是大家纷纷出工出力，经过一段时间的开垦，便将这六十亩荒地开辟成果园，每年都为村里增收不少。依托这个基地，我们成立了扶贫帮困小组，帮助村里的困难户解决一些实际困难，也会在农忙季节组织人手帮助农活多的村民，比如插秧、收割稻子，等等。"

不仅如此，在之后的几年里，荣业科还担任了村里的党支部书记，在任期间，他做过的三件事被村民交口称赞。

一是召开村组干部扩大会议，筹集修路款项，修好了狮子铺村到横塘镇的公路；二是兴建了一个一千多平方米的集贸市场，彻底取缔了原来的"马路市场"，改变了以前"晴天一身灰，雨天一身泥"的窘境；三是带领村民制种，改善了村民的经济条件。

荣业科还是个家喻户晓的孝子。荣父3岁时双目失明，30多岁时才生下他，荣业科一日三餐都将饭菜递到父亲手上。父亲喜欢喝酒他每年都会酿上几坛好酒，陪父亲喝上几杯，让他开心。结婚后荣业科也一直同父母住在一起，和妻子将家里家外的事全包了，让他们安安心心、舒舒服服度晚年。荣业科觉得，对父母孝顺，是子女应该做的，是我们中华民族的传统美德，是根植于我们心中的情怀。

3."带父上学"陈君君

陈君君是湘潭大学兴湘学院2008级英语1班的学生。在她2岁的时候，父亲患双耳侧听神经瘤，做过三次开颅手术，留下了失聪、面瘫、小脑受损等症状，生活不能自理。母亲在她6岁时，悄然离家出走，留下父女俩相依为命。

陈君君把父亲接到了学校。一边照顾父亲，一边学习，同时跨专业报考本校行政管理专业的研究生。在陈君君悉心照顾下，父亲陈善民的身体比以前好多了，可他不想给女儿太大的负担。只有女儿才能读懂父亲的心，陈君君动情地劝慰并开导父亲，父女相守才是家，才能有幸福和快乐。

陈君君并不是一开始就把父亲带在身边的。2010年寒假，陈君君匆匆往家赶。刚进村，远远地便看到父亲一个人呆呆地坐在门口。那消瘦而孤独的身影让陈君君难以控制情绪，眼泪唰地流下来。2011年年初，在陈君君的坚持下，终于把父亲"搬"到了学校。陈君君肩上背着包，脖子挂着包，左手提袋子，右手拖箱子，每走一小段路，放下东西，再折回去搀爸爸。身上全是包，陈君君一段一段地挪，一点一点地搬，每一步都是那样的沉重。平日很快就能走完的路，这一次不知走了多久。累了没处坐，苦了没人说。陈君君用瘦弱的肩膀扛起了一路的疲惫与辛酸。

在班主任夏爱丽的帮助下，陈君君租了间便宜的房子，夏爱丽还为他们添了电视、电磁炉、洗衣机等家用电器。陈君君所在学院得知她的情况后，为她提供了房租、生活补贴等共计7000元。一年多了，陈君君努力为父亲营造一个温暖的家。

陈君君为了学习、照顾爸爸，同时做促销、家教、发传单、勤工俭学等兼职。20多岁的女大学生，一个人撑起了一个家。汶川地震时，陈善民把积蓄的1000元捐出。受父亲影响，陈君君心怀感恩，常用阳光般的爱温暖身边的人。

2008年10月的一天，早晨5点，兴湘宿舍3栋203寝室，陈晓晓突患肾结石，剧痛难忍。陈君君一个人搀扶她，坐上车，赶往湘潭市二医院，整整忙了一天。

2011年12月，正在图书馆6楼学习的长沙医学院学生罗林突然晕倒。救护车赶到后,陈君君拿出仅有的300元递给罗林的同学,垫付医药费,而陈君君与罗林素不相识。

4."雷锋情结"钟挺华

今年84岁的钟挺华,系东安县委宣传部离休干部。原籍广东蕉岭县,出生于印度尼西亚亚齐市,1934年回国,1949年6月参加广东、江西、福建三省边区游击队,1958年到东安工作,1986年离休。离休后,他将全部身心扑在爱心公益事业上,从2002年至今已为700余名贫困学生捐资助学26万余元,创办永州市首家县级志愿者服务组织,被誉为"全职助学义工""全能助学志愿者"。2015年1月,被省委组织部、省委老干部局授予"全省离退休干部先进个人"荣誉称号。

老骥伏枥,志在千里。可能钟老先生并不想要"志在千里",而是想能够怎样继续用自己的力量和信念去感染更多的人,帮助那些需要帮助的人。这个愿望朴实但却沉重。因为在现代社会,人与人之间的藩篱随着经济的发展却在不断地扩大,人与人之间甚至缺乏基本的信任。我们无须深入说明为什么会产生这样的现象,我们需要做的是怎么去改变自己。

熟悉钟挺华的人都会觉得他有点"小抠",不仅对吃穿用从不讲究,就连手机都因费钱而没有配备。但了解他的人都知道,这位年逾八旬的印度尼西亚华侨在爱心助学上却慷慨大方,12年来共资助贫困师生700余人次。

2002年以来,钟挺华老人相继在东安县芦洪市镇中心小学和广东蕉岭县新铺两所小学创办了3个助学基金会,投入资金12万余元,资助师生700余人次。他创办的助学基金会坚持以思想互助、以爱育爱为原则,经常性组织学生开展学习文体活动。2008年北京奥运会期间,他组织编印8期2400份奥运宣传资料,组织奥运知识抢答赛、奥运图标制作赛、奥运长卷签名等多项活动,让农村娃娃开眼看世界。此外,他还亲自给小学生们写信 380 封，赠送学习资料、贺卡等 7000 余份，孩子们给他回信 100 余封，给他寄来相片、手抄报、贺卡等 600 多件。在他的爱心感召下，这 3 所学校的师生们得到了爱的洗礼和熏陶，同时也奉献出自己的爱心，自 2006 年以来，分别建立了幸运儿爱心基金会，收到师生捐款万余元，爱心的火炬得到心手相传。在 2013 年的东安县捐资助学慈善晚会上，83 岁高龄的他又当场捐款 16200 元。

钟挺华对同时代的雷锋有着挥之不去的情结。从 20 世纪 50 年代开始，他就收集了诸多与雷锋先进事迹有关的资料，现已有 2000 多份。他还将这些资料作为生动的教育素材，到处巡展；对雷锋的事迹和名句他也如数家珍。

"一滴水只有放进大海里才永远不会干涸。"进入仗朝之年后，钟挺华明显感觉到一个人时间和精力的不足，这也让他对雷锋的这句名言有了更深的体会。于是，2010 年，他联合 8 位社会爱心人士倡议成立东安县志愿者服务促进会。在筹备阶段，他不顾年岁已高，冠心病、高血压等疾病缠身，踩着单车、挤着公交，奔走穿梭在各个单位和社区，为他的爱心事业寻求志同道合者的热心帮助，寻求领导和部门的关心支持，寻求爱心人士的理解参与。有一次，他骑车途中被汽车撞倒住进医院，但就在住院的二十来天里，他还用电话、书信、请亲友代劳等方式开展筹建工作。他编印了 4000 多份宣传资料，精心制作纪念信封、贺年卡，自编志愿者之歌，组织征文活动，等等。在他的努力下，东安县志愿者服务促进会于 2011 年 9 月正式成立，钟挺华被选为名誉副理事长。现在，这个永州市第一家县级志愿者服务组织发展注册志愿者 1400 多人，募集资金近 8 万元，资助特困生 60 多人，并在东安县相关部门的大力支持下一步步发展壮大。今年 3 月，他还组织了"高龄志愿者集体生日花宴"，47 名 70 岁以上的志愿者和县城二小的学生一起欢庆生日，并现场募捐 2600 余元。据统计，钟挺华多年来已累计为公益事业捐款达 26 万余元，而且他还

第二章
官/德/民/德/相/辉/映

在乐此不彼地继续下去。"人生是一场马拉松，不到终点绝不罢休。我要在有生之年力所能及地奉献教育事业，让祖国的花朵茁壮成长，直到生命停止那一刻。"钟挺华说。此外，他做好家人工作，立下书面遗嘱，百年之后不开追悼会，遗体捐献给医院做研究，作为最后的奉献。

今年5月，习近平总书记在北京市海淀区民族小学的重要讲话中明确指出孩子要从小积极培育和践行社会主义核心价值观。于是，钟挺华萌生了把"核心价值观"融入小学生课间操中去的想法。他在退休医生李楚民的支持下，共同动手设计动作，制成剪纸图样，并请来三位小学生志愿者唐阳雨、莫凌云、莫静云具体演示。经过多方摸索探讨，编制了一套12节的"核心价值演示操"，运用生动的体操方式，将社会主义核心价值观"富强、民主、文明、和谐、自由、平等、公正、法治、爱国、敬业、诚信、友善"24个字编成演示操，为广大市民，特别是中小学生学习践行社会主义核心价值观，提供了生动形象的教材。

钟挺华颇有体会地说，这套操的设计动作要易学易记，既符合中小学生理解能力，又能锻炼身体。同时，动作还要体现其内涵意义。例如，双手成心形高举，表示国家利益至上，有一颗爱党爱国的赤胆忠心；双手臂平举下悬呈天平状，表示公正无私……各个学校可根据实际情况适当变化或增删，并不断丰富和发展，使广大青少年铭记核心价值观，传播正能量。经反复排练、研讨、修改，演示操终于成功录下影像，钟挺华还将其发至网上，征求意见。

小学生反复演示后，普遍反映这套操新颖、实用、易学、易懂。目前，核心价值观演示操已在东安县大盛、水岭、白牙市、井头圩等乡镇的7所中小学演示推广。中国古代儒家讲究"择善固执"，即对待善事要长时间地坚持。一个人做一件好事很容易，困难的是能够一生都在秉持善念，默默付出。善事无所谓大小，积少成多，终成善果。钟挺华老人早年旅居海外，年高之时回归祖国怀抱。老骥伏枥，夕阳犹红，他用自己的热情和善良谱写着一位归国游子的赤诚和一位退休干部、老共产党员对国家和人民的忠诚！

5."明星教师"吴才有

吴才有，东安县一位普通教师，2013年被评为"东安县明星教师"，2014年又被评为"湖南最可爱的乡村教师"和"全国优秀教师"。

吴才有生于1972年，出身贫寒。父亲肢体残疾，稍重一点的农活儿都干不了；母亲聋哑，只能做点简单家务；弟弟是一个智障残疾人。吴才有自小刻苦努力，勤奋好学，初中毕业以优异成绩考上道县师范学校。15年前，吴才有本可以顺利进入行政部门，但他自愿申请到斗山教学点工作。大盛镇大山连绵，离县城最远。而斗山教学点离镇中心更远，校舍全是20世纪70年代修建的土砖瓦房。

当时，吴才有父亲见教学点是"单门独户"，多次要求吴才有回家住，放学后还可以帮家里干点儿农活……可吴才有认为，要搞好教学工作就必须住校。于是，吴才有一家三口住进了土砖房。

"月有阴晴圆缺，人有旦夕祸福。"2000年3月18日，是吴才有一家特别忌讳的日子。那天因为教室漏雨，吴老师爬上屋顶检修，不料木梯滑落，他失去重心，身子重重地摔落在水泥地上，造成脊髓压缩性骨折，下半身完全失去知觉。虽经多方治疗，但终因伤势过重而成残疾，经鉴定为肢体残疾三级。

受伤后刚做完手术，医生嘱咐他要三个月以后才能坐起来。教学点人手紧，一人顶一个班，代课教师请不来，他心急如焚。于是，他请示学校，让爱人来代他的课，爱人高中毕业，有一定的教学经验。尽管这样，他还是不放心。于是，他叫爱人搬了一把长竹椅放在讲台边，每天上课的6个小时，他就躺在竹椅上指导爱人上课。他坚持这种特殊的授课方式长达三个月。

第二章
官/德/民/德/相/辉/映

  渐渐地，吴老师的膝关节能用得起一点儿劲了，也能够稍稍活动，他就尝试着让爱人搀扶他到教室上课。在常人看来再普通不过的事情，对他来说却十分不易。学校领导和同事多次劝他病休，但他认为，虽然自己腿动不了，但大脑还会思考，手还能拿粉笔。国家培养了他那么多年，难道自己的工作就停在了28岁吗？不！为了孩子们，吴老师坚持重新上讲台。膝关节僵硬胀痛，脚底钻心地痛，他强忍着，但站不到十分钟，只能靠着讲台讲一会儿课。更严重的是，好多次当他转身在黑板上写字时，小腿突然抽搐，身子下坠，由于小腿无力承受全身重量，导致踝关节往两侧外翻，摔的次数多了，他的俩脚掌就变形了。家长们得知吴老师的病情后，也都纷纷跑到学校劝他："吴老师，你还是搞一张高脚椅子坐着上课吧！你不心疼自己我们还心疼你呢。"但吴老师总是觉得，站着上课才像一个老师的样子。他在教室里摔得最严重的一次是2010年9月，一次课间休息时，他站靠在讲台边给几个孩子削了铅笔后，正想迈开腿坐在讲台侧边的椅子上休息，可能是站得太久，左腿突然抽搐，身子重重摔落在地，全身重量都落在了左腿上。他当时好久都爬不起来，孩子们急了，有的跑过来扶他，有的急忙跑去找"女老师"（孩子们总是亲热地叫他的爱人为"女老师"）。可孩子们那么小，哪里扶得起他，最后还是他爱人来了后，含着泪将他扶起来。这一次他的踝关节骨折了，他爱人叫来了她的哥哥把他送到县人民医院。但他选择了保守治疗，医生给他打了石膏、开了药，第二天他就回到了讲台上，不过这一次他真的是坐在高脚椅子上给孩子们讲了一个月的课。

  作为脊髓损伤的残疾人，上课确实有很多不便。有时上课上到一半就有尿意。脊髓损伤一般都有后遗症，就是排尿不尽，有了尿意必须马上解决，否则就会尿在裤子里。好多次他没管那么多，就尿湿了裤子。后来他想了个办法，就是每次上课前，他都要垫上尿不湿，这样他上起课来就安心多了……

2004年春季开学后，班上有个叫魏满凤的女孩迟迟未到学校报到，电话也联系不上。吴才有就叫他爱人去看一看。接连两天，他爱人都吃了"闭门羹"。吴才有通过学生了解到，魏满凤交不起学杂费。魏满凤的母亲有间歇性精神病，为治病家里已债台高筑。吴才有决定亲自跑一趟。吴才有趁爱人去菜地的机会，挂着双拐一个人踏上了短短不到一公里的田间小路。路上，由于小腿用不上劲，吴才有几乎是拖着小腿一步一步往前挪，硬木拐杖将两个胳肢窝磨出两个鸡蛋大的血泡；因为左脚掌严重变形，一路上鞋子被绊脱了好几次，吴才有只得就地坐下来穿好鞋子再走。刚到魏满凤家门口，家长一眼就看出吴才有一路上的不容易，哽咽着说："吴才有，我不是人，我不该躲你。我没有脸见你，去年的学费我还欠着。现在你来了，我一定送妞妞读书……"吴才有没等家长说完，就故意责怪他："再苦也要送孩子读书，不读书将来会更苦。那点学费算什么？一切由我来想办法……"返回时，家长硬要背着吴才有，魏满凤扛着两根拐杖跟在后面。回到学校，魏满凤高高兴兴地领了新书。第二天，吴才有给魏满凤买了一个文具盒和一本《新华字典》……

平时，吴才有对自己很"抠门"：袜子双双有破洞，衣服的袖口和领子裂开了小口子却舍不得扔，像样的几件外衣都是妹夫和外甥女婿穿过后转送的……

今天的吴老师，之所以能得到广大师生和家长的认可，并不是因为他们可怜他是残疾人，而是他把大家当亲人。2011年，他担任一个六年级寄宿班的班主任并教数学。因为是毕业班，学习会抓得紧一点儿。一有时间，孩子们就拿着纸和笔来问他问题。为教好这个寄宿班，他几乎时时刻刻和学生在一起，课间、饭后，连洗脚时也在启发他们找解题思路。好多次因为一心两用，湿毛巾都打湿了裤腿。有一次上厕所，唐凡同学拿着纸和笔追到了厕所，吴老师只得蹲在厕所里教他解题。就在这一年，他因为用眼过度患了青光眼，到湘雅二医院做手术时，已经是青

第二章
官/德/民/德/相/辉/映

光眼晚期，右眼只有光感，没有了视力。手术后，医生嘱咐他全休一个月，可他回到家第二天就上了讲台，当时因为看什么东西都有重影，他在讲课时，就让爱人在上面板书，辅助他上课。孩子们看了深受感动，学习也特别自觉。班上有个叫文娴的女孩子，对吴老师深入浅出的讲解和娴熟的计算技巧十分佩服，也对数学产生了浓厚的兴趣，总是追着他问这问那，成绩进步很快。文娴的妈妈逢人就说："我的女崽终于碰到了一个好老师。吴老师虽然残疾了，但他对学生很有一套，孩子们最喜欢他。我的女崽在他的班里我最放心了。"其实，在教学中，他并没有什么绝招，靠的就是一个"勤"字，把老百姓的孩子当成自己的孩子。

致残后的14年里，为了能继续做好班主任工作，他把他爱人的时间也牺牲了。班主任工作有好多事是他致残后不方便做的，比如家访，带学生搞卫生，领孩子们到食堂淘米、分饭菜，这些都是他爱人在背后日复一日地代替他做。好多人夸他虽然残疾了但工作还是很出色，其实他们没看到他身后还有一位吃苦耐劳、默默支持他的好妻子。

教学之余，吴老师以看书来充实自己。他先后阅读了大量的教育教学报刊和书籍，新的教育理念和教学方法都被他运用到了教育教学工作当中。同时在繁忙的教育教学工作中挤出时间写作，笔耕不辍。先后在《中国教师报》《湖南日报》《湖南教育》和《永州日报》上发表高质量的教育教学论文七十余篇。

对于乡村教育，吴老师也有他自己的看法。"目前，大多数农村孩子的学习成绩不如城里的孩子，其根本原因还是农村教育设施还比较落后。像电脑课、科技实践、音乐、体育等方面的教育教学都不能与城里比，从而制约着他们各方面能力的提升，也限制了他们的学习视野。不过，眼下国家正在加大对农村教育的投入，努力改善乡村学校的教学条件，农村教育将插上腾飞的翅膀。"

厚德东安　中国德文化之乡

湘江电站　蒋学赛摄

中国德文化之乡
ZHONG GUO DE WEN HUA ZHI XIANG

第三章

东安武德扬天下

取得的成绩

武术之乡——东安武术

获得的荣誉

全国武术之乡套路比赛

- 峨眉、少林人东安
- 冷山文家拳
  - 1.文荣坤跪门拜师
  - 2.文成仪武德传湘桂
  - 3.文家闺女也习武
  - 4.亲友聚会先过招
- 东安武德立山乡
  - 1.全国武术之乡
  - 2.武有七德
  - 3.东安武德传统

武术乃中华"国粹"。本是由古代战争和日常争斗所发展出来的徒手和器械格斗术，其历史非常久远。早在春秋战国时期，就出现了"技击"一词，汉代则称为"武艺"。南朝刘宋颜延之《皇太子释奠会作诗》云："偃闭武术，阐扬文令。"意谓偃武修文。"武术"之说，盖源于此。民国时期称武术为"国术"。另外，广东人又称武术为"功夫"，这个说法被西方人广泛接受，成为英文"Kungfu"一词的来源。武术之所以被视为"国粹""稀世瑰宝"，是因为其所蕴含的文化理念与搏击技巧、格斗手法、攻防策略和武器使用等技术迥异于世界其他地方的拳击、柔道、跆拳道、泰拳等体育项目。"国术"之说，其义大焉。

中国的武术因地域、传承、技击风格而形成众多流派。从地域上分，有所谓南派、北派；从招式上分，则有内家、外家之说。内家以太极、形意、八卦三门为代表；外家统称少林，分南北两大流派。这只是大致的分系，实际上，武术的具体门派和拳种，名目复杂繁多。东安武术起源很早，可上溯至三国时期的峨眉拳，经过东安历代武师融会少林、黑虎、蜘蛛等拳种之精华，并大胆创新，在南方武术流派中独树一帜，声名远播，传承至今，享有"全国武术之乡"和湖南"非物质文化遗产"之美誉。

中国的武术不仅仅是一种"格斗"之术，更重要的是其内在的"武德"修养。"武"的本义是"止戈"，意在停止战乱，化剑为犁，以和为贵。《韩非子·五蠹》篇云："当舜之时，有苗不服，禹将伐之，舜曰：'不可，上德不厚而行武，非道也。'乃修教三年，执干戚舞，有苗乃服。"面对不服王化的南方苗人，舜帝示之以力，用之以舞，以德化人，"不战而屈人之兵"，恰恰是中华武术文化的精髓，也是武德的最高境界。东安自古多习武，故永州民谚有云："唱不过祁阳，打不过东安，巧不过零陵，蛮不过道县。"然而，东安武术向来主张谦让为先，点到为止。这种习武之风与"执干戚舞而化有苗"的舜德遗风一脉相承，体现了中华传统武德的精神传统。

一　峨眉、少林入东安

　　东安武术的源头可以追溯到三国时期。当时，蜀汉丞相诸葛亮屯兵紫溪，在当地招募兵勇，并操练阵法。在今天东安的紫溪市镇北侧，就保留了一处用几百斤的重石块筑砌的、高约150米的诸葛亮"点将台"，台前有两根一丈多高的石柱，相传系专为诸葛亮悬挂天灯祭神而设。诸葛丞相屯兵东安时期，常在点将台上指挥操练兵马，教习古老的"峨眉拳"。峨眉拳传为四川峨眉道士所创，技击性强，重视后发制人，但史料记载不多。三国时期蜀汉政权的主要统辖地域北达秦岭，汉中为重镇；东邻三峡，巴西为重镇；西南至于岷江、南中，与羌、氐及"南蛮"相邻。东安当时还是"南蛮"之地，在关羽"大意失荆州"以前，处于蜀国重要的后勤补给基地。因此，东安流传诸葛亮传授峨眉拳的说法，应该是有历史根据的。而且，从东安拳的气势刚猛、发力迅捷、动作灵活、刚柔并蓄等技击特点中，也可以找到峨眉拳的某些蛛丝马迹。

东安紫水河畔的"汉营古迹"石刻,明代县令朱应辰题　唐明登摄

由于东安地处偏远,史籍常常缺载,故很难找到三国至唐代东安武术的相关资料。直到北宋初年,才有东安人陈知邺,光绪《东安县志》卷七记载,他以娴兵略而为永州押衙。后因征南唐之战功,加之为官清廉,于开宝年间加银青光禄大夫、检校太子宾客、兼监察御史、武骑尉。

至明代,有东安人乔爵,少年颖悟,能文且习骑射,弓马过人,为衡州卫军助守。时苗夷犯县,官军骄盛,乔爵亲率所部百人守卫东安县城。光绪《东安县志》卷七记载:"蛮酋恃其勇,挟双刀,突而前,爵射之,立殪。一贼纵进,两马交,揽爵马尾。刃未下,爵提马,马踣,贼仆,复斩之。爵兵反从高鸣鼓,驰而下,寇大溃,擒斩过半。"从此,乔爵以善战名闻三司。

第三章
东/安/武/德/扬/天/下

明、清两代,官府在县治内开设武学,培训专门的武术人才,民间学武之风炽盛。清代嘉庆年间,福建少林寺高僧因避祸来到东安,留居渌埠头沉香庵内,在附近地方传授少林武术,这是少林武术传入东安之始。

东安武术真正大显身手、名扬天下,是在晚清、民国时期。当时石达开率领的太平天国起义军曾四进四出东安城,在这里传下了武当拳、岳家拳、苗民刀术、五禽拳等武术流派。同时,以镇压太平天国而崛起的湘军曾国藩部将席宝田、叶兆兰等人也在县境内广募乡勇,聘请南北武林高手,担任训练教官,使各种武术流派荟萃东安,进而流布民间。根据《清史稿》《东安县志》等材料,从清代中后期到民国,东安出了100多位有名的武将。特别是席宝田所部的湘军"精毅营",在东安招募了一大批民间武林高手,为湘军击败太平军以及平定湖南、贵州等地的苗民叛乱立下了赫赫战功。

民国期间,为防"兵、匪、盗为患",东安县内开馆习武之风更烈。当时民间习武者占人口总数的三成以上,尤以大庙口、水岭、茶源、井头圩、山口铺、端桥铺、石期市、狮子铺、台凡市、大江口等地为盛。其中大庙口、水岭、茶源、端桥铺等地流行少林黑虎拳,主要传人有邓康吉、文明华等;石期市、狮子铺、台凡市、大江口等地流行岳家拳,传人中较著名者有蒋

李德植主编的《东安武术》封面

鸿章、周海泉、周明德等；井头圩、山口铺一带流行蔡家拳，著名者有廖燕参、廖定安等。

一般认为，"东安拳"始创于清朝嘉庆年间。该拳种属于少林拳种的分支，但不是纯粹的少林拳，而是以少林拳为主、融合了东安县本地多种拳法的少林衍生拳种。其创始人是福建少林寺僧人王永才。福建南少林拳尊嵩山少林拳为正宗，同时综合南方各家拳法风格，擅长搏击，注重实战，动作迅猛，短打近攻，多走下盘，踢腿不过肩，要求意领法行，形神合一。相传，王永才云游到东安县之后，很多东安有名的拳师都来挑战，这本是武林中的规矩。在我国传统的武术圈内，新武术门派的成立，想要得到各界的承认，必须经过地方拳师的挑战，挑战实质上是"踢馆"，只有赢了才有资格授徒，输了只能离开。王永才在与众多东安拳师的交手切磋中，虽然打败了所有的对手，但也感受到了东安本地拳风的强劲、实用，从而将南少林拳与东安地方拳种结合起来，创立了东安拳法，且习之者众多。

1959年，东安县体委干部李德植与老拳师文明华等人深入民间，结合武术各种流派精华，吸收现代体育的跳跃、奔跑动作，不断改进完善，系统整理出现代东安拳套路。该书1977年由湖南人民出版社出版。现代东安拳既保持了南拳的劲力，又吸收长拳的脚法特长，勇猛彪悍，动作舒展，内外结合，快慢相间，节奏明显，拳势稳健。注重手、眼、身、步与精、气、力、功八法统一。步型全面，手法多样，动作连贯，吞吐合法，富于攻防。在王已成、李德植、文明华、文芳顺、周海泉等拳师的积极倡导推广下，东安拳迅速深入全县各乡镇，并流传到湖南其他地方。

第三章
东/安/武/德/扬/天/下

二 冷山文家拳[①]

在东安武术中，水岭地方的文家拳堪称一绝。该拳发自少林，名扬湘桂，百年流芳。故有诗赞曰："水岭文家拳，源远流长；师宗少林，巨龙发祥；始于荣珅，除暴安良；达于成仪，传徒授艺；湘桂名扬，传承子孙；百年流芳，余韵悠长。"根据水岭文家拳传人文绍勇老人的讲述，东安文家拳颇具传奇色彩。

冷山武术传人文绍勇

1. 文荣珅跪门拜师

民间盛传，清朝曾火烧少林寺，高僧元觉逃离嵩山，辗转峨眉而避难于湖南新化，落脚在新化城郊一大户人家打工。这户人家雇有20多人做事务农。元觉隐姓埋名，白天与雇工们一同劳动，晚上教他们习武练功，同时宣传反清复明、夺回汉人天下。工友们个个练得身强体壮，武功超常。在这些雇工中，有一位来自新宁笑岩伍家堆乡，名叫伍泥头，诨号"泥头鬼"，因在家乡误伤人命，被官府通缉，逃亡

[①] 本节内容根据冷山武术传人文绍勇的讲述整理而成。

至此，已近5年。伍泥头潜心习武，刀枪钯棍都练得炉火纯青。后来，他的胞兄因独生子夭折，于是变卖家产，向官府了结了伍泥头的人命案，官府取消了通缉令。其兄明察暗访来到新化，找到了伍泥头，促其回家娶妻生子，以延续伍家香火。伍泥头只得拜别师父，起程回家。伍泥头离别时，师父叮嘱他千万不要泄露他在新化宣传反清复明、教徒习武之事。

伍泥头回家以后，守口如瓶，从不与人争长论短。他每天披星戴月，早出晚归，默默劳作。后来，有好事者发现这样一件不得了的事情：伍泥头每天出去放牛，从未带镰刀斧头、锄头挂钯，可放牛回来时，牛背上总是驮着几捆生柴苋。原来，伍泥头每天将牛放在山上让牛吃草，自己就在岩边的草地上，摆开架势，练起功来。只见他两腿张开，一个矮桩，伸出双臂，十指并拢，往生柴苋上一拔，一个柴苋就连枝带叶拔出了地面。拔了一株又一株，扯了一苋又一苋，最后捆好放在牛背上驮回家。这个秘密被人发现以后，村里人一传十，十传百，说伍泥头双腿一站桩，像《水浒传》中的花和尚鲁智深一样，能将碗口粗的树连根拔出，功夫十分了得。

水岭冷山民间武术表演　文高平摄

第三章
东/安/武/德/扬/天/下

新宁与东安相隔不远。此事很快传到了东安的冷山村,当时叫巨龙村,村民文荣珅是文绍勇的上六代祖公。文荣珅是一位独生子,常被一家村霸父子5人欺侮,很想寻一个武林高手学点武艺,免受欺凌。打听得伍泥头武功高强,即刻登门拜访,却遭婉言谢绝。伍家人说:"泥头鬼哪里会什么武功,纯属谣言。"几次登门都是这样回话。为表诚心,文荣珅干脆跪在伍泥头房门前三昼夜,恳求收他为徒,终于感动伍泥头。为了慎重起见,伍泥头"约法三章",才允诺收他为开门弟子。师徒的约章是:第一,不要对任何人讲我伍泥头会武功并收了弟子;第二,你必须暗来暗去,即每天天黑来,鸡叫天没亮就离去;第三,习武是为了强身保国,除暴安良,不得助纣为虐,不得公报私仇,贪恋酒色。文荣珅一一应诺。

从巨龙村到伍家堆乡有十来里的路程,文荣珅从不同的路线来来去去。为了掩人耳目,他时而假装到紫水河捞鱼摸虾,时而装成上山挖药,时而打扮成樵夫,去樟木塘打柴,时而乔装成小商贩。每天都是天黑才到师父家,天没亮就离去。就这样披晨露,踏霜雪,冒严寒,顶酷暑,走夜路,有时还脚踩泥水,多年如一日,从不间断。在伍泥头的精心指导下,文荣珅指掌拳足、刀枪钯棍都练到了精湛的地步。但谁也不知他的底细,就连文荣珅的妻子也不了解他到底在做什么。

一天,村霸父子5人又来寻衅闹事,手持棍棒,蛮横嚣张,文荣珅在忍无可忍的情况下只好应付。他拳打足踢,掌砍肘顶,夺棍抢钯,上盖下扫,棍子在手上似大飞轮一样旋转,如入无人之境。村霸父子见棍棒不起作用,便丢掉手中的棍,企图围抄过来一拥而上,缠足抱腿,抓腕卡脖,以制伏荣珅公。说时迟,那时快,只见文荣珅丢掉手中的棍子,一忽儿推山掌,一忽儿抹脖子,一忽儿反手逆叉,一忽儿雷火烧天,一忽儿扫堂腿枯树盘根,一忽儿鸳鸯腿踢蹬胸脯,一忽儿猛虎直立虎爪抓面捞阴。弄得村霸父子不知所措,最后文荣珅手提"半边猪",举起村霸的大儿子将人当棍使用,一上一下,一冲一撞,一直一横,一旋一扣,逼得村霸父子拳不敢冲,棍不敢打,只得拱手求饶。文荣珅将恶霸的大儿子放倒在地上,这个恶棍竟老半天爬不起来。散场后,村民们齐往文荣珅家里送酒送肉送鸡蛋,感谢他的治霸之功。

打那以后,村霸父子再也不在村里称王称霸了,文荣珅武功高强的秘密也被揭开了。文荣珅为了取百家之长,在伍泥头传授少林武功的基础上,兼蓄南北武林,广泛汲取岳家拳、峨眉拳、唐王武僧十三棍、梁山关胜刀、瓦岗秦琼锏、唐帅尉迟鞭、武侠连枷棒、带把双刀、矮桩木钯等各个门派的精技,拜能者为师,虚心请教,不耻下问,竟成远近闻名的武术大师。

文荣珅生养了盛宥、盛宜、盛窘、盛宙、盛官、盛宝6个儿子。六子中尤以满子文盛宝文武兼备,为前清登仕郎。因为文荣珅子女多,人口发展快,练武场地不够用。他竟将上下两座进深百米的两厅两天井的房子连起来,去掉倒堂和两厅中间相隔的大门,成为一个整体练武场,划分为拳棍刀钯练功区域。练武时,父教子,夫教妻,兄教弟,公教孙,婆教媳,姑嫂妯娌,互相切磋琢磨,能者为师,谦虚又礼让。尤其是未出嫁的大闺女,在两边的楼上,一边拈针拿线,一边观看楼下练武的套路和化解对练的动作。俗话说,"学打不如看打精"。闺女们也悄悄地学得了不少真功夫。

当时文家有的年轻人,在家里学了几招后,到外面就想试试"钢火",常寻衅滋事。为了加强武德教育,荣珅公向儿女们提出了"未练武术,先修武德"的要求,提出了"十为"和"十不"的家规。"十为"就是:"为强国习武,为社稷拼搏,为保民健身,为自卫练招,为扶正练功,为不平执言,为仗义疏财,为除暴安良,为忠良雪耻,为社会保安。""十不"就是:"不为敌用,不入邪帮,不助奸佞,不欺善良,不图淫秽，不恋酒色，不贪财贿，不忘侠义，不欺伤残，不称霸道。"有了这些武德家规，文家习武之人今后就再也不能凭借武功盛气凌人，即使练出绝招，也不会随便出手伤人。而且，与人比试，

水岭冷山民间武术表演　唐明登摄

要先让人三招，不打第一拳。为了便于记忆，文荣珅老人晚年还总结出"习武本在健身，旨在保国，责在除暴，义在安良"四句话，作为子孙后代习武的基本家规。这"四句教"也成了东安冷山的武德宗旨。

2. 文成仪武德传湘桂

文荣珅的第六子字盛宝，号兴然，为清代登仕郎。他不但文墨通达，而且武功也很到位。他治家严谨，全家64人从未分居，却都能和睦相处，长幼有序，家风甚严。儿媳孙媳们从娘家拿点什么吃食回来，首先要呈献给二老品尝，然后自己与儿女们才能食用。不然，他发现你不孝敬老人先私自受用，就会将你拿回的食物倒进阴沟里，还要受责备处罚。有一年夏天，打晒黄豆，文盛宝的三个儿媳，将翻打豆秆掉落在竹垫外的一些豆粒捡起来，在厨房里悄悄地炒着吃了。文盛宝知道后，竟让她们三妯娌顶水罚跪，在家堂祖宗神位面前跪达三个小时之久。后来有人请来郴州知事光普先生求情，文盛宝才允许三个儿媳起来。三个儿媳跪得腰酸腿麻，爬起来脚都有点站不稳了。文盛宝却说："这就是我们武术世家的规矩。"

文盛宝生了四个儿子，成佺、成伧、成仪、成俸。除文成仪个子矮小一点外，其他弟兄个个都有一米八几的身材，体重皆超过180斤老秤，

水岭冷山民间武术表演　文高平摄

且身子硬朗，本力足，武功高强。文成佺站桩用功使劲，能用黄桶杠将磨谷的磨子（砻）挑起来翻过头顶，可惜他英年早逝。文成佺生于清咸丰元年（1851），卒于民国三十三年（1944），历经咸丰、同治、光绪、宣统、民国5个时期，享年94岁。他年轻时能从燕桂塘火烧庙门前的紫水河里，扯400多斤重的一担丝草，到下冷山古凉树下的大塘里喂鱼，都不觉得劳累。90岁高龄时，他还可以两只手同时抱起两个小孩，口里还唱着祁剧《五龙逼章》。四子文成俸虽以攻文为主，但练起功来，能将石磨盘置于地上，用站桩的脚迈梅花步开拳，脚还能将磨盘拉来推去，轻松自如。文成仪排行第三，身体相对来说不如其他兄弟高大硬朗，但武功却练到了广、精、全的地步，练就了一身钢筋铁骨。他的外号，人称"咧嘴师傅"。他在前辈们严格熏陶精心指导下，成为远近闻名的职业拳师。

　　文成仪提出习武必须先明"四理"：即生理、心理、物理、药理。再彰"八德"：即保家卫国、除暴安良、不为敌用、不入邪帮、不凌弱小、不称霸强、疏财仗义、不沾淫娼。这是东安武德的继承与光大。文

第三章
东/安/武/德/扬/天/下

成仪还根据实战经验，对冷山武术有了新的改进。他对先发制后发、一招制敌与多招迷敌、强攻与佯攻、劲拿与智取都有一套理论，提出以退为进，以守为攻，以避抢上，以静制动，以逸待劳，快打慢，弱胜强，实打实，虚胜虚，借力顺势四两拨千斤，见招数判门派，预防险招。他传授子孙，巧用指功，独指戳喉，二指吹灯，三指戳下腮，四指戳眉骨，五指抓面捞阴。在掌功拳功方面，独创双掌推山，单掌砍耳，横掌抹砂，半握拳打鼻梁，掌根击下颚，鸡心拳打太阳，棱角拳打颅顶，头顶丹田，肘击软肋，膝摁下阴，鸳鸯腿踢胸脯，并指导了相应的自我防护的方法。关于棍术的运作架势，盖头棍，挑阴棍，拨棍，点棍，扫棍，抢夺棍，亦教以实招。至于铜与钯，刀与连枷棒，皆有诀窍，可谓精通十八般武艺。

文成仪一生有很多传奇的故事。

水岭乡冷山村民间武师　彭贞华摄

其一，二指功巧胜大力士。一次，从邵阳来了个黑老大，身坚似铁塔，腿粗如水桶，力气之大能将练功用的300多斤重的石蹬，轻易端起来绕堂一周，面不改色气不吁喘。黑老大以求师为名，硬要与文成仪过招比试。文成仪谦虚地以自己年事已高、身体欠佳推脱。谁知黑老大紧逼不放。文成仪只好应招。他左手端着水烟壶，右手拿着冒烟的纸煤子，四平八稳地站在堂屋中间以逸待劳。黑老大认为自己血气方刚本力足，踏中门而进，文成仪左脚后退半步，侧身避开其冲力。黑老大见文成仪不出手还招，气焰更加嚣张，倾全身之力，猛扑过来，企图将文成仪拦腰抱住放倒在地。谁知文成仪转身避开，左手仍端着水烟壶，伸出右手臂，用二指功往黑老大眉骨上一戳，踏足猛吼一声："去吧！"黑老大一惊吓，不自觉地双膝跪地，两个眼珠子向上翻，口喊："师父，师父，徒弟再也不敢了。"

水岭雾景·十里画廊　李新民摄

其二，棍挑独睾人。新宁有一个武师一心要与文成仪比棍，文成仪一让再让。新宁武师以为文成仪智尽技穷，将文成仪逼入堂屋角落处。文成仪才使劲下力，一挑棍，将新宁武师的睾丸挑出了一个，鲜血直流。新宁武师恳求将他治好，文成仪说："治是能治好，治好是个独睾睾。"后来这个武师，果然成了独睾人。

其三，一把雨伞打过广西。文成仪严守武德，遵循"鹭鸶不吃鹭鸶肉，同艺共道和为贵"的信条，从不拆馆贬低人。文成仪曾下过广西，文绍勇的父亲是成字辈的长孙，跟随在他身边，照顾他的起居，并为他背膏药箱子，亲眼见他用雨伞会友。武林中人拿什么都可以当武器，文成仪拿把雨伞作为他演武的道具，常用它摆摆武术架势，使人看得目瞪口呆，口服心服。桂北军政大员陈恩元，是文成仪弟子文成亿的徒弟，这样，文成仪有了师祖身份，谁敢怠慢？其实，广西当地也是藏龙卧虎，南拳宗师蔡李佛当时就在那里。蔡李佛曾帮洪秀全打过天下，功夫不凡。文成仪懂得民间深藏蔡李佛这样的武林高手，所以处处小心行事。凡遇当地的精武馆，他都前去拜馆请教。馆主们见文成仪气宇轩昂，谈吐不凡，谦虚谨慎，态度诚恳，也都坚持以武会友，盛情招待，最后变成知交。文成仪在广西平乐、永福一带铸犁头办武馆，收了不少广西徒弟，当地的冷山武术弟子遍布城乡，都把文成仪当成师祖来尊重。文成仪既有深不可测的武功却还让人三分，这就有了"一把雨伞打过广西"的武林佳话。

其四，一人一绝招。文成仪本人十八般武艺样样精通，是个全能之人。他教育弟子，会根据弟子的实际情况，各教一项绝招，作为看家本领。大弟子嗣成本力足，精练手臂功，虽然年逾花甲，双手提百多斤重两桶水能上岭下坡走两百多米远，步履十分稳健。二弟子文成亿，乳名"小狗长子"，脚功厉害，能将窖在土里六七寸深的铁钯齿，用足一拉，就拉出地面，他的腿脚一缠住对方膝盖和小腿，只听一声响，对方腿骨非折不可。三弟子唐六二，掌功非凡，一个"推山掌"能将新建木房的檐柱震动，瓦片会哗哗掉落下来。四弟子俞继宝，一屈肘猛箍，能箍断木楼梯的梯级横方。文成仪的儿子德任，字永安，小名八元，棍术十分突出。侄子德仙、德傅、德伟，侄长孙琼华、珀华、琪华、瑄华武术套路多，什么单四门、双四门、四门阵、三躲身、横马箭、一根藤等都练得纯熟到位，而且每个人都练有绝招，或正闯洪门，或上卡下捞，或捆猪上凳，或反手逆叉，蹲身背摔，都运用自如。他的女婿李春江，死鼠翻生是他的看家本领，棍术也相当精通。尤其是八元(德任)的棍术，满元(德伟)的手拳功夫深厚。所以，当地人用"八元棍子满元手，弟兄联袂天下走"来赞扬文家济济武功。

第三章
东/安/武/德/扬/天/下

3. 文家闺女也习武

冷山属东安水岭乡，这里的武术普及率极高，几乎家家习武，户户练功，即使是大家闺秀，也会几手拳脚功夫。

文家人流传这样一个故事。武术世家文荣珅全家64人从未分居，待阁闺中二十多岁的大姑娘竟无媒妁上门提亲，也无男郎登庭问津。一问才知道，这是满花与友花两位文家女儿惹得"祸"。原来，文成仪的女儿文满花，嫁给骆家寨李春江为妻。一日为了小事，夫妻发生了争执。李春江走下天井，伸手去抓满花，还未拢身，就被她用臀部功放倒在地。李春江误以为是自己失足，第二次又用手去抓，照样被摔倒。反复三四次后，他突然想到，一定是岳父咧嘴拳师教过她几招。于是，李春江带着伤痕气冲冲来到文成仪家，一见面就跪在地上，哭着说："三爷，你去把满花接回来，我管不了她。"文成仪问明了原委，笑着安慰道："那你也来我这里学几招吧。"于是，李春江常在晚上来岳父家学武功。可这事被满花知道后，又哭又闹，责备文成仪不该教女婿武功，去欺侮自己的亲生女儿。文成仪只得将女儿和女婿一齐叫到身边，以武德开导他们，教他们夫妻互敬互爱，以和为贵。再指导他们相互对练，每次都打成平局。从那以后，夫妻相敬如宾，和气一生。

文绍勇老人还讲了一个文家女人以武维权的故事。文友花嫁给了布衫塘一唐姓农民为妻。某年天旱，其夫为争水受到本村混混的欺侮，被

巾帼不让须眉　唐明登摄

打入马口凼的水田中，弄得满身泥水。他跑回家，想请保甲长来评理。友花问明情况后，迈着她那紧扎裤腿的小脚，快步流星赶到马口凼，正看见混混将板挂的把横搭在马口石上，嘴里叼着烟，神气非常傲慢。友花质问他："你塞我马口的水往你的田里灌，为什么还蛮不讲理打我的男人？"混混满嘴蛮话说："我田里的水干了，田泥快开坼了，你田里还有那么深的水，我不塞你的马口塞谁的！"双方吵着并动起手来。友花一个"顺手牵羊"，抓住混混的手腕往自己身边拉。混混即起身，拿起板挂举过头顶，向她头上挖下去。友花眼明手快，将头往右一偏，伸出左臂，用左肘内关节，将板挂往身边一缠拉，右脚猛踢混混的下阴部，混混立即仰面朝天，倒在泥水里，板挂却到了友花手里。混混刚转身还未站起来，友花用右脚踩住混混的后颈，混混像青蛙扑地似的四肢张开，怎么翻也翻不起来。友花用挂钯轻敲混混的头顶，用教训的口吻说："今天念你初犯，我不重敲你，也不打你的致命穴位，让你多活几天。"混混终于老实了。打那以后，混混逢人就说："咧嘴屋里的女仔硬是厉害。"

文家女人习武的故事一传开，麻烦可大了，今后这家的闺女谁还敢要呀？正所谓"武家的闺女也愁嫁"。为了消除不良影响，德俅公开始教文家女儿《四字女经》，讲"三从四德"。文家的女儿必须人人都能背诵"娘边做女，莫出闺门。行莫乱步，坐莫摇身。笑莫露齿，话莫高声。轻言细语，缓步游行"这样的经文，严守妇德，服从规矩。

4. 亲友聚会先过招

冷山人几乎全民习武，所以在日常生活中经常进行比武活动。第一种是求神还愿比武检阅。每年六月初六，冷山人从燕桂塘火烧庙请神到下冷山大公堂，还愿三天，同时进行武术大比赛，搞大检阅。评出优胜者给予重奖，奖品是几封大头光洋、几坛名酒和猪肉，还要披红挂彩以

第三章
东/安/武/德/扬/天/下

东安地方名菜之一·水岭羊肉　唐涛华摄

资鼓励,激励村人崇文尚武。

第二种是红白喜庆表演武术。冷山人每当讨亲嫁女,起屋上梁,诞辰祝寿,皆要表演武术,练拳术,舞刀铜,拨柳棍,耍木钯,以增加热闹场面。还要大摆宴席,猜枚行令,一醉方休。即使是办丧事,送先人,也以武术代悲歌,促使后人化悲痛为力量,继承亡者遗志,光耀门庭。

第三种是亲友聚会,验武在先。逢年过节或生辰祝寿,亲友登门庆贺,未到堂前先喊主人称谓,或呼爷爷奶奶,或舅父舅妈,或姑父姑母,后面加上祝福语,如生日快乐,健康长寿,新春幸福,恭喜发财,大吉大利等。这时,主人在厅堂里或火炉旁拿着铁钳、吹火筒、洗衣棒槌、小凳子、铁秤砣等物件,突然从屋里"摔"出来,试探客人是否能接得住。如果客人接住了,主人就出门迎接,说一句"功夫练得不错,快进客厅喝茶"之类的话。如果未接住,主人则说,"这一向为什么没练功,伤着了没有?"如果伤着了,到后面屋子去上点儿药。客人一落座谈话,也离不开习武练功这一话题。接下来,就是主客"扳手劲"、"斗角力",拿起扁担当棍拨,举起板凳当龙舞。凡未接住主人抛物的客人,在上席时还要罚酒三盅,逼着亲友习武练功的。

第四种是村办武馆,免费授徒。冷山村里办武馆从不收费。每开办一馆,收徒二三十人不等,为期40个晚上,根据不同档次传授武术。第一是传授武德八条,第二是站桩练步,第三是讲解简易动作,第四是教学套路,第五是相互对练,第六是教擒拿与防护。由于村人习武成风,武术到位,所以出现了文德燕、文德钱两条扁担背靠背打过一条街,无人敢碰的佳话。新中国成立前,冷山在新宁靖位有一片杉木和楠竹林,对方不服法院判决,强占了它。于是,冷山武林弟子选了50个高手,手持利斧砍刀,腰捆棕绳,肩扛柳棍,经有关部门批准后进山砍伐杉木和楠竹。对方自知情亏理输,只好拿几面铜锣猛敲,并不停地高喊:"冷山人来砍伐树和竹子了……"却没有一个人靠近阻拦。

冷山武林弟子是很重师德的,而且非常团结。文荣珅在泥头师祖患病期间,为其熬汤煎药多月;师祖病逝,文荣珅又扶柩登山安葬,并守灵49天。文德椿为求一棍拜永安为师,永安只是在宴席上用筷子演示传授给了他,文德椿竟封了六十块光洋,加上酒肉礼品用抬盒送到师父家里。师父不收此厚礼,他跪在师父膝前恳求师父收下,并跪在师父家堂前盟誓,表示永远不忘师父恩德,永远不欺凌师父的后代。新中国成立前某年三月初三,冷山人在广西全州银湘河赶圩卖犁头和马瓢,与当地人争摊位,当地官吏偏袒本地人,竟将冷山人出售的货物扣押。后被文成亿的徒弟陈恩儿知道,亲自修书,向师父谢罪,派人快马加鞭将货物送回冷山。有一次,上冷山文华泗从靖位挑纸出来,到了张家岭亭子,因口渴得紧,竟与文成仪大弟子嗣成抢水筒喝水,争吵并动起武来,华泗几次进攻皆被嗣成化解放倒,华泗不服气地说:"我们冷山人你都敢打。"嗣成听说是冷山人,忙堆笑脸赔礼,并把华泗接回家杀鸡煎蛋蒸腊肉,热情款待。餐后亲自帮华泗把纸挑回冷山,并登门向文成仪道歉说:"因误会伤害了冷山人的尊严,实在对不起,请师父原谅。"

三百年来,东安冷山武术不断发扬光大,仅荣、盛、成、德、华、绍六代人,职业拳师就不下100人。荣珅、兴然、成仪广收弟子,培育子孙,传德授艺,积淀深厚。成仪的徒子徒孙更是广招门徒,桃李满天下。成仪大弟子嗣成,在新宁靖位笑岩一带开办武馆,二弟子文成亿,在全州文桥一带开精武门授徒,桂北军政大员陈恩元,奉他为座上宾。文德任、文华大、文沛华在广西兴安、永福、平乐沙子街一边铸犁头,一边办馆招徒。成仪的女婿李春江,在白牙市开"三义和"布店,侄孙文江华在白牙市镇经营顺祥斋南货店,也都在市镇及周围传授冷山武术。德字辈的德仙、德傅、德椿、德智、德亮、德钱,华字辈的琮华、璧华、珀华、琪华、明华、普华,绍字辈的绍地、绍国、绍满、绍登、绍科、文辉等都是县内有名的职业拳师。他们的门徒,遍及湖南和广西各地。

三 东安武德立山乡

1. 全国武术之乡

东安人的习武传统代代相传,一直没有中断。今天,东安全县各乡镇都成立了武术协会,90%的中小学成立了武术队。在农村的很多地方,"农忙种田,农闲练拳"。在学校,武术教学成为必修课程。全县习武人口高峰时期曾达到65%。为此,东安县先后获得"全国武术之乡""全国体育先进县""湖南省民间武术挖掘整理先进集体"等光荣称号。特别

厚德东安 | 中国德文化之乡

第 三 章
东/安/武/德/扬/天/下

东安武术进校园　唐明登摄

是在水岭乡、大庙口镇、鹿马桥镇、石期市镇、紫溪市镇、井头圩镇、大盛镇，由于习武人口密度高，被湖南省确定为"武术之乡"。潇湘电影制片厂曾在20世纪80年代拍摄了纪录片《东安武术遍山乡》，宣传东安武术扎根民间，广泛普及。

　　武术是东安县的一张极具含金量的文化名片，东安历届政府也都非常重视武术这一历史文化遗产。近年来，县委、县政府以科学发展观统领全局，在确保经济平稳快速发展的同时，提出了"活文振武"的发展新思路、新举措，推进富民强县，极大地促进了东安武术文化和武术产业的发展。特别是中国共产党东安县第十二次代表大会的报告中提出了以段位制进校园为重点，全面推进武术进学校、进社区、进乡镇、进企业、进机关、进军营"六进"工作，积极承办世界级、国家级武术比赛，努力将江东文武学校打造成国家级武术培训基地，让东安武术成为全国武术之乡的"精品板块"。东安群众武术形式丰富多彩，习武强身健体已成为一道亮丽的风景线。东安武术形式也因此声名远播，饮誉大江南北。特别是在竞技武术活动中打出了"东安品牌"，在海内外赢得了广泛的赞扬。无论是在国际还是国内，无论是官方还是民间举办的武术比赛中，都有东安武术健儿的矫健身姿和精彩表现。据统计，东安县武术队先后参加国际、国内比赛共18次，其中获得国际金牌6枚、全国金牌26枚、全省金牌265枚。而且，东安县先后有8名武术运动员参加了电影《少林寺》《瓜棚女杰》《天国恩仇录》的武术动作拍摄，郭艳春、胡黎明等人随中国武术队代表团赴美国、新加坡、墨西哥等国进行访问和表演。东安武术产业也在蓬勃发展。目前，全县兴办武术馆校、拳社40多家（所），组建武术表演队三十多支，并发展武术服饰、龙狮制作与销售，现代产业兴武之路在东安已然成型。

　　东安武术人才济济，武师明星众多。其中，水岭冷山武术是东安武术的重要一脉，在湖南一带影响很大。其开创人是文荣珅，曾拜伍泥头

第三章
东/安/武/德/扬/天/下

（水岭冷山武术脉缘的师祖）为师，学习少林拳，得到真传。文荣珅的孙子文成仪（1859—1917），人称"咧嘴师傅"。他先后在湖南东安、新宁，广西全州、兴安等地开过武馆，带的徒弟很多。他非常注意武德，常教育弟子和儿孙做人要讲道理，讲道德，习武要讲武德。千万不要凭借武功盛气凌人，更不能以武谋财、见财忘义。他是冷山武术的优秀继承人，为冷山武术的推广与普及做出了卓越的贡献。

席宏澍（1913—1995），东安县新圩江镇竹冲村人，武当门派老拳师，是东安形意拳、八卦拳、太极拳的传人。民国二十一年（1932），在湖南省国术训练所深造，先后学过应同拳、形意拳、形意刀、形意枪、燕尾刀、子龙大枪、万胜双刀、子午棍。1950年，参加湖南省第一届运动会武术比赛，获二等奖。1984年参加湖南省武术观摩表演赛，获优胜奖。席宏澍在家乡与广东等地设馆传授武术，授徒达600多人。传授武术时严肃认真、一丝不苟，尤其注重武德教育，坚持言传身教，受人敬重。

李德植，东安县山口铺人，国家一级武术裁判员、全国武术协会委员、中华武术百杰、"东安拳"创编人，他创编的东安器械套路被列入《湖南省武术拳械录》。1987年，李德植被国家体委授予"新中国体育开拓者"奖章，1988年获"国际武术贡献奖"。

李德植

唐新中，东安县人，出生武术世家，国家一级拳师，全国知名武术教练。他在担任武术教练及东安县体委主任期间，曾九次带队参加全国性武术比赛与表演赛，荣获金牌26枚、银牌20枚、铜牌17枚，获表演一等奖4次、二等奖7次。曾18次带队参加全省武术运动会，共获得金牌256枚，为各体育院校和省体育专业队输送优秀武术人才64人。更

唐新中

令他骄傲的是，由他培养出来的柔道队员陈春玲，在 1992 年朝鲜平壤国际柔道赛中，一举夺得了女子 48 公斤级冠军。2001 年 5 月，他被评为"全国体育先进工作者"，获得了国家体育局颁发的荣誉勋章。

郭艳春，女，东安县人。在 1978 年 10 月湘潭举办的全国武术比赛中获得金牌。在 1980 年、1983 年、1984 年三届全国武术表演赛中，郭艳春与姜瑛均获得女子对练第二名。1985 年，全国武术表演赛在银川举办，郭艳春与姜瑛均获得女子对练冠军。郭艳春还为电影《少林寺》女主角白无瑕的武打替身，她勇猛顽强，一巴掌把坏人"秃鹰"打了一个趔趄，受到在场观众和导演的好评，被誉为"辣椒妹"。郭艳春、胡黎明等人曾随中国武术代表团赴美国、新加坡、墨西哥等国进行访问和表演。

郭艳春

梁伟红，湖南东安县人，1996 年毕业于武汉体育学院，1997 年至 1998 年先后在新化、邵阳、东安体校任武术教练，1998 年 10 月在江西、沈阳等创办文武学校，1999 年回湖南东安县创建"江东文武学校"。被誉为"东安武术领头雁"，永州电视台"永州骄子"栏目予以专题报道。

2. 武有七德

中华武德是中华民族优秀道德的重要组成部分，也是中华民族宝贵的精神财富。"武德"作为一种人伦道德，就是从武、用武、尚武之德。《国语·晋语》有云："有孝德以出在公族，有恭德以升在位，有武德以羞为正卿。"《尉缭子·兵教》亦云："此之谓兵教，所以开封疆，守社稷，除患害，成武德也。"这里讲的"武德"主要是指军人的责任、义务和担当。《左传·宣公十三年》载楚庄王之言"武有七德"，即"禁暴、戢兵、保大、定功、安民、和众、丰财"。这里已经将武德的范围扩大，是我国最早的也是内容最全面的武德标准。历代武术家都十分重视武德教育，尚武崇德乃武者之信条，是武术界共同遵守的道德准则。

换言之，武术不仅要追求精湛的武艺、功夫，杀敌立功，除暴安良，更要追求高尚的道德情操和精神境界，修炼身心，和众安民。少林武术主张"其上练心，其次健身，其下御敌"，与电影《一代宗师》提到的"见自己，见天地，见众生"，其义相通，皆在强调练武之人必有利他之道德，必有开阔的大境界。因此，武术不仅蕴含着精深的哲学思想、系统的技击理论、完整的锻炼体系，而且体现了中华民族丰赡的思想智慧和道德理念，表现出中华民族独特的人生价值观。具体可以从三个方面来说明。

（1）立身正直，谦和仁爱

所谓立身正直，是指品格高尚、胸怀坦荡、光明磊落、正气凛然。习武之人应不为权势所屈，不为利益所动，不为美色所惑。真正的武林中人都有一种凛然不可侵犯的堂堂正气，这就是武学精神的外在表现，"道"发于内而"艺"见于外。人不可有傲气，但不可无傲骨，武林中人应该具有这种蔑视世俗富贵利禄的傲骨。独立意识是武林人士立身正直的思想基础。他们不肖于为人所用，不肖于低三下四地去逢迎那些达官贵人。他们更习惯于天马行空，独来独往，宁可隐姓埋名，漂泊四方，甘心过着清苦的日子，而不愿去充当宫廷官府或豪门大户的鹰犬。

所谓谦和仁爱，是指习武之人必须具有相当的精神涵养，遇事要能忍则忍，在一般情况下不得与人交手，即使被迫应招，不到万不得已也不能骤施杀招。武术的形式是技击，技击的攻防格斗直接源于战斗，而战斗免不了流血、牺牲。因此，武术必然内含着残酷与暴力。但是，用武既然是一种社会行为，则必然有一定的社会制约性。两千余年来，儒佛道三教对中华武德的产生和发展都有过深入持久的影响，特别是儒家的"仁爱"，佛教的"慈悲"，道家的"无为"，皆成为习武者的道德判断和价值取向的文化之源。

武术的本质在立德。武术之"仁",表现在武家授徒上,即择人从严。武德与习武者的素质密切相关,故武林各派均主张接纳忠厚诚朴者,而拒收恶狠逞凶之辈。武术之"仁",体现在武技之运用上,则是通过武功切磋技艺,交流感情,达到"以武会友"之目的。因此,自古以来,武家较艺都主张"点到为止",不仗势欺人。以道为本,以技为末,人道为先,发挥水平,这是中华武德的一大精神传统。

（2）行侠仗义,重诺守信

侠义守信是武林中人的规矩。"千里赡急,不吝其生"为侠义,"言必行,行必果,已诺必诚"为守信。"义"是习武者必须具备的道德素质。大义当前,即使献出生命也在所不惜。自古以来,行侠仗义,以正义之力制止邪恶之暴戾,一直就是武林中人追求的人生理想。孔子曰:"君子以义为上,君子有勇无义为乱,小人有勇无义为盗。""义"是以国家民族利益为基本标准,为坚持真理、保卫国家利益和人民的生命财产不受损失的挺身而出之举。

司马迁《史记》中专作"侠客"列传,就在于侠者具有感人心魄的人格力量,不惜冒生命危险为大众扶危济困。墨者最重承诺,一言既出,舍命践行,以为立于天地间的信条。侠者的形象,往往是"不矜其能,羞伐其德",在功成之后还不求回报,不图扬己之名,自我张扬。侠者必出武林,而由于传统社会对武林侠士"救人急难"精神的推崇和宣扬,久而久之,在民间便形成了以"舍己助人"为荣的观念。这也是武林人士的又一大人生信条,成为武术的伦理观念和道德准则之核心。

侠义守信、急人所急,其行为的本身也包含有战胜自我和抗暴意识,意味着对社会不平的暴力反抗和对邪恶势力的惩罚。同时,它也包含着自我表现的冲动,包含着强烈的社会责任感,事后还往往留下自我欣赏

第三章
东/安/武/德/扬/天/下

东安民间武师　彭贞华摄

的余韵和不虚此生的欣慰。中国武术在民间具有如此强大的吸引力，除了它健身自卫的特殊功能以外，这种侠义之德也是重要原因。

（3）尊师重道，保家卫国

尊师重道是中国武术伦理道德的重要组成部分。也正是因为有了尊师重道这一武德规范，武术文化才能在漫长的历史变迁过程中得以持续发展。"尊师"指的是习武者尊敬师父长辈，虚心求教。"道"的含义有三层：其一是习武者自身的道德涵养、思想境界；其二是师父的传道授业；其三是练武精进的规律。习武者必须要在提高自身的道德涵养的前提下，接受师父的传授，认真探索练武的规律，在师父长辈的指点下循序渐进，以提高自身的武术修为。武术界各门派的师门规矩历来甚严，要求凡在本门习武之人，习武之前必先修其门规。当然这些门规在各门派之间形式上差别很大，但并没有质的差别。

过去弟子拜见师父要行叩头礼，拜见师门长辈也要行叩头礼，见同辈长者也须行礼，弟子不得违背师父长辈之言，不得无礼犯上。如弟子以后若有违犯门规，师父有权责罚，甚至将弟子逐出师门，这叫"清理门户"。历史上武术门派众多，各家自成一派，并师徒相授，绝不外传。因此任何一个武术门派，就好像一个大家庭。在这个大家庭中，师父具有绝对的权威，所谓"一日为师，终身为父"。

武术的一个重要的目的就是"强身卫国"。武术可以"寓军于民"，习武之人平时健身防身，一旦国家有难，则应赴国难，万死不辞。这正是《尉缭子·兵教》所说的"开封疆，守社稷，除患害，成武德"的本义。《左传·宣公十三年》言"武有七德"，即"禁暴、戢兵、保大、定功、安民、和众、丰财"，其中的前四德即与此有关。在讲究体力、武技的冷兵器时代，精湛的武功往往是单兵对抗的胜负关键。即使在科技高度发达的今天，士兵过硬的军事本领和良好的身体素质，仍然是军人的力量之源和士气之本。

3. 东安武德传统

美国芝加哥大学人类学家雷德斐尔德（Robert Redfield）在《乡民社会与文化》一书中首次提出了"大传统"与"小传统"的概念。大传统是指社会精英所倡导的主流文化传统，小传统则是乡村社会流行的支流或非主流文化传统。前者由社会上层、知识分子所代表，主要是由思想家、宗教家经过深入思考而提出的精英文化，而后者一般是社会普罗大众的下层民间文化。不过，大传统与小传统只能是两个相对的概念，二者并非决然对立，而是上下贯通、相互补充、相互转化。特别是在政治高度中央集权、文化"大一统"的中国传统社会，情况更是如此。在中国广大的民间社会，尽管保存着较为浓厚的乡土气息，但在价值观念和文化认同方面，始终与上层精英的主流文化保持了一致，同时又有较大的张力。

第三章
东/安/武/德/扬/天/下

中华武德亦可作如是观。古代思想家们提出的武德观念，无论是《尉缭子》所提倡的"开封疆，守社稷，除患害"的"兵教三德"，还是《左传》所提倡的"禁暴、戢兵、保大、定功、安民、和众、丰财"的"武之七德"，这些代表大传统的主流武德观念在民间社会其实一直被奉为圭臬，而且更具体，更"接地气"，更具强大而鲜活的生命力。东安武术之所以能够长期扎根于民间，并获得官方的支持，与东安人精武重德的传统是分不开的。如果说，中华武德体现了立身正直、谦和仁爱、行侠仗义、重诺守信、尊师重道、保家卫国等精神传统，那么，东安武德则是这一文化大传统中一个精致而生动的武德标本。

东安武德的第一个特点，就是恪守武德家风，不打第一拳。东安人习武率高，很多都是以武传家，子承父业，数代相继。过去的东安拳师，多是谨慎收徒，看重人品操守，人品不好，轻则败家，重则祸害社会。像水岭乡的冷山武术，从文荣珅拜师伍泥头开始，经荣、盛、成、德、华、绍六代，职业拳师不下一百人。这样世代习武的大家庭，必须先立家规，只有修身齐家才能服众。据了解，东安很多地方的习武家庭都有家训，如冷山的文家拳就一直保存了三百多年来完整版的武德家规。

文家拳从文荣珅开始，就定下了"十为"和"十不"的习武家规。家规也就是家训，意在防非止恶。其中的"十为"是正面的、积极的武术道德标准，包括"为强国习武，为社稷拼搏，为保民健身，为自卫练招，为扶正练功，为不平执言，为仗义疏财，为除暴安良，为忠良雪耻，为社会保安"。仔细考察，这十条标准实际上综合了古代兵家《尉缭子》的"开封疆，守社稷，除患害"的"三德"，以及儒家《左传》的"禁暴、戢兵、保大、定功、安民、和众、丰财"的"七德"，但去掉了"封疆""保财"，即练武不为做官、不为财利，显得更加质朴低调。另外，"十不"是反面的、消极的武德戒条，包括"不为敌用，不入邪帮，不助奸佞，不欺善良，不图淫秽，不恋酒色，不贪财贿，不忘侠义，不欺伤残，不称霸道"。这十条是对前面"十为"的补充，内容更加丰富，作为传统家训的条款更具可操作性和约束力。而文荣珅晚年提出的"习武本在健身，旨在保国，责在除暴，义在安良"四条，不仅具有家规的性质，更多是对整个文家拳弟子的训导，因而可以视为东安冷山的武德"四句教"。

　　文成仪后来又提出了"四理""八德"，这是对祖辈文荣珅"十为""十不"的继承和创新。其中的"八德"，含保家卫国、除暴安良、不为敌用、不入邪帮、不凌弱小、不称霸强、疏财仗义、不沾淫娼，有正面的、积极的训导，也有反面的、消极的戒律，实际上是对"十为""十不"的浓缩和简化。而"四理"，即习武者须明"生理、心理、物理、药理"，更有科学性。实际上，冷山文家拳的武德家规，不仅对整个家族的习武者有效，也对社会其他入门弟子有效，因此可以视为整个东安武林道德的一个范本。

　　东安武德的第二个特点，就是重家国情怀，位卑未敢忘忧国。"开封疆，守社稷，禁暴戢兵，定功安民"自古以来就是中华武德的优良传统，东安的武德家训中也向来强调"保家卫国，除暴安良"。而东安人尤其重道义，讲气节，常怀忠义必死之心，故能将中华传统武林爱国情操着上浓墨重彩。

　　东安自汉唐以来，一直是一个训兵出将的地方。自汉末开始置驿于此，五代时马殷窃据永州，设东安场。相传诸葛孔明曾屯兵于此，至今垒迹犹存，在东安紫溪河边的石崖上刻有"汉营古迹"四字。在沉香潭下半里的湘江边，有一绝崖，石壁峭立，江水湍急，不可攀跻。绝崖上有石匣，相传诸葛亮当年曾藏兵书于此，故名曰"兵书匣"。同时，东安地处偏远，汉族少数民族杂处，此地常遭土匪、"蛮夷"洗劫。所以，东安民众习武者多，不仅仅是为了强身健体，也是为了防御匪患、保家

第三章
东/安/武/德/扬/天/下

卫国。所谓"打不过东安",不仅指东安人习拳尚武之风盛行,更在于其精忠报国之心炽烈。

纵览东安史志,重义死节、为国靖乱的东安武林人士不胜枚举。从北宋初年"崛起草野,建功于时"的陈知邺,到元代"无所容奸"、以椎缉盗的托浑布,从明末"斩竹木为兵"、独身击贼的周志跃,到清代"发奸摘伏"、凛然殉县城的周而溥,他们的忠义之举展示了东安武林固有的家国情怀。特别是在晚清、民国时期,因平定太平天国和湘黔苗民之乱,东安武林一跃成为湘军中的佼佼者。其中,名列史册而具鼎鼎之名者,有平捻立下一等军功、授通永镇总兵、广东水师提督、恩加尚书衔的唐仁廉(俗名唐赖子);有大败汪海洋部,擒获幼天王洪福瑱,奏"江西战功第一","平苗数百战,未尝败北",奉旨赠太子少保衔兼敕湖南、江西、贵州各地省建立专祠的席宝田。至于席宝田之旗下,荣维善、龚继昌、苏元春、唐本有、唐麟、黄福彦、黄建盛、夏基洪、金国泰、席启庚、李本宜、向信玉、胡占相等名将皆以能征善战、威震敌胆著称,而他们中的绝大多数皆战死沙场。

东安武林中人多系草根细民,草民虽无权势,却有乡野的单纯质朴,甘于淡泊,重义轻利。而一旦遭受寇乱,强敌压境,或国是变故,边疆动荡,总能看到东安武林中人挺身而出,抗击强乱,以尽忠义。他们是东安武林的骄傲。

东安武术表演　张帜摄

第四章

德在青山绿水间

东安紫水国家湿地公园风光　文高平摄

- 生态危机根于人心污染
- 东安民众的"好生之德"
  1. "不捕下崽鱼，不打阳春鸟"
  2. "白竹九老"
  3. 红豆杉的"守护神"
  4. "湖南第一古树"
  5. "植物大熊猫"石山苣苔
- 东安的山水人文之德
  1. 帝德流芳舜皇山
  2. 画山秀水黄泥洞
  3. 万民称便广利桥
  4. 吴公造塔铸清官
  5. 邪不压正斩龙桥
  6. 誉满天下东安鸡
  7. "我心非石"沉香寺
- "绿色东安"与"美丽乡村"
  1. "潇湘第一生态城"
  2. "一核心六基地"
  3. 美丽乡村东安情

20世纪以来,由生态危机引发的人类生存危机业已成为世界性的困局。在人类历史上,就曾遭遇过因生态恶化而引发文明中断的事件。美洲灿烂的玛雅文明在生态环境的恶化中崩溃,迅速消失于无形。世界文明古国之一的巴比伦文明,同样由于生态的原因,被淹没在漫天的黄沙中。然而,在生产力水平相对低下的古代,生态危机毕竟还是局部的,即使影响到人类文明的进程,也主要是基于"天灾",大不同于今天多由"人祸"而引发的全球性生态危机。

现代生态危机是深度的并发症,它表现为物种灭绝、植被减少、水土流失、空气污染、不可再生资源的枯竭等。由于人类对自然环境的大肆破坏,自然物种的消失速度为单纯自然状态下的数百倍,全世界每天有75个物种灭绝,平均每小时就有3个物种灭绝。同时,被称为"地球之肺"的森林也正在成片地消失,现在正以每年1600万公顷的速度递减,已被割去了总数的2/3。地球失去了森林,陪伴陆地的只能是荒凉不毛的沙漠。海洋也传来了噩耗。由于人类的废弃物大量入海,海水中氮和磷的含量越来越高,形成大量"缺氧区",导致海洋生物无法生存,成为"死亡之海"。现在,很多国家都已经很难找到清澈的河流,正面临着空前严重的水荒。特别是严重的大气污染,让生活在城市中的人们再无新鲜空气可以呼吸。环境污染的沉重代价是疾病的成倍增加,怪病越来越多,癌症患者遍布城乡,医学科技的进步总是跟不上疾病的发展速度。

在中国,经过30多年的高速发展,我们在经济总量上达到了世界第二，但也为此付出了沉重的资源浪费与环境破坏的代价。最新统计资料表明，中国的土地污染总超标率达16%，水土流失严重；在全国100多个按新的空气质量标准监测的城市中，达标比例不到10%。其他各种生态失衡数据同样让人触目惊心。由生态危机引发的资源与环境问题已经成为制约我国经济发展的"短板"，并从经济蔓延至政治、社会、文化诸层面。严峻的生态现实正向人们敲响警钟：纯粹以追求GDP为目标的发展模式必须改弦易辙，人与自然的关系必须重新定位。

一　生态危机根于人心污染

现代生态危机的发生，尽管与现代科技、生产能力、工业化、人口过剩、资本扩张等有着直接的关联，但更深层次的原因，则是人类价值观念的偏离以及行为方式的失当。要想从根本上解决地球上的生态问题，还必须回到人类自身，尤其要从人类的精神深处寻找原因。"深层生态伦理学"强调，人类只有实现价值观和发展观的根本转变，走出西方"人类中心主义"的误区，善待自然，敬畏自然，才有可能实现人类社会的可持续发展。换言之，现代生态危机在根本上还是一种伦理道德的危机。

今天，人类正生活在一个物欲横流、消费至上的时代，人们最关注的是财富的多寡，是收入的高低，是人均GDP的大小，是经济主导下的消费主义、享乐主义。似乎谁也无法阻挡这个世界性的潮流，即人类在肆无忌惮地、毫无节制地消耗和浪费地球有限的资源，人与人之间盲目攀比，国与国之间冷酷竞争，义无反顾地追求着一种数字式的、符号式的物的消费和享受，不管这种物的消费和享受对其自身来说是否真的有必要。过度消费和享受已经成为今天这个时代的"流行病"，这是人类生存的悲剧，也是导致现代全球性生态危机的精神根源。

客观而言，人的正常的生活需求本身是无可厚非的，因为人的正常生存离不开必要的物质需求和满足，但是，这种对物质的需求和满足得有某种必要限度。一般来说，人对物的需求意愿可以分为"生存"的意愿和"奢侈"的意愿，满足"生存"的意愿具有正当性，体现着人类经济生活的理性，也是激发物质文明进步的动力；而满足"奢侈"的意愿则是无止境的，是生存需要以外的享乐和虚荣，这种意愿使得人们屈从于不断膨胀的欲望，永不停歇地追逐着超出自己实际需要的物质财富，其正当性则是值得质疑的。从经济学的角度说，如果消费不是为了满足人的正常生活需要，而是为了满足不可满足的欲望，那种消费虽然会产生某种生产效率和经济效益，最终却会造成自然资源的巨大浪费，从而滋生一种贪得无厌的享乐主义。从这个意义上说，现代的市场需要并非人的真实需要，而是由市场力量制造出来的"虚拟需要"。经济的全球化和世界市场的一体化正在把这种"虚拟需要"扩张到全世界的每一个角落，从而导致了现代生态问题的继续恶化。可以肯定，生态环境的恶化与人类精神的堕落实际上是同步进行的，生态危机的实质就是人类精神的危机。因此，生态危机的解决期待着一场真正的"精神革命"。这场"精神革命"的核心就是人类必须适可而止悬崖勒马，对日益膨胀的欲望进行降温。在这一方面，中国传统文化的"天人合一"思想和节制理念蕴含着有机、人性的宇宙观和节制、中道的生活观，其丰富的生态智慧，为现代人提供了一种可贵的"心灵环保"思路，为发展现代人与自然的和谐关系提供了一种古老而常新的生态智慧。

西方生态学家有一个普遍的看法，认为"人类中心主义"是造成现代生态危机的一大思想根源。在《圣经》的"创世说"中，人类被安置

第四章
德/在/青/山/绿/水/间

在宇宙的"中心",享有宰制万物的权力。[①]在主客二分和科技理性的助推下,人类这种宰制能力被不断放大,终于导致了宇宙秩序被严重破坏的灾难性后果。

不可否认,在西方的文化传统中,人既是"万物的尺度",又是"造物主"的"异己力量",人来到这个世界的目的不是为了"回报"自然,而是为了"改造"自然、"征服"自然。客观而言,人类到目前为止还是宇宙中最具智慧的生命,若将自身安置于宇宙万物的"中心",并不为过;问题在于,人类若过高地估计自身的地位和能力,将自身以外的一切都当成"对象之物",可以凌驾于万物之上,而非以万物的存在为自身存在的前提,这就将人置于"与物为敌"的境地,最终会受到自然规律的惩罚。比较而言,东方文化对生命和宇宙的理解迥异于西方传统,中国儒佛道传统宇宙观中往往有着主客混融的、整体的、有机的、人性化的特点。中国传统文化中的"自然",可以视为一种"有机的自然""人性的自然",而非一个完全独立于人自身以外的"客观世界"。在这种观念下,人类不过是生活于"天地之间",属于宇宙万物之中的"一物"而已,人类与万物的区别就在于能够"知性知天""赞天地之化育"。

中国传统的"天人合一"思想带有一种终极性的"崇天情结",具体又可分为敬天意识、顺天意识、法天意识和同天意识。《易传》的"与天地合其德,与日月合其明",即是敬天意识;"先天而天弗违,后天而奉天时",即是顺天意识;《老子》的"人法地,地法天,天法道,道法自然",即是法天意识;《易传》的"以通神明之德,以类万物之情",即是同天意识。从根本上说,中国传统的天人观念也就是人对宇

[①] 《旧约·创世记》上说:"凡地上的走兽和空中的飞鸟都必惊恐、惧怕你们;连地上一切的昆虫并海里的一切鱼,都交付你们的手。凡活着的动物,都可以作你们的食物。这一切我都赐给你们,如同蔬菜一样。"

宙、对天地万物怀有的一种特殊的"敬畏"意识，这种敬畏意识不仅在中国传统的农耕时代发挥了巨大的生态保护作用，即使在今天仍然具有不可替代的生态学价值。

二 东安民众的"好生之德"

孔子曾感叹："礼失而求诸野。"面对春秋时代上层社会的礼乐崩坏，他认为最好的办法是去民间寻找那丢失的礼乐文化。同样，在科技理性、现代科技高度发展的当今社会，似乎整个世界都沉浸在"人类征服自然"的胜利之中，完全忘记了人类不过是宇宙中的芸芸"众生"，不过是天地间的匆匆过客。如果说，现代人高估了自身的"征服"能力，把赖以生存的外部世界和客观环境当成可以任意处置的奴仆，日渐丧失了祖先们的"生生之德"，那么，要找回人类那固有的生态道德基因，也许只能来到淳朴的民间郊野。东安正是这样一处神奇的生态"保留地"。

中国的文化传统中，特别强调君子通过至诚之心参与万物的化育而终至"天人合一"的精神境界。其经典的表述莫若《中庸》所云："唯天下之至诚，为能尽其性；能尽其性，则能尽人之性；能尽人之性，则能尽物之性；能尽物之性，则可以赞天地之化育；可以赞天地之化育，则可以与天地参矣。"也许，在东安淳朴的百姓那里，压根儿就不懂得什么叫"天人合一"，什么叫"赞天地之化育"，但是在他们平常的生活中，却自发地坚守着自己内在的生态信仰，恰如老子所说的"百姓日用而不知"。如果你有幸走进东安的山水天地和那里的寻常百姓家，你会惊讶地发现，人与自然的和谐相处如同天造地设，在意外的收获中，一种"德在青山绿水间"的感叹油然而生，并怀着这样的诗兴情怀和强烈

第四章
德/在/青/山/绿/水/间

冲动，去捕捉、去挖掘东安山水人文中的德元素、德文化。

1. "不捕下崽鱼，不打阳春鸟"

走进东安，你会发现民间许多地方至今还保留了"忌食五味"的传统习俗。五味一般是指蛇、青蛙、狗肉、鲤鱼、甲鱼等动物。孙思邈《备急千金要方》有云："精以食气，气养精以荣色；形以食味，味养形以生力。精顺五气以灵，形受五味以成。若食气相反则伤精，食味不调则损形。是以圣人先用食禁以存生，后用药物以防命，气味温补以存精形。夫为医者，当然先洞晓病源，知其所犯，以食治之，食疗不愈，然后命药。"中医"食禁"并非要求完全断绝五味，而是从身体的阴阳调和出发，在适当的时候考虑禁止食用某些动物的肉。在民俗信仰中，之所以要忌食五味之物，一是它们都是灵性动物，吃了会扰乱自己的生物钟节律；二是吃了它们就会把寄生在它们身上的病菌、病毒吃到自己的体内而生病，并且很难医治。虽然这种饮食禁忌不一定完全符合现代"科学"，而且也不可能人人都能做到，但其效果与素食主义相通，在一定程度上起到了保护生态的作用。

东安民间还有"不捕下崽鱼，不打阳春鸟"之说。大约每年 4 月春夏之交，小河中的鱼儿处于产卵季节，许多村里自发地禁止捕捞。至于鸟类，民间有言"劝君莫打三春鸟，有子待哺盼母归"。林中的鸟窝是不允许随便去掏的，如果犯忌，是要遭"报应的"。这些民间禁忌其实与古代《周礼》的许多生态保护要求完全一致。何承天《达性论》上说："取之有时，用之有道，行火俟风暴，畋渔候豺獭，所以顺天时也。大夫不麛卵，庶人不数罟，行苇作歌，宵鱼垂化，所以爱人用也。庖厨不迩，五犯是翼，殷后改祝，孔钓不网，所以明仁道也。"所谓"不吃下崽鱼"，与"庶人不数罟""孔钓不网"相通；"不打阳春鸟"则与"大夫不麛卵"一致，都体现了推仁于物、顺天应时、取之有时、用之有道的生态学意义。

2."白竹九老"

东安多古树，几乎占永州地区古树总数的三分之一。根据林业部门的统计，湖南省古树名木多集中在永州地区，共有 7 万多株，主要分布在舜皇山、阳明山、都庞岭、九嶷山、福音山等自然保护区内，其中，树龄最长的古树是生长在东安县南桥镇马皇村罗汉山的一棵银杏，树龄为 2500 年。古树名木是反映当地生态环境优劣的晴雨表，是研究植物、地理、水文、气候、生态、文化的活标本，具有极高的历史、人文与景观价值，属于珍贵的森林资源，也是创建国家森林城市的一项主要考核指标。为什么东安还保存那么多的千年古树？这应该归功于当地百姓对古树怀有的神圣情感。

白竹古香樟树群　唐明登摄

古香樟八九人难以合抱　唐明登摄

  在永州，香樟树被列为"市树"，而东安井头圩镇的白竹村，保存至今的尚有13株千年古樟，其中的9株被当地称为"白竹九老"。据说，在宋代以前，白竹村的后山生长着一片白竹林，风水先生说这地方将来会出皇帝，有人坏了心眼，将连绵起伏的后山拦腰挖断，破坏了原来的"龙脉"，一块好端端的风水宝地变成了一片光秃秃的荒地。这就是"挑断天子岭，毁掉白竹山"的典故。为了子孙后代的前程，白竹村人从此改种香樟。这些香樟在村民们的精心呵护之下，克服酷暑严寒、虫蛀火燎等各种灾害，挺过了一千多个春夏秋冬，终于有九株香樟长大成林，成了远近闻名的"白竹九老"。

  白竹九老很高大、很古老。它们树枝互穿，树冠相连一体，形成一片宽广的绿荫，将4个村民小组20余栋新旧住房掩映在浓荫之下，偶尔露出几角灰黑的檐瓦。它们的树干粗壮，五六人合抱难围成圈，有些已经空心，里面可以住下人家。这9棵古樟除一株树龄约300年外，其他都在800岁以上，可谓与彭祖同寿。传说彭祖是颛顼的玄孙，历经唐虞夏商三个朝代，一生丧49妻、亡54子，屡遭忧患。《列子·力命篇》说"彭祖之智不出尧舜之上而寿八百"。这蔚为壮观、寿比南山的"白竹九老"自南宋活到现在，犹如睿智的老人，不知见证了多少代人的生老病死，满肚子装着人间的故事。

千岁古樟在江南留下来的不多，如此成群且长寿的就更少了，其生命力堪比西部大漠深处的胡杨。胡杨是一种古老而长寿的树种，据说在一亿多万年前，地球上就有了它的身影。有一位诗人赞曰："你活着，一千年不死；死后，一千年不倒；倒下，一千年不朽。"胡杨能够在炎热、缺水的沙漠中生存，是因为有着不屈的灵魂、铮铮的铁骨和顽强的生命力。虽然，树可以战胜恶劣的自然环境，却难以战胜恶劣的人心。20世纪50年代的那场"大炼钢铁"，不知毁了多少古树，而"九老"居然挺过了那场灾难。香樟全身都是宝。它的枝可以用来炼铁，它的干是很好的木材，它的根是提炼樟脑的原料，它美丽的外表更是江南一带极好的风景林。老人们说，曾经有人欲砍下这"九老"来炼铁，还有人欲高价收购树根，更有人愿意每株出价60万元欲搬其进城。但是白竹村的人，始终没有被金钱诱惑，没有为权势所屈服。

3. 红豆杉的"守护神"

红豆杉又称紫杉，是250万年前第四纪冰川时期遗留下来的珍稀濒危物种。它属常绿乔木，生长缓慢，再生能力差，繁殖困难，是世界上公认的濒临灭绝的天然珍稀抗癌植物，被誉为"植物活化石""植物黄金"。我国已将红豆杉列为一级珍稀濒危保护植物。

在东安县舜皇山国家森林公园的塘家梯田，一棵生长了1300多年的红豆杉，被林业部门在古树名木普查时发现。这棵红豆杉伫立在村头，一根主干上分了三个枝干，高耸挺拔，苍郁遒劲，顶天立地。其枝

第四章
德/在/青/山/绿/水/间

头缀满了红彤彤的红豆，层层叠叠，晶莹剔透，鲜艳夺目。经测量，这棵红豆杉树径2.2米，树高35米，冠径12米，需要5个成年人才能将树抱住。这是全县迄今发现的树径最大、年龄最长的南方红豆杉，非常珍贵。

据村民介绍，这棵1300多年的、最大的红豆杉是母树，离母树左右各300米还有两株树龄1000多年的子红豆杉，三棵树呈直线排列，被村民戏称"一母两子"。古红豆杉的周围是塘家梯田，所在的村庄郁郁葱葱、古木参天、层峦叠翠，村里有上百年的银杏、猕猴桃、野生核桃，茂盛的油松、栎树、云杉，成林的铁杉、槭树、桦木、冷杉。

住在古红豆杉旁的村民廖秋亮自豪地说，这棵古老的红豆杉树被当地视为"神树"，能给村民带来好运，村民们会向它祈祷五谷丰登、身体健康，对它敬重有加。1958年"大炼钢铁"，附近的大树都被砍了，有村民动刀要砍红豆杉，才砍了两刀，被他家四兄弟誓死阻止。从那以后，廖秋亮一家主动看护这棵红豆杉，谁也不敢动红豆杉的一枝一叶，他家成了名副其实的红豆杉"守护神"。

古红豆杉每年秋冬之际会结出很多红豆，吸引大量鸟儿来啄食，但村民不会爬上树去摘取，只在树下

1300余年野生红豆杉　鲁契摄

捡拾红豆，用来泡酒。如今，随着这棵千年红豆杉的发现，古红豆杉周围的塘家梯田已是闻名遐迩的"摄影村""写生村"了，每年来这里采风的摄影师、画家和游客不计其数。村里也加大了对古红豆杉的保护力度，为红豆杉树挂了保护牌，明确了保护责任人，规定任何人不准折其枝叶、采其果实。

红豆果

1300年古红豆杉高大挺拔、顶天立地 唐明登摄

第四章
德/在/青/山/绿/水/间

4."湖南第一古树"

在东安县南桥镇马皇村罗汉山上,生长着一株2500岁的老银杏树,被称为"湖南第一古树"。据专家考证,这棵古银杏为春秋战国时期当地的古越人所栽种。经测量,古银杏树径达3.84米,冠幅为东西20米、南北22米,树高20米。明末清初,主干曾被雷劈断,由于保护得当,才得以幸存下来。现在的这棵古银杏有多个分枝,貌似好几棵树生长在一起。

自明朝以来,这棵古银杏就被当地人奉为"神树"。群众还在古银杏树旁修建寺庙,每遇大事或逢重要节气就去膜拜,以沾千年古树之灵气,保佑长命百岁,健康平安。

银杏俗称白果。这棵古银杏能挂果千斤,每到果实成熟的时候,必择良辰吉日,全村老少聚集采撷,分享"千年白果"。人称尝食此古银杏的白果有强身健体、养颜美容、降压减肥之特效,为纯天然保健食品。罗汉山上的白果素有"神果"之美誉。

湖南第一古树·马皇银杏王 唐明登摄

古银杏王　文高平摄

林业专家称，由于这棵古树生长在山坡上且树冠面积较大，容易招风，如不及时加以保护最多还能存活200年。为此，东安县林业局将古银杏列为重点古树名木，多次邀请专家到现场会诊，制订出专门的保护方案，加大保护力度，设立财政专项资金，建立检查督察工作机制，做好古银杏的长效管理保护工作。当地村民更是对这棵祖祖辈辈留下的古银杏奉若神明，自发制定《村规民约》，其文曰："在树干上刻画、钉钉、拆树枝、采摘果实等损害影响古树生长行为的，罚款500元。"村民们不仅不敢动古银杏一枝一叶，还希望林业部门每年能定期为这株古树进行"体检"。村民的虔诚呵护永远是这棵千年神木的"护身符"。

5. "植物大熊猫"石山苣苔

近年来，一种被生物界称为"植物大熊猫"的报春苣苔在东安被发现。据报道，2013年东安县舜皇山升级为国家级自然保护区，中南林业科技大学的专家组对舜皇山国家级自然保护区和东安紫水国家湿地公园进行科考，意外地发现报春苣苔分布点46处，数量达3100株。它们盛

第四章
德 / 在 / 青 / 山 / 绿 / 水 / 间

开着紫色花朵，均匀分布在岩溶的入口，一簇簇地生长在岩石上，色彩斑斓，娇艳欲滴。同时，在东安紫水国家湿地公园"李家湾"的一块巨大石山悬崖峭壁上，还发现了一种以往从未见过的报春苣苔新物种。该物种由于栖息在石山的断崖层上，生存环境特殊，所以命名为"湖南石山苣苔"。

湖南石山苣苔　唐明登摄

报春苣苔为多年生草本，属苦苣苔科植物，主要分布在广西、云南、广东三省，在湖南极为少见，除湖南宁远外，其他地区尚未出现。该物种对生长环境要求极高，只能生长在海拔约300米的石灰岩密林阴湿处，或熔岩洞穴入口处，生长环境一旦破坏即难以生存。目前，绝大多数报春苣苔种类处于濒危状态，被国家林业局列为极小种群，是第一批国家一级重点保护野生植物和国家一级濒危植物，被誉为植物界的"大熊猫"。专家称，报春苣苔的发现，表明东安紫水国家湿地公园生物多样性丰富，生态环境良好。这里的植被覆盖率达90%，群山围绕，层峦叠翠，高耸的峭壁伟岸壮观。当地的村居安静祥和，还保持着比较原始的生活方式，清澈的溪水绕村而过，古木参天、小桥流水、炊烟袅袅犹如世外桃源。

当地长期以来就有良好的环境保护意识。村民说："我们这里不准砍树，不准挖野生植物，山好，水好，空气好。"为保护报春苣苔的栖息环境，东安县相关部门积极跟进，专门划定了报春苣苔分布区域，设立

报春苣苔　文高平摄

了濒危珍贵物种重点保护区，明确经费、人员专门管护，并定期开展巡查。县林业局还尝试报春苣苔的人工培育，在珍稀植物园内成功种植选育出 10 多株报春苣苔。

《易经》云："天地之大德曰生。"古人将爱护生命看成是天地之间最伟大的道德。正是因为东安民众淳美的爱生、护生意识，这方的山水才能最大限度地彰显人性的光辉。

三　东安的山水人文之德

山水即人文，天地之大美只能在人心中映现。《易经》以阴阳为"立天之道"，以仁义为"立人之道"。人类之所以能够成为与天地并称的"三才"，就在于能以法天之德而"为天地立心"。中国传统美学多将对自

第四章
德/在/青/山/绿/水/间

然山水的崇拜升华为一种崇高的审美境界。儒家以山水比德智。孔子提出"知者乐水，仁者乐山；知者动，仁者静；知者乐，仁者寿"，强调山水的道德属性。这种"比德"的山水观，将人的品格、气质、胸怀与志趣都同自然界的山水联系起来。道家追求"道法自然"。庄子提出"天地与我并生，万物与我为一"的生命哲学，追求人与自然的和谐交融。禅宗更是提倡"青青翠竹皆是法身，郁郁黄花无非般若""溪声尽是广长舌，山色无非清净身"，即使从"无情"之物中亦能体悟人的本真存在。诚然，在自然生态遭到人为的严重破坏的当下，山水之美已经不能简单地视为审美的存在，而应该视为人类的道德责任。换言之，人类若能德配天地，则福泽万类；反之，若德缺人奸，则山穷水恶。

唐代诗人刘禹锡有诗云："山不在高，有仙则灵。水不在深，有龙

大庙口镇风光：大庙口镇因舜帝大庙所在而得名 文高平摄

则灵。"东安的山山水水在舜风楚韵中旖旎数千年，成为当代东安德文化的重要载体之一，应该说既是历史遗风在青山绿水间的传承，同时那点缀在湘楚腹地的无限风光也淋漓尽致地彰显出东安人的厚德载物。也许我们无法完整地重现东安那德配天地的历史画卷，却可以走出书卷，在乡间的万水千山中去追寻那养在深闺人不识的人文之美与山水之德。

1. 帝德流芳舜皇山

舜皇山因中华始祖五帝之一的舜帝南巡驻跸而得名，是全国众多名山大川中唯一一座以帝皇名号命名的千古名山，距东安县城29公里，于

舜峰日出　李才政摄

第四章
德 / 在 / 青 / 山 / 绿 / 水 / 间

1992年被评为"国家森林公园",2010年被列入"国家自然保护区"。

舜皇山原名红云山。《永州府志》载:"东安近九嶷,因舜皇巡狩所经也。"相传舜帝南巡,被这里的绮丽山水所吸引,流连忘返,驻跸于此,狩猎、捕鱼、耕作,福泽于民。舜帝后来崩于苍梧之野,民众为纪念、祭祀他,便将此山更名为舜皇山。在东安民众的心中,舜皇山永远是一座丰碑,享有特殊的地位。山因人而显,人因山而彰,浑然天成,东安也因此成为中华道德文化的重要发祥地。

从华夏民族的文化起源来看,舜帝被公认为中华民族的人文始祖之一。舜皇名重华,亦称虞舜、舜帝,是继唐尧之后的又一贤君,为"三皇五帝"之一。根据国家"九五"期间"夏商周断代工程"的攻关研究

厚德东安　中国德文化之乡

洗礼·舜皇山卵石　文高平摄

舜皇山雪景　蔡小平摄

娥英织锦瀑　张帜摄

舜皇山顶峰　文高平摄

第四章
德/在/青/山/绿/水/间

成果,夏代的始年为公元前 2070 年。那么,将帝位"禅让"给夏禹的虞舜所生活的年代,当与此相隔不远。《史记》明确记录舜 61 岁即帝位,在位 39 年,活了足足 100 岁。由此推知,舜帝生活的年代为距今 4100 年前后的上古时代。

按《尚书》所载:"德至舜明。"《史记》亦载:"天下明德皆自虞帝始。"可知舜帝就是中华民族道德文明的始祖。舜以躬行孝悌而闻名于时,推行"父义、母慈、兄友、弟恭、子孝"的家庭伦理,强调尊卑有序,德法并举,以家庭伦理为基础化导社会,整合政治与法律制度。楚简《唐虞之道》篇云:"爱亲忘贤,仁而未义也;尊贤遗亲,义而未仁也。……爱亲尊贤,虞舜其人也。"儒家的爱亲尊贤,将家族和睦之道与政治尊贤之道相结合,即由虞舜开其先河。

在舜皇山的巅峰石壁上刻有"舜峰极顶"四个大字,字迹苍劲挺拔。山巅建有天宁寺,西面有"仙人桥",北面有"盘古庙",西南有

溪水如玉 文高平摄

"龙王殿",御陛源有"白云庵",山麓有"舜庙""金凤山寺"。此外,"舜皇岩""舜皇庙""舜石桥""女英溪"等诸多景点皆与舜皇相关。由于在山麓溪口修建了祭祀舜帝的大庙,人们在此聚集成乡,并取名为"大庙口"。在东安人的心中,舜皇山是舜德广播民间的象征,是东安德文化的源头和缩影。

舜皇山层峦叠翠,谷幽峰险,瀑布纵横,熔岩壮丽,山、水、石、林巧合成景,岩、泉、树、藤自然成趣,实为天作之胜,令游人叹为观止,被誉为"天然佳境""人间仙境"。园内有飞珠溅玉、气势恢宏的瀑布22处,有古木参天、树藤难辨、野趣横生的原生次森林5300多公顷,有可开发的溶洞13个。有湖南第一高峰"舜峰绝顶",有亚洲最长最高的"城墙石",有"宫宫有景宫宫秀,洞洞含情洞洞香"的舜皇岩。还有舜

舜皇岩

第四章
德/在/青/山/绿/水/间

皇栖身之地的天宁寺遗址,有寇准、解缙等历史名人的题诗碑刻,有扶汉武帝登基的邓禹的祠庙,有南朝礼部尚书邓三凤的陵墓,有清朝著名建筑广利桥,有为纪念陆定一1934年11月带领红军小分队经过此地,写下名篇《老山界》而建造的"陆公亭",有供游客览胜、避暑、休闲的瑶台山庄。游人赞曰:"徐福何处觅仙境,此处正是蓬莱山!"

2. 画山秀水黄泥洞

坐落在东安县鹿马桥镇的黄泥洞是美丽的,她美就美在山,美在水,美在至今还流传在民心中的"黄泥洞文化"。

黄泥洞的山,奇形怪状,谷深坡陡。从地图上看,它像一只蝙蝠。皂水凼工区、黄泥洞森林公园驻地,就是蝙蝠的心脏。这里海拔相对较低,山民于此居住,设寺建房,有了一些山居的气息。南北两块,是蝙蝠展开的翅膀。虽然沉默几万年,但始终保持着展翅欲飞的姿势。黄泥洞系越城岭向北延伸的余脉。南翼,从县城的边沿抹过去,把川岩、鹿

天生一个黄金洞 文高平摄

马桥一部分藏在翼下，然后在翼上长出皱褶，长出山脉，长出沟壑，长出雄浑和挺拔的高山。北翼，向北过新圩江和大盛西境，沉于邵阳白仓。这里沟壑纵横，地势高峻，山民跋山涉水，耕耘着皱褶里的山间盆地，收获山里的春夏秋冬。

深入黄泥洞的山，就会被陡峭险峻的青峦所征服。这里的山峰，平均海拔800多米，两平方公里比高就达到了500米。河伯岭、牛头寨、许家山，更是山中骄子、洞中美女。河伯岭位处东安、新宁、邵阳两市三县交界之地。主峰长冲大岽，海拔1400多米，极目远眺，自然"极目不知千里远，举头唯见万山低"，"无尽千山胜，都归一揽中"。牛头

鹰将军　文高平摄

第四章
德/在/青/山/绿/水/间

岩鹰扑水大瀑布　蒋学赛摄

寨有"一线天"似的峡谷，有层层叠叠、节理清晰的"书岩"，有高宽十数米、四四方方、有棱有角的"石镜"，给游人以无限遐想。特别是峡谷，两边山插云霄，岩陡如壁，惊险神奇，有"千帱百幛凌空来，琼楼玉宇珠门开"之势。许家山是黄泥洞最美的地方，"雄、奇、险、秀、幽、旷"全有，虫鸣、鸟叫、瀑吼、风啸、泉唱、竹笑，让人跻身艺术的殿堂，给诗人和音乐家以无穷的灵感和创作源泉。

黄泥洞的水，桀骜不驯而又团结协作，一片明媚。有人说，黄泥洞是"养在深闺人不识"的青春少女，具有"夭桃丽质闭月容，风韵独具醉秋冬"的无穷魅力。然而，它如果离开了水，这分姿色便不复存在。因为在这里，山和水是风景的因子，有山无水或有水无山，都不会有风景。要看桀骜不驯的水，牛头寨的峡谷是最好的去处。这里有无数的飞瀑，它们或如白绢飘舞，或如仙女甩袖，或如金丝钓鱼。当然能成为风景的，非皂水凼瀑布莫属。皂水凼瀑布有102米高，由三级组成，上面青龙吐珠，中间流金撒玉，下面如烟似雾。如果你站在瀑布下抬头仰望，你便会发现，它简直就是美人脸上散开的一缕湿发，让人忍不住伸手把玩抚弄。要看沉静的水少女，那就不需要费多大的劲，看看金江水库就行了。它在黄泥洞的入口处，是众多桀骜不驯之水汇流集聚的结果。库内集雨面积102平方公里，有效库容1500多万立方米。它被崇山峻岭和大坝锁在"蝙蝠"的身子里。这里水如明镜玉带，山似潜龙骏马。看山，一幅静穆淡远的山水画，把层层叠叠的远山近树呈现在眼前；赏水，一条晶莹剔透的银蛇，将山倒映水中，鱼在云中游，鸟在水里飞。诗人说："汀兰流翠芷含娇，十里清江泛画桡。短棹轻篙冲浪去，渔歌声里乐逍遥。"这里的水不吵不闹，碧绿荡心，清净养心，与世无争，只把静美奉献给人类。

黄泥洞的文化，神奇、原始而又质朴。单黄泥洞这个地名，就有好几种说法：皇帝垌、黄泥洞、黄金洞。有人说这个地方本来叫皇帝垌，

第四章
德/在/青/山/绿/水/间

历史上东安一直有天子山出皇帝而未成功的传说，后来由于山民害怕殃及无辜，一直低调处世，对外只说这个地方叫黄泥洞。这样一不引人注目，二又可安居乐业。再后来，因为山中蕴藏着丰富的矿产资源，坡上生长着成片的竹木树林，遍地是"宝"，所以又叫"黄金洞"。

黄泥洞的文化很久远。除了天子山的传说、黑子唐方起义，还有不少文人墨客到此一游。元朝宰相蒋兆兰曾登河伯岭，写下了《登河伯岭》诗；宋代诗人胡知汉爬上牛头寨，写下了《登牛头寨》诗；民国初期，唐生智将军的军师顾伯叙在这里修建了"兴隆寺"，寺内设长老、韦驮、僧值、知客、管堂、香灯等，规模宏大，最多时有僧徒800余人，县里的佛寺，都由这里派驻住持。

兴隆寺　蔡小平摄

黄泥洞是东安县长期重点扶持的生态示范区。这片自然净土既得益于当地民众自古以来与世无争的生活情趣，也得益于政府管理部门对生态保护的严格执法。在自然环境遭受严重破坏的今天，黄泥洞"永恒的美"极好地诠释了东安的生态文明。如果说，舜皇山是东安最具代表性的道德人文之山，那么，黄泥洞则是东安人民千百年来追求天人和谐的生态环保之山。

3.万民称便广利桥

东安有很多有名的桥，唯独广利桥堪称"至德"。

广利桥位于距东安县城20公里的东溪江上，今属紫溪镇塘复村。清乾隆年间，塘复小镇的富豪兄弟文石昌、文石宝乐善好施。当时的东溪江两岸，土地平坦、肥沃，是东安的鱼米之乡，两岸百姓情同手足，但由于河流的阻隔，很多百姓不得不借助于渡船以通往来。为方便两岸村民的生活交流，经商往来，逢"十"赶圩，免受摆渡之苦，文氏兄弟先后于东溪江上出资修建了三座桥梁。三桥之中，有一座最美、最好、最奇，设计精巧完美、造型别具一格，300年来经受了无数次山洪的冲刷和风雨的侵蚀，依然横跨在东溪江上。这座桥就是"广济行人，万民称便"的广利桥。该桥因带走廊天罩，所以也叫"花桥"。

广利桥全长36.8米，桥身3拱，桥高7米，桥宽4.5米。拱脚纤细，落水处仅0.33米，桥拱内填黄土，故有"金鸡脚，豆腐腰"之称。这样的设计，既减轻了桥身的重量，又弱化了洪水的冲击。自东沿17级石阶拾级而上，可见石阶中镶嵌的9只石刻金蟾，俗称"九只金蟾"。桥上有重檐小青瓦长廊，共四柱三间17个穿斗式柱梁结构，号"七十六根柱头"。三架梁做成云状，中间为走廊，外檐设防护栏杆，柱头间置木凳供人小憩。长廊中部有阁亭、歇山顶、三重檐，木廊屋面盖小青瓦，

第四章
德/在/青/山/绿/水/间

两端是三重檐的牌楼式阁亭，平面呈八角形状，正脊和翼角上置神像、麒麟、鳌鱼等泥塑，檐下有拱，布局疏朗匀称，檐枋上绘有鱼状花纹，结构严谨，造型精美，富有地方特点。曾有"七十六柱九金蟾，广利桥名天下传"的诗句咏赞此桥。

广利桥南北有东溪江纵贯，西面是广阔的田野，清清的河水从桥下流过。桥映水中，三个浑圆的桥洞，令人遐思无边；沿河两岸，桃红李白，杨柳依依，秀木扶疏。旁边有永东公路连接县城和舜皇山国家森林公园。月明星稀之夜，两岸百姓齐聚桥上，看"风月无边，东坡放鹤"，

广利桥　李新民摄

赏"山川如画，司马乘轩"。行人或"广交游，到此闲谈风月"，或盛赞文氏兄弟修桥"利行旅，于斯补就江山"。青年男女于此纳凉，谈情说爱，不知有多少"廊桥遗梦"沉淀在历史的烟尘之中。桥修通了，文氏兄弟虽然鲜为人知，但他们积德行善的美名却化作了广利桥之魂，在历史的长河中熠熠生辉。

据考证，广利桥建于清乾隆三十八年（1773），光绪二十年（1876）重修。1983年2月被列为县级文物保护单位，当年10月被列为省级文物保护单位，1984年开始先后5次对其进行了抢救性维修。目前是永州境内保存最好的一座古廊桥。

4. 吴公造塔铸清官

位于紫溪市镇紫水河北岸的吴公塔，始建于清乾隆庚申年（1740），该塔以造型奇特、结构严谨、牢固结实被誉为"清溪第一景"。此塔的来历，与清乾隆年间被称作"天下第一清官"的荆道乾因缘颇深。

荆道乾，字健中，山西临晋县人（今晋阳市），乾隆二十四年（1759）举人。他一生多在湖南为官，历任麻阳、龙山、东安、永顺、慈利、靖州等地的知县，推行仁政。因他大胆除陋习，

吴公塔　唐明登摄

第四章
德/在/青/山/绿/水/间

清冤案，很受当地百姓敬重和拥戴，曾被湖南巡抚、大学士刘墉盛赞为"天下第一清官"。

吴公塔最早由东安县令吴德润修造，当时的规模很小，据说只有三层，没有命名。乾隆三十四年（1769），荆道乾在原有的基础上重建吴公塔。新塔高30米，八方七级，内实为六层。每层每方均有券门，且两两相对，第一层用青石建成，底层各门门额用不同书法刻"吴公塔"三字，第一、二、四、六层为平座，第三、五、七层为腰檐。平座、腰檐下都用青砖从塔身向外叠砌承受重力。平座铺青石板，立石柱护栏以供游人登临。塔檐的边线中部内凹成弧线，线条优美流畅，远望塔座塔檐就像套在塔身上的装饰，美观耐看。塔顶无论是覆钵还是相轮，亦都用青石建成。每层内空间用青砖叠砌成八角形轿子顶，最为奇特的是第六层空间顶部是圆筒形直通塔顶，直径0.5米，透光明亮，设计匠心独具。第三层空间墙壁上嵌有四方石碑，其中两方为县令吴德润、荆道乾所题刻。荆道乾所提的是一首七律：

层塔凌云锁阁东，盘旋高瞰楚江空。
回浪紫水文光射，绕群青山秀气中。
四野桑麻歌帝力，半溪桃李笑春风。
宦游漫说登临美，伫看而今一篑功。

塔建成后，荆道乾认为自己只有"一篑"之功，为纪念前任县令吴德润的政绩，便特意将此塔命名为"吴公塔"。荆道乾不署"荆公"而署"吴公"，不提现任而提前任，彰显出一代清官的谦让之美与高风亮节。

游人进入塔内，就像进入立体式的迷宫。前人总结登塔的经验是"右上左下"，即上去要从右边卷门上，下来要从左边卷门下，否则，想上去上不了，想下来下不了。转来转去，本来是想上去的，结果反倒下来了。足见该塔设计建筑之奇特。也因为这座塔，民间才有了"宝庆狮子东安塔，新宁牌楼盖天下"的佳话。

"吴公塔"是东安官德文化的一个缩影。她数百年来坚固地矗立在紫水河边，透过那历经沧海桑田却又巍峨厚重的背影，让人看到了在东安这片土地上成长起来的官员们那待人谦让、实干兴邦的官德品质。这种品质代代传承，就像那座从历史的风沙海浪中走出来的"吴公塔"一样，恒久流传，风雨难撼。

5. 邪不压正斩龙桥

芦江，晋时名为应水。应水之北有古镇，时设应阳县治，是东安最早的县城。芦江穿镇而过，把小镇切为大街和小街，并赋予它诗一般的名字，即现在东安县芦洪市镇。俯瞰芦江，它宛如一条玉带，蜿蜒在青山绿地之中。阳光下的"玉带"闪耀着翡翠色的晶莹，在薄雾中升腾起出神入化的缥缈，在雨水中跳跃着生命的浪花。

"桥"是芦江上一大景致。芦江的河水不宽不深，却常年流水潺潺，清波涟漪。石拱桥不高也不大，经历了800多年的风风雨雨依然屹立，不偏不倚，不陷不倒，任凭过客匆匆，人来人往。这座石拱桥始建于宋朝，取名"斩龙桥"，建桥的动机无须解释。桥长56米，宽3米，高4米，桥拱为3孔，半圆形，是湖南省尚存最早最好的三座石拱桥之一。整座拱桥全都用青石垛、青石砖、青石板筑成，未用其他材料，更没有钢筋水泥或别的构件，全赖能工巧匠的智慧和汗水来筑建，全赖砖块之间相互拱挤形成的整体合力来承重。整座桥给人之视觉冲击乃大气的青黛色，显得十分古朴、素雅、凝重、坚实。

桥两旁的民居建筑，多为两层的木柱木壁结构的商铺或住房，青砖、青瓦、木板雕花门窗，过年过节时悬挂红红的灯笼，或大红大紫的对联、年画，或艾叶、菖蒲。河岸屋前屋后生长着茂盛的樟树、槐

第四章
德/在/青/山/绿/水/间

树、枫树以及各类乔木,最常见的乃是杨树、柳树,这两种喜水植物长得特别丰茂,尤其那千千万万的柳丝在微风的吹拂下,极婀娜极炫耀地垂挂于河面上,招惹得小鱼小虾嬉戏追逐,招惹得满河清波笑逐颜开,悠悠东流。

站在任何一个角度,观赏石拱桥及其旁边的屋舍、树木,都会让人入神,让人陶醉,让人浮想联翩。石拱桥的色调与风格跟周边的房屋、树木堪称绝配。

石拱桥桥面高于街面,桥的两端均是十来级青石条砖铺砌的台阶。此桥只能步行,不可通车,这便保证了桥体不被超重承荷,不被拥堵。此桥上的繁华程度与使用频率,桥面的青石板就是最权威的印证者。那凹陷下去几公分且异常光亮的青石板,见证了熙熙攘攘的热

斩龙桥　蒋学赛摄

闹，体验了千百万双脚板的亲昵，领受了人心的炎凉冷暖。白天，路人在桥上来来往往不计其数，心中的欢喜与忧伤毫无保留地用轻快或沉闷的脚步传递给石拱桥，石拱桥神圣地充当着与过客心连心的纽带。夜晚，当炎炎夏日的燥闷困扰乡亲，石拱桥便敞开清凉的怀抱予以接纳，街坊周边的男女老少，尽可以在桥上休闲纳凉，谈古论今，说笑打趣，看月圆星稀，听河水欢歌，疲惫和烦忧不知不觉随小河流水远远带走……

石拱桥桥面两边均以方形石柱和宽大的石屏围砌，美观大方，人行走在桥上感到十分安全。每根石柱上蹲着一只雕技精湛、造型精巧的石狮子或石桃子，这些饰品非普通之物，充满了传奇色彩。据说，有了这些石狮的护卫，降暴雨发洪水时，兴风作浪的孽龙就不敢经过石拱桥。如果偶有瞎眼龙或胆大妄为的孽龙混水穿拱，桥上的石狮会奋不顾身砸将下去，必将孽龙砸死，保护桥身安全。所以，民间传说，桥上缺的两个石狮就是为砸死孽龙而跳进河里的，是保护石拱桥的英雄。也许你会觉得这样的民间传说有些不怎么靠谱，但联系斩龙桥附近著名的"九龙岩"，又让人觉得"斩龙"之说其来有自，"邪不压正"不正是民众内心根深蒂固的信仰吗？

更为奇巧的事情也发生在这座古老的石拱桥上。2005 年，有关专家发现桥左侧上方第七级台阶角一块不起眼的石头上，竟然刻着奇特的文字"女书"，成为迄今为止首次发现纸质、布质以外的女书文字实物。据说，这块石头是 1978 年从河底搬上来的。残碑属乳白色花岗石材质，共有排列规则的 20 余字及字痕，作为一种神秘的古文字，女书在

斩龙桥上的女书碑刻

第四章
德/在/青/山/绿/水/间

此前尚未找到流传三代以上的作品实物,而此次发现的石刻女书至少经历了数百年,甚至更久远。沉淀着历史文化底蕴的老石桥,因此愈加显得厚重而珍贵。

如今,小镇交通日益发达,集市已迁往新区,老街日渐冷落,石拱桥似乎褪去了往日的光环,失去了昔日的宠爱。可老石桥仍然始终如一地坚守在岁月的河边,任凭日升日落,月缺月圆,躬身相迎,泰然处之;任凭岁月更替,风雨雪霜,依然故我,宠辱不惊。许多人说不出这座石桥的名字,便称为老石拱桥。其实,它有一个用了一千年的响亮的名字:斩龙桥。在许多人心里,名字并不重要,重要的是对老石拱桥的那份依赖与情感。

6. 誉满天下东安鸡

也许你没有想到,斩龙桥所在地芦洪市镇是"东安鸡"的正宗产地。这道菜本名"陈醋鸡",还是厨师"不小心"发明的。话说西晋永熙元年(290),芦洪市这个地方正好是应阳县(今东安县的前身)的县治所在地。时任县令为县衙挂匾,举行了隆重的庆典仪式,各乡父老前来祝贺,请当地名厨操刀把勺,大摆宴席。按照当时的风俗,正规的酒席到了第五道菜就是鸡肉,叫"鸡开口"。那一次的"鸡开口"吃起来有点酸,这一酸,酸开了食客的胃口。散席以后,县令把厨师叫去,问他怎么想到在鸡肉里放醋调味?厨师忙跪在地上说:"大人恕罪!我不是故意的,当时很急,错把陈醋当料酒放了,无奈中为了除醋味,我立即加了一些花椒、生姜。下不为例,请县令大人恕罪!"县令大笑,高兴地说:"恕什么罪呀!起来起来!大家都说这放了醋的鸡真好吃!我叫你来是要嘉奖你!"从此,一道名菜"陈醋鸡"的做

东安鸡

家养土鸡　唐明登摄

法就在民间传开了。

清朝末年，湘军名将席宝田因镇压太平天国和贵州苗民起义立下奇功，清廷特封席宝田为光禄大夫，授"太子少保"。席宝田晚年称病归乡，住在离芦洪市不远的伍家桥。一次，曾国藩、左宗棠、刘坤一等到席宝田家做客，酒席中上了这道"陈醋鸡"。家厨为了增加鲜味，特在"陈醋鸡"里加了些陈年乳豆腐汁，这样做出来的"陈醋鸡"不但酸辣可口，而且香脆有余。曾国藩等人吃了，赞不绝口，左宗棠问及菜名时，席宝田本想说"陈醋鸡"，可又想到这名字太土，支支吾吾。曾国藩灵机一动，说："这是席宫保家的特产，就叫'宫保鸡'吧！"左宗棠、刘坤一附和道："对！名将家里出名菜，宫保鸡，好名字！"从此，这道菜就传到了宫廷。

北伐战争期间，唐生智任北伐军前敌总指挥。北伐胜利后，唐生智在南京设宴庆功，酒席间出了一道"宫保鸡"。他的私人厨师是伍家桥人，在厨艺上更加讲究。首先选用的鸡必须是没有生过蛋的雌鸡，重量不超过一斤半；制作时火功恰到好处，保持鸡骨头里的血呈鲜红色；在刀法上，一只鸡除了内脏，一共切成十六块，摆在盘子里，正好是一只完全的鸡。唐生智的部下和同僚吃过之后，都说，这道菜造型美观，色泽鲜艳，肉质鲜嫩，酸辣爽口，肥而不腻，食多不厌，香气四溢，营养丰富，香、甜、酸、辣、嫩、脆六味俱全。问这菜叫什么名，唐生智正要开口，在旁的军师顾伯叙提醒说："家乡风味家乡菜。"唐生智会意："这是我们东安的特殊菜，叫'东安鸡'。"唐生智外交广，待客常以"东安鸡"做压席菜。郭沫若在《洪波记》中提到：抗日战争时期，

第四章
德/在/青/山/绿/水/间

唐生智在长沙水陆州的公馆里设宴招待了他，其中，东安鸡的菜味特佳。1972年2月，美国总统访华期间，毛泽东设宴款待尼克松，席间也有东安鸡这道菜。尼克松边吃边夸，回国后，还大加赞赏东安鸡味道绝佳。今天，这道历史悠久的湖南传统名菜享誉南洋、北美、约旦、马来西亚、日本、新加坡等地，居八大湘菜之首，被列入国宴菜谱。

7. "我心非石"沉香寺

"天下名山僧占多。"自佛教传入中国后，佛教便与名山秀水结下不解之缘。在山林幽深、云雾缭绕的地方，总能发现梵音阵阵、香火缭绕的佛教寺庙。真所谓佛因山显，山以佛名。东安的尖峰岭、黄泥洞、天子岭、舜皇山皆为佛教名山，拥有天宁寺、沉香庵、兴隆寺、福隆寺、文昌塔等十多座寺塔。这些佛教名山寺塔不仅记录了佛教在东安的发展，也是各代文物荟萃的场所。历代的建筑家、雕塑家、绘画家、书法

沉香寺　高世祥摄

家等能工巧匠，都在这里留下了他们的杰作。

在东安县渌埠头村的尖峰岭上，湘江北岸不远处有一座山，横立在"湘江第一湾"的正前方，山上有一座寺院，名沉香寺。生活在这里的人们每日能听晨钟暮鼓，可观落日余晖；有山为靠，有水为依。沉香寺位于"潇湘十景"之"香潭渌水"所在地，因悬崖边上有一高大沉香树而得名。该寺建于清乾隆四十八年（1783），有正殿3座，两房横屋各4间。砖木结构，上盖琉璃瓦。前殿是关圣帝君殿，内有关云长、关平、周仓等烫金塑像，塑像前一口直径1.5米的大铁钟。中进是大雄宝殿，有3尊大古佛像，有一个烧香纸的大铁鼎；两侧有十八罗汉和二十四诸天菩萨。后殿是观音殿，有清同治八年（1869）建造的石塔，叫飞鸽塔。塔型七层六面，高12米，座底直径为4米。横屋内设禅座和诵经堂，有弥勒菩萨和齐天大圣像。寺前临江悬崖处有一石像观音，清道光十五年（1835）錾成，神态慈祥。寺后石壁上刻有"我心非石"四个大字，每字2尺见方，笔力沉穆雄浑，至今清晰。

沉香寺前的沉香木相传为舜帝南巡时亲手栽种，后长大成林，远近

沉香寺古碑刻　唐明登摄

第四章
德/在/青/山/绿/水/间

飘香，成了舜帝送给东安的"十宝"之一。沉香木沉积形成的香脂，被列为众香之首，能驱秽避邪，行气镇痛。清乾隆四十八年（1783），傍沉香木建一庵，取名"沉香庵"。当时，山脚下的渌埠头小镇是古盐船码头，商贾云集，船只来往穿梭，白天帆影片片，夜晚渔火点点，人们用"日有千人朝拜，夜有万盏明灯"来形容沉香庵曾经的繁华。"文化大革命"浩劫中，庙宇被毁，唯石塔幸存。宗教信仰自由政策落实以后，经过慧正、广壖（台湾）、慧闻等法师举大众之力，多方筹措，在政府的支持下，重建旧制，并将"沉香庵"更名为"沉香寺"。

沉香寺是一座集山、水、诗、石、字于一体的艺术宝库。凡是到过沉香寺的人，都赞叹沉香寺不仅是一座精致典雅的圣殿，更是一幅诗意盎然的山水画卷。游人香客到此，万般风景归眼底，千秋浩气入胸怀，犹如置身世外桃源。如此宁静清幽的千年古寺，自然天成的风水福地。寺中斋堂门联"一粒米中藏世界，半边锅里煮乾坤"以及石壁上"我心非石"的佛家禅语，让人顿生感慨：沉香寺不仅有一方独特风景，更是一部不易悟透的经卷！

如今，沉香寺已是东安着力打造的"禅德"基地，"我心非石"的石壁禅语预示着盛世中的佛教再次迎来普度众生的辉煌。

四　"绿色东安"与"美丽乡村"

东安的德文化既是历史的，更是现实的，重在当下，着眼未来。历史只能说明过去，当下的传承与未来的发展才是硬道理。如果说，东安丰厚的山水人文景观见证了它那历史的辉煌，那么，在全国上下高度重视生态文明建设的当下，东安县决策层关于"绿色东安"与"美德工程"的战略规划及其实施，更是展示了东安山水之德的旺盛生命力。

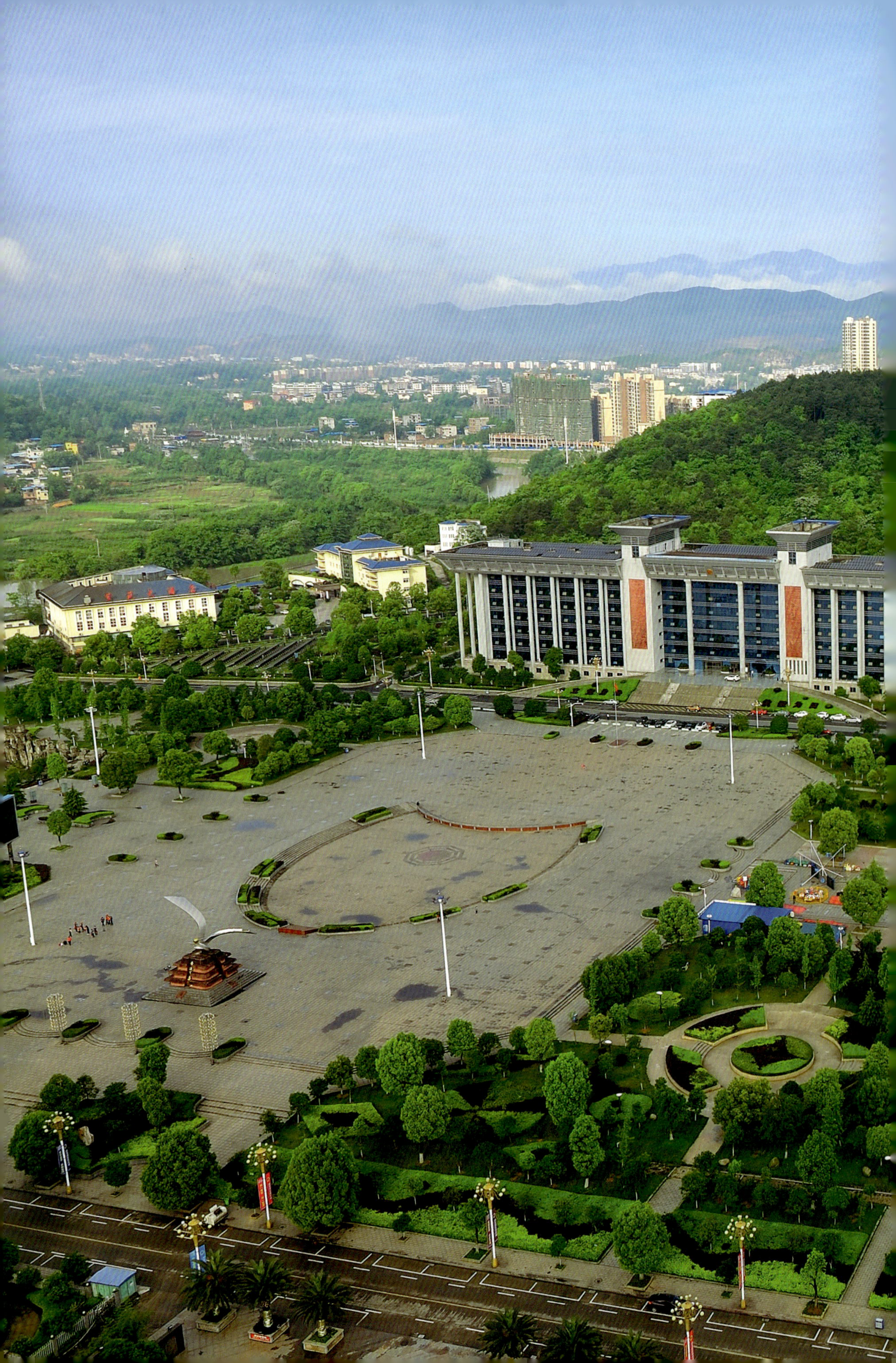

绿色东安 唐明登摄

紫水河碧水如镜　唐红艳摄

1."潇湘第一生态城"

"万树江边杏，新开一夜风。满园深浅色，照在绿波中。"这是唐代诗人王涯的《春游曲》。如果你有幸到东安踏春，也许能写出更具魅力的"寻春诗"。无论穿行于舜皇山下，还是漫步于紫水河畔；无论徜徉于乡间田野，还是流连于市井小镇，你一定会为那里苍翠的树木，清澈的河水，处处宜人的景色所陶醉。这是东安县长期以来坚持生态立县，建设绿色东安，换来的"山绿、水清、天蓝"的真情实景。

据统计，东安县森林覆盖率达70%，年空气质量优良天数达到330天以上。近年来，东安县围绕"山清水秀地干净，环境优美人宜居"的目标，突出绿色经济、绿色路网、生态城镇3个重点，大力推进"绿色东安"建设，"十二五"期间先后开展了"五年绿色行动"、"三边"绿化、秀美村庄建设等特色主题活动，重点抓好湘江、紫水河、芦江河、湘江电站平湖、紫水河平湖等绿化带建设；构建绿色路网，建设城乡

第四章
德/在/青/山/绿/水/间

"绿道",在邵永高速、G207线、冷东公路、湘桂铁路复线、县城公路环线及全县通乡公路等交通干线开展"绿色走廊"建设,公路沿线可视范围实现全程绿化。

2015年,东安全年完成植树造林3.01万亩,累计投入造林绿化资金3.83亿元,完成绿色通道建设162公里,义务植树100万株,种植大苗13.6万株。县财政每年还拿出专项资金,购置各类苗木,支持乡镇绿化建设,各乡镇植树绿化的热情高涨,争先开展绿色城镇、秀美村庄建设。目前,全县创建了2个省级生态乡镇、5个市级生态村和20

野生鸳鸯在东安县高岩水库"安家落户"　刘子祥摄

禾雀花　文高平摄

紫水河畔白鹭翔集　郭松燕摄

167

紫水河风光　易光辉摄

个"美丽乡村"旅游示范点，乡村旅游成为新业态。

东安还突出抓好县城扩容提质，紧扣率先建成"潇湘第一生态城"的宏伟目标，坚持经济效益、社会效益和生态效益相结合，坚持东安历史文化和地域景观相结合，注重经济要素、生态要素、文化要素和体验要素的整体融合，遵从自然的轴向景观序列，以路为轴，以山为势，以水为脉，以林为屏，着力构建"以三河（紫水河、龙溪河、官田河）为轴，一河带两岸"的生态体系，将舜帝的博爱文化和自然山水景观注入城市建设，绘就一座宜观、宜游、宜居的生态园林城市。

近年来，东安县规划建设了人民公园、金鸡岭公园、苍子岭公园、石林公园、崇德广场、明德广场、厚德广场、入城广场、体育坪健身广场等多个集休闲、娱乐、健身于一体的绿色休闲公园，以及总长度7.6公里的紫水新城紫水河南岸风光带、沿江西路紫水河北岸风光带、官田河东岸风光带、新吴公塔绿化带4条风光带。县城完成大树进城4万株，城市主干道绿化率达到95%以上；完成"三边绿化"7400亩，建成8.7公里冷东公路标准化林带，国、省干线公路绿化率达100%；县城的绿化覆盖率达45.5%，县城人均公共绿地面积达8.9平方米，均高于全省36.79%、8.76平方米的平均水平。

与此同时，东安县不断强化环境监管，大力推进环境监测标准化建设。"十二五"期间，全县新扩改建项目都严格坚持了环境影响评价审批制度，按照审批权限，市、县环保部门共审批各类建设项目41个，环保执行率达100%，否决包括氧化锌、电解锰、铁合金在内的环境污染项目12个。开展环保专项行动，出动执法人员1200余人次，依法对污染严重的紫溪樟油厂、李昌宇松木制浆造纸厂、紫溪造纸厂等8家企业予以关停，淘汰或关闭金江水库冶炼厂、石鼓冶炼厂、红鹰电解锰厂等9家涉重金属污染企业。

通过持续推进绿色东安建设，今天的东安，绿色在延伸，生态在不断发展中展现出勃勃生机和活力，连呼吸时都能感觉到一种甜甜的味道。

2."一核心六基地"

2014年4月，中共东安县委办公室印发关于《东安县打造"中国德文化之乡"工作方案》，提出建设"中国德文化之乡"的工作目标，着力打造东安德文化的核心载体，高起点规划，高标准建设，充分融入德文化元素。经过一年多的酝酿，2015年5月，中共东安县委办公室、东安县人民政府办公室印发关于《东安县全面深化"中国德文化之乡"建设工作实施方案》，主要目标是突出"一核心六基地"的德文化载体建设，深入挖掘东安传统德文化，积极塑造新时期德文化，大力实施"美德工程"，进一步营造全民重德氛围，在全县范围内真正形成"崇德、厚德、树德、行德、弘德、明德"之风，放大东安"中国德文化之乡"

品牌效应。"实施方案"围绕两大任务展开：

一是打造德文化核心载体。以东安紫水国家湿地公园成功进入国家试点为契机，按照生态建设、德文化建设、园林城市创建与县城建设融合发展的理念，把聚德沙洲湿地公园作为德文化的核心载体，按建设国家"5A级"景区的标准，努力打造一个上档次、有品位的德文化绿色休闲湿地公园。进一步建设好崇德广场，继续加大力度引资兴建石林公园和舜皇大庙，逐步将紫水河县城段两岸打造成"十里德文化景观长廊"。

二是建好德文化宣教展示基地。舜管局、县文广新局、县民宗局、县体育局、县住建局和县城管执法局分别负责建好舜皇山、树德山庄、沉香寺、江东武校及水岭冷山村、新吴公塔和新广利桥等德文化宣教基地，在县内形成舜德、树德、禅德、武德、官德、民德六大德文化宣教展示基地。

"一核心六基地"的规划和建设是东安打造"中国德文化之乡"的重中之重。"一核心"，即以县城为中枢，对紫水国家湿地公园内的聚德沙洲文化公园、紫水河两岸的十里德文化长廊、县城的各个公园和广

德文化十里长廊规划图

场，进行综合性的重点布局。"六基地"，即对县城周边和其他乡镇的主要德文化景点作分区网络布局，建好舜皇山、树德山庄、沉香寺、江东武校及水岭冷山村、新老吴公塔、新老广利桥等舜德、树德、禅德、武德、官德、民德六大德文化宣传基地。

东安紫水国家湿地公园于2015年1月14日以全省评分第一的成绩全票通过省级评审和国家评审。国家林业局日前正式批准东安紫水国家湿地公园开展试点工作。紫水湿地公园位于东安县中部，规划范围主要以紫水河和高岩水库为主体，包括紫水河两岸人工湿地和高岩水库周围部分山地。湿地公园的湿地类型包括河流湿地和人工湿地，湿地面积685公顷，湿地率为62.5%。

"聚德湿地文化公园"位于东安县新城腹地，紧邻紫水河畔的东安县政府，是县城中心绿地，总面积约为249亩。聚德湿地文化公园沿河北临滨江路，北岸是东安县城新城，滨江风光带有多个入口可抵达河滩；南岸为朴实的原始村落。从高空俯视，聚德湿地文化公园既像一个镶嵌在紫水河中的金元宝，又像一只觅食的竹鸡，连接着东安这座古城

紫水天然浴场　唐明登摄

的历史与未来。聚德湿地文化公园暂规划为七大部分，包括字为路、人为碑、聚德楼、德观园、德方印、武德林以及生德池。这一规划方案旨在突出东安县作为中国首个"中国德文化之乡"的独特性与本土性。

其中，"字为路"的设计理念，属国内首家（国内只有图案设计），展现出东安德文化的唯一性与地域性。孔子说："道之以德，齐之以礼，有耻且格。"故将公园内的人行道路设计成两个字："福"和"德"，蕴意为"向天祈福"及"向天祈德"，突出"到东安，走福地，福人居福地""到东安，走道德路，做有德人"的理念。"人为碑"则将中国历史上的有德之士"请"进聚德公园，路前段为"民德"代表人物，路后段为"官德"代表人物，将聚德公园打造成一个爱国主义和中华优秀传统文化教育基地。"聚德楼"是游客游玩休憩、接受德行教育、了解东安历史的主要集散地，以书画展览为主。"德观园"是一处以植物群为主体架构的景观设计，把"礼、贤、义、孝、忠、馨、廉"等德文化精髓

第四章
德/在/青/山/绿/水/间

融入植物花卉设计中。"德方印"是公园内建的一处碑刻石群,在大块的整石上刻上与德有关的名言名句,如"种德收福""有德乃立""德不孤,必有邻"等。"武德林"内将汇集各种风格的武术雕像,不仅有真人大小的写实铜像,还有抽象形态的石雕,以此来展示东安武术之乡的"武德"风采。"生德池"则寓意君子有"好生之德",凸显人文关怀。池中设放生台,此处禁钓。

"十里德文化长廊"是"一核心"的又一亮点。它东起县城步程大桥,沿紫水河西至湖塘大桥,全长5.6公里,包括东安东站门口崇德广场,沿途经城口的武德广场、官德标志新吴公塔、民德标志新广利桥、"中国德文化之乡"景石、紫水国家湿地公园景石、聚德湿地文化公园、滨江国际新城休闲步道、沿江西路风光带中的博爱广场、武德广场、沙滩公园、游泳池、爱情岛、四园一带、明德广场、湖塘大桥北侧风光带等。目前建成的有崇德广场、新吴公塔、新广利桥、中国德文化之乡景石、紫水国家湿地公园景石,基本建成的有博爱广场、武德广场、沙滩公园、四园一带,在建的有明德广场、聚德湿地文化公园。

德文化十里长廊(博爱广场)段　唐明登摄

厚德东安 | 中国德文化之乡

中国德文化之乡景石　唐明登摄

新广利桥　唐明登摄

新吴公塔　周宁敏摄

如今，漫步在县城十里德文化长廊，空气清新，凉风习习，赏心悦目。这里不仅是极好的休闲去处，更是德文化教育的基地。新吴公塔、新广利桥，向市民展示东安的官德和民德文化，博爱广场则展示"德圣孝祖"舜帝的孝道和德政。博爱广场本着"让爱广播人间，让德行走天下"的思想，体现舜帝南巡驻跸东安，被美丽的舜皇山等自然风光吸引，心生自然之爱；被勤劳朴实的民众所感动，赐给东安"十宝"，心

第四章
德/在/青/山/绿/水/间

湿地公园景石　唐明登摄

二妃雕塑　唐明登摄

舜帝雕塑　蔡小平摄

博爱广场景石　蔡小平摄

舜帝南巡图　蒋学赛摄

生苍生之爱；娥皇、女英不辞辛劳，千里寻夫，泪染大阳川水而成紫水，泪滴翠竹始有斑竹，留下感天动地的夫妻之爱。

"六基地"是深度挖掘东安德文化底蕴，实施"诚、和、孝、善"，进一步提升全民道德素质的"美德工程"之一。所谓"六基地"，即分别建好舜皇山、树德山庄、沉香寺、江东武校及水岭冷山村、新老吴公塔、新老广利桥等舜德、树德、禅德、武德、官德、民德的六大德文化宣教基地。这一工程建设已粗具规模。进一步的规划主要有：

建造天下第一碑——"功德无量碑"。采用巨型舜皇山山石作碑，碑上书"功德无量"四个大字，记录舜帝的事迹，体现其天下第一功德的影响，置放于舜皇山入口处。碑体刻舜帝十二德"仁、义、礼、智、信、忠、孝、悌、节、恕、勇、让"，并刻舜帝践行的"父义、母慈、兄友、弟恭、子孝"传统五伦。设计"德"的logo（徽标）和门牌坊、指路牌，凸显舜帝的"德圣"形象。

树德文化基地坐落在芦洪市赵家井村的树德山庄，是唐生智故居，民国十六年(1927)初建，为国家重点文物保护单位。山庄坐东朝西，四

全国重点文物保护单位"树德山庄" 胡慧川摄

第四章
德 / 在 / 青 / 山 / 绿 / 水 / 间

周用围墙围住，占地面积 27000 平方米，建筑面积 5000 平方米。目前主要建筑有主楼、贵宾楼、侧房、门楼、配房、连廊、卫兵房等。门楼为中式建筑，主楼、洋楼融中式和西式建筑风格于一体。山庄以正厅中央为轴线，以主楼为中心点，各建筑依大门和中轴线两侧对称排列，各建筑之间由间墙、天井相隔，错落有致，疏密得当，具有中国传统民居对称布局的特点，为我国 20 世纪初民居建筑的代表之一。

唐生智与唐生明两兄弟是东安在中国近现代史上最为耀眼的将门双星。抗战时期，两兄弟以不同方式与日寇斗争，展示了一代武将鸿儒的家国情怀。在国民党的高级将领中，唐生智与唐生明是唯一没有向共产党开过一枪一炮的。湖南和平解放，两兄弟深明大义，力倡起义，功不可没。一门两将，彪炳千秋。唐生智在树德山庄度过了他的童年、少年以及解甲归田之后的最后时光。中堂上面悬挂一块匾额，上书"祖德流芳"四字，表达对祖德庇佑的感激与缅怀之情。堂联"忠孝节廉绳其祖武，农桑诗礼贻厥孙谋"，点出唐氏的文武传家，希望后人进一步积德扬善，知书达理。

作为爱国主义教育基地，树德山庄未来规划的重点是山庄文化品质的提升。将在唐生智的书房列出其生前阅读过的书籍与书目，利用现代科技展现民国时代人物的物质与精神生活，展现唐生智将军的"崇文尚武""文武双全"及其"爱国主义"情操。通过观看 10 分钟左右东安德文化内容的微电影，宣传东安崇文尚武的母土文化特质。在前坪种植花草，在花团锦簇中进一步提升树德山庄的生态环境和文化氛围。

官德文化基地和民德文化基地分别以吴公塔和广利桥为代表，进一步宣传弘扬"吴公造塔"的官员谦让之德与"兄弟搭桥"的民间为富施仁之德。尤其值得一提的是，东安的民德文化极为丰富，除了修路架桥之外，历代乡贤们组织老百姓修凉亭、盖寺庙、建祠堂风气甚浓，截至1988年县内尚存40处凉亭。这些都是"与人方便、行善积德"的本土德文化活教材，需要进一步挖掘整理。

禅德文化基地定于沉香寺。寺庙文化的亮点在于"巧于因借"，借历史传说、典故，借地形与环境营造禅意。规划包括四部分：每年八月十五日举行"观香潭、闻天籁、悟禅意"的大型佛事；常年开展"禅修班"活动；设计属于自己的logo（徽标），广泛在信笺、招牌、印刷品上使用；建"藏经阁"，位列最高处，供游人参学。

江东文武学校和群众性武术开展广泛的水岭乡，是东安的武德文化基地。江东文武学校是一所全日制民办公助学校，作为"全国群众性体

江东文武学校武术表演

第四章
德/在/青/山/绿/水/间

江东文武学校表演

育先进单位",该校在历次武术套路比赛中获奖众多,已进入全国"十强"行列。目前的规划是,东安武校不仅要在当地办,还要走出去办,以办"东安武术连锁学校"打造东安武术文化品牌,让东安武术、武德进一步走向全省、全国。设计武德logo(徽标),开展"东安武校与湖南各大院校共建校园文化"活动,让"东安武术"成为湖湘大学校园里重要的一种校园文化。鼓励以武校为基地,撰写与武术有关的拳技、拳理、小说、剧本。

"美德工程"是与"一核心六基地"配套的灵活打造工程,主要措施包括:

与中国伦理学会以及中南大学、湖南大学等国内著名大学、国学研究机构进行广泛合作,举办丰富多彩的系列活动,组织道德模范巡回演讲,开展"八进八建"活动,持续开展德文化进农村、进社区、进机关、进企业、进学校、进家庭的活动。

美德红榜

弘扬优秀传统　表彰美德模范

为认真贯彻落实《关于在全县开展"美德工程"建设的实施方案》（东办〔2015〕15号）文件精神，大力弘扬中华民族优秀传统德文化，表彰"诚、和、孝、善"美德模范，践行新时期社会主义核心价值观。经村民推荐，村两委考察，村民代表大会民主评议，现将我村评选的"美德"模范予以红榜公布：

邓栋生　教子有方，对子女教育严格，两个儿子考上大学，如今都已成为优秀的领导干部。

邓国生　夫妻情深，多年来悉心照料卧病在床的妻子。

邓义元　为人正直，处事公道，是非分明。几十年来为村民义务调处家庭矛盾纠纷数百起，在群众中威望高。

邓卫民　助人为乐，乐善好施，多年来热心为本村群众操办红、白喜事百余次，深得全村人的好评。

邓中义　尊老爱幼，家庭和睦，视儿媳为亲生女儿，当家三十余年，家庭从未闹过矛盾。

邓孟亮　诚实守信，邻里关系融洽。从不计较个人得失，十多年来一直从事该services，为本村群众廉价提供了出行方便。

邓林英　勤俭持家，孝顺老人，十多年来，精心照料年迈多病的公公、婆婆。

邓宏元　尊敬长辈，乐于助人，二十年来帮助照看邻居毛竹英老人的日常生活。

易秋云　心地善良，有孝心。出嫁到邓家几十年来，从未与公公、婆婆红过脸。

赵姣英　善良贤惠，三十年如一日，无怨无悔地照顾年迈多病的公公、婆婆。

邓启琢　热心公益事业，十多年来，无偿为村民送信、传递邮件，天天坚持打扫村里公共场所卫生。

大庙口镇石瑞村党支部、村委会

　　大力培育先进典型，组织道德模范、孝贤模范、诚信企业、最美家庭、最美媳妇等"十大评选活动"，以"诚、和、孝、善"为重点，大力实施"美德工程"，推出美德红榜，着力推介一批德文化先进单位、示范乡镇和模范人物。对通过"美德工程"建设活动评选出来的先进单位、美德模范，进行表彰，公布"美德红榜"。

　　完善宣传教育平台，形成浓厚的德文化宣传氛围。一是完善媒体传播网络平台。利用县内媒体，开设"德在东安"栏目，刊播各类道德名言、故事，解说道德文化的传统内涵与时代精神，组织新闻工作者到基层采访，报道各类德文化先进人物事迹。二是完善德文化公益广告平台。创作设置一批孝亲敬老、勤廉节俭、诚实守信等主题鲜明、创意新颖、生动感人的户外公益广告。三是建立典型示范引领平台。

　　建立健全激励机制，推进德文化建设持续健康长效发展。制定鼓励弘扬德文化之乡建设政策，对通过开展各类活动涌现出来的各类先进典型，要在贷款、就业、创业扶持等方面给予优惠政策支持，努力在全社会营造崇德、修德、树德、守德、行德的良好氛围。

加强组织领导，为德文化建设提供坚实保障。进一步加强建设"中国德文化之乡"的组织领导，充实精兵强将到领导小组办公室工作。同时，加大对德文化之乡建设的资金投入，县财政每年投入资金用于软件建设，鼓励民间资金投入德文化硬件建设中来。

未来东安的德文化建设还要做升级版。根据《东安县"中国德文化之乡"建设中长期总体规划（2015—2050）》，2020年完成第一期建设任务，力争2030年达到德文化硬件设施一流、软件建设领先的目标。

3. 美丽乡村东安情

2014年，东安县以"看得见青山绿水，记得住乡愁乡情"为主题组织开展"美丽乡村"评选活动。各乡镇从539个行政村推荐88个名额参加评选，县"美丽乡村"评选协调小组通过组织县摄影家协会、作家协会、美术家协会的会员用两个月时间实地考察，调研认证，最后组织专家投票表决，共评选出20个美丽乡村。这些优选出来的美丽村庄虽然各具特色，但有一个共同的特点：崇德向善，民风朴实，保护古迹，爱护自然。

甄选出的20个美丽乡村，全方位、多层次、宽领域地展现了东安的风土人情、民风习俗和一个让本地人自豪、让外地人向往的幸福田园美景，唤醒了全县人民对自然和历史关系的思考。"乡愁是一碗水、乡愁是一杯酒、乡愁是一朵云、乡愁是一生情"，这一句句亲切质朴、感人肺腑的唱词，拨动了人们的心弦，震撼着游子的心灵！乡愁和梦想关乎每一个人，文化乡愁就是要保有我们乡土文化的生命之根，在赓续传统中走向未来。"文"是有形的刻痕，"化"是无形的教化，文化是相继传承的带有社会性的生活方式，它是一种情怀，也是一种影响力，更是一种实力。"美丽乡村"评选活动，不仅是通过这种方式彰显东安特有的风采，更是企图唤醒人们迷失已久的乡土记忆，通过这些美丽乡村的村风村貌、村民的发展状态、日常生活劳作场景以及自然山水的细致刻画，以期在这一过程中延续和发扬那逐渐被淡忘的传统文化和乡村余韵。

无论是错落有致的水上石林，还是参天独秀的银杏树王，或是碧水蓝天的湿地风光等，都可以说是完美地展示了东安这片土地那奇美不俗的自然山水。这些乡村或许没有现代都市的繁花似锦，但却保留了最为原始的山野葱郁；这些乡村或许没有城市街头的人流如织，但那夕阳下的牧童杏花也足以让人震撼；这些乡村或许没有大街小巷的霓虹闪烁，但是那些点缀在夜幕下的烛火也同样使人看到未来的美好生活。下面就让我们走进东安的美丽乡村，去领略一番那迷人心醉的自然美景吧。

水上石林　蔡小平摄

塘家梯田　李新民摄

在大庙口镇紫云山上的塘家山工区，可以说是"紫云有大美，多彩塘家山"。这里，梯田跳跃具有灵动之美，见证了塘家山人们的勤劳与智慧。这里，木屋砖路呈现朴拙之美，乡民们淳朴和善，守望相助，友爱和睦，"亲帮亲、邻帮邻"，村里洋溢着亲密无间的人际关系。"为人处世两件宝，和为贵让为高"，"结君子千年有义，交小人转眼无情"，这些淳朴的话语都是先民们在漫长的生活经验中总结而来的谆谆教诲，字里行间都洋溢着智慧的光芒。

走进塘家，首先映入眼帘的便是两座峻峭而又独立的山峰，似宝塔般散落在田野之间，仿佛是这片山野的守护神；婀娜多姿的塘家梯田则缠绕在山腰，梯田整齐有序，线条丰富多彩，赋予其一种迷人的动态美，那长长的曲线和波浪线，仿佛天上飘落的缕缕彩带，撒在错落有致的田野间，增强了田园的造型美。

除了梯田，这里翻滚的稻浪、"七星伴月"和千年红豆杉都是十分难得的景观。秋天来了，田野里一片金黄，一阵微风吹来，层层梯田翻滚着金浪，沉甸甸的稻穗摇摆着身躯，仿佛一个个黄色精灵在穿插起舞。七块圆圆的稻田宛如七颗耀眼的星星紧密缠绕在一块形似月亮的稻田周围，形成了精美绝伦的"七星伴月"景观。千年红豆杉，伫立在村头，一根主干，上面分了六个枝干，高耸挺拔的树干，苍郁遒劲，顶天立地。红豆杉枝头缀满了红彤彤的红豆，层层叠叠，晶莹剔透，鲜艳夺目。

被誉为"桃源胜境"的上界头村位于东安县川岩乡，位于东安与邵阳市新宁交界的分水坳山头上的一个山间盆地。村庄四周被葱茏苍翠的大山所环抱，犹如睡在摇篮里的一个婴孩。村庄有四条通向山外的路。南面的一条路通向白牙市，西面的一条可抵达新宁，西北的一条可到黄泥洞林场，西南面的一条可以到井头圩。有人这样说：走进上界头，就像走进了世外桃源。因村处的山势地形极像一头卧地休息的耕牛，杨家

将军棋上杜鹃花海一角　蒋学赛摄

秋醉乐子冲　史万清摄

院、蒋家院等自然村落分置在牛头、牛背、牛尾等不同部位，当地流传歌谣："牛卧上界头，顺水又顺风。"

　　这里地形独特，环境优美，别有洞天。山上1500余亩的楠竹常年郁郁葱葱，从北边将军棋山岭间奔流而下的玉溪水淙淙流淌，如诗似画，是一块藏在深闺的旅游处女地。春夏之际，上界头漫山遍野的杜鹃花竞相绽放，远远望去一片花海，高山低谷层林尽染，可谓美不胜收。村内主要景观有：青石板高山古道、乐子冲吊脚楼、青龙寺古刹、观音圣水井、将军棋、杜鹃花海等，已被列为中国工笔画写生基地、东安县作协文学创作基地、东安县摄影家协会摄影基地。此外，上界头村与黄金洞村、石板铺村连成一线，正在形成寿文化基地。寿星李桂英老人今

厚德东安 | 中国德文化之乡

116岁寿星李桂英老人　郭松燕摄

第四章
德/在/青/山/绿/水/间

年（2016）已达 116 岁高龄。

"银杏之乡"袁家村位于大庙口镇南部高山区，这里远离城市的喧嚣，山清水秀，民风淳朴，夜不闭户。进入袁家村，首先映入眼帘的是四通八达的石板路，据村里的老者说，这些路的历史可以追溯到清朝。走在干净的石板路上，呼吸着新鲜空气，感受着青山环抱。到村口，几株具有上千年历史的银杏树的出现，像是在欢迎远方而来的客人。它们形态各异，相互映衬，虽历经千年历史，仍散发出勃勃生机。一到秋天，金黄色的叶子甚是好看。行至村庄深处，放眼望去，六棵古老的银杏树高大挺拔地伫立在村边民宅旁，犹如一列士兵守望着这片宁静而美丽的村庄，地下一片金黄，粗壮的树干饱经风霜、苍劲古拙。古银杏树周围阡陌纵横，旁边随意散落着几间破旧的青瓦木屋，狭长幽静的青石围墙，院落里鸡犬相闻，慈祥的老奶奶带着孙儿在满地金黄银杏叶的庭院玩耍，村庄保留着昔日的淳朴和静谧，宁净、祥和、无拘无束。初冬时节的袁家村周围山峦连绵，层林尽染，黄、红、绿、紫、棕相互掩映，绚丽多姿的七彩时节，宛如多彩画卷，让人赞叹不已。漫步在古朴而又宁静的村落中，只见两旁青堂瓦舍，庭院深深。屋梁上晾晒着成扎的玉米棒子，似一幅幅色彩斑斓的丰收图画，与久经年岁的古老民宅交相辉映，充满一种令人痴迷的古朴气息。村落中心位置有一座古老的祠堂，古色古香的雕像遍布其中，展现了独特的文化价值。站在山上俯瞰，只见辛勤的乡亲们在田间耕作，风光如画，形成了一幅美丽的乡村画卷。

据称，袁家村共有成林的银杏树 200 多棵，上百年的有 50 多棵。村里最古老的一棵银杏树，树龄已达 600 多年，树径 1 米多。袁家村种植银杏历史悠久，村民们祖祖辈辈对银杏爱护有加，都敬其为神，千方百计加以保护。这里民风淳朴，风光旖旎，因处在舜皇山深处，一直以来"养在深闺无人识"，近年来县摄影爱好者无意中发现了这里的美景，

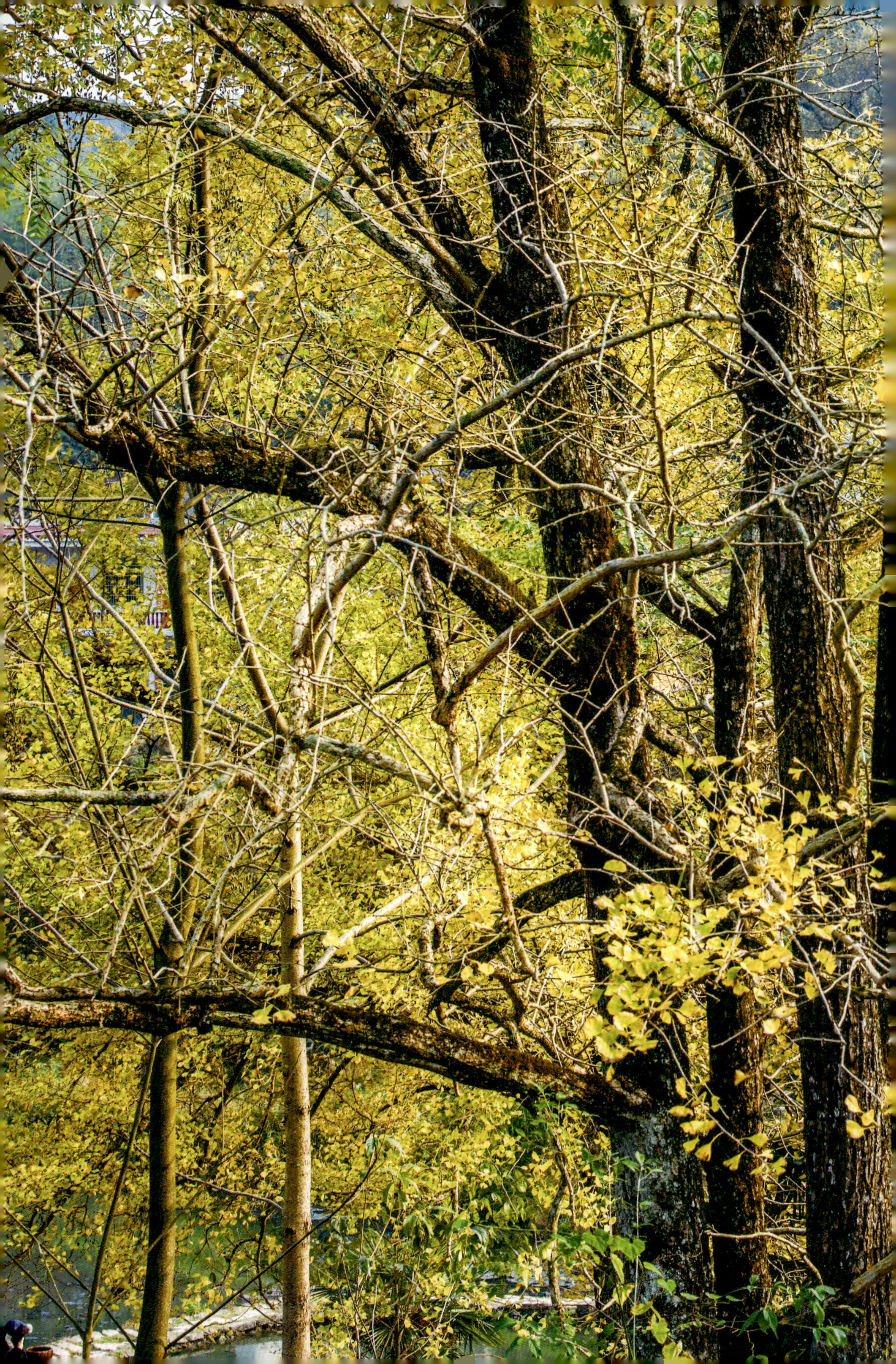

山路弯弯绕袁家　文高平摄

拍摄传播后才被外界知晓。

离东安县城不到两公里的水井村，方圆十几里都是喀斯特地貌。村内的石林山，总面积约3平方公里，分苦竹弄、峨眉岩、独秀峰3个景区。苦竹弄重峦叠嶂、怪石林立；峨眉岩"内有混沌窝、外有飞仙台、顶有莲花池"，其摩崖石刻遗迹犹存；独秀峰一峰独秀，拔地而起，陡峭如削，峰顶有明清时庙宇遗迹。三景连绵，突兀嶙峋，姿态各异。无数石峰、石柱、石笋、石芽、石马、石牛、石虎、石龙活灵活现，形成了集奇石、溶洞、峰丛和丘陵于一身而千姿百态的石林景观，成为县城居民休闲、娱乐、锻炼的"后花园"。

水井村有很多孤峰，最为典型好看的是"独秀峰"。清光绪《东安县志》载："白牙市北有独秀峰，亭亭平地，自然孤翠，高五百丈而登不容步，接武回登，如画重累。"独秀峰四周陡峭如削，不可攀登，西面石壁上凿有一仄道，像梯子一样，一般人要扶着一旁的石壁才能攀登。山峰中间有一整块天然岩石将峰顶分成两半，左边是一片废墟，但基脚分明残垣犹见。右边是一块草地，翠绿清秀平整如毯。整个山峰古树成荫，山花烂漫，凉风送爽，风景怡人。

水井田园 史万清摄

第四章
德/在/青/山/绿/水/间

独秀峰　蔡小平摄

金色年华　文高平摄

　　位于井头圩镇与县城接合部的晓江口村，紫水河环村流过，村后群山环抱，环境极其优美。晓江口村总面积3.8平方公里，有自然而优美的绿色沙洲4个，面积近百亩，潺潺流水，柳树成荫。新中国成立前，晓江口河段水路运输热闹非凡，有"小南京"之称。今天的晓江口，数只渔船在紫水河面上捕鱼，小竹排上的鹭鸶盯着河中的小鱼翩翩起舞，用白石砌筑的美丽而优雅的"乡情桥"更具色彩，已成为一条亮丽的风景带。

　　晓江口村沿河的滩涂湿地，更是一幅幅天然优美的生态长廊。在白鹭滩前，横陈着一片长长的浅滩，一片长长的草滩，河水在沙洲间穿行，沙滩上长满了绿茵茵的小草，沙洲后面是宽阔的田洞，成群的白鹭

小南京一角　文高平摄

紫水风光·二妃戏水　文高平摄

无忧无虑地栖息觅食，或单腿站立闭目养神，或俯首沼泽寻找食物，或无所事事悠闲漫步，放眼望去一片自然祥和之景。在这片湿地风光中穿行而下，就像是穿行在一幅佳境天成的诗画长廊里，淙淙的流水声就像潺潺不息的音乐伴奏那样低吟浅唱，不绝于耳，真的让人赞叹不已、流连忘返。

被誉为"洞天福地"的杨家村位于东安县大盛镇南部，应水河由北向南穿流而过，辖大桥院子、岩门前、民屋院子、樟树坪、中山庵堂、叫化亭、仙皇岭院子等自然村。杨家村过去是东安较为偏远的

文广岩·观音指路　李新民摄

第四章
德/在/青/山/绿/水/间

村,洛湛铁路开通,易江桥火车站建成后,交通状况发生了明显改变,从此,杨家村这个藏在深闺中的美女,才被人们揭开神秘的面纱。

杨家村依山傍水,是天然的风水宝地,村里还保留着一座宋代文氏丞相墓。群山环绕之中,幽幽清泉,汩汩流过,仿佛来自遥远的天籁。村里的石屋竹门,静谧中透着安详,古朴中藏着清雅,岁月经久沧桑,让这个古老的小山村浸润在灵秀而又拙朴的风韵中。这里还有被誉为"天下第一岩"的文广岩。文广岩因传说宋代大将杨文广在此驻兵而出名,5000多米地下长河溶洞堪称天然地下画廊,是石钟乳发育较丰富的溶洞,被誉为岩溶地质博物馆。洞内钟乳遍布、石笋林立,经典景观栩栩如生,"观音指路""南国风光""文广点将""蒙古风情""海底世界"等神秘画卷,自然天成,惟妙惟肖,目不暇接。整个画廊气势磅礴,石乳、石笋、石柱、石幔、石城墙等各类象形的钟乳石,参差错落、千姿百态,向人们展示着一幅幅百万年来从未示人的神秘画卷。

文广岩·钟乳石 李新民摄

杨家村植被覆盖率高,田园开阔,物产丰富,民风淳朴。此地不仅有奇山秀水,而且熔岩洞穴更是可堪一绝,行进在千姿百态、岩洞开阔的地下廊坊中,时而可见峭壁高悬,时而可见碧水清潭,时而可见石笋林立,时而可见曲径通幽,道家的"洞天福地"也不过如此吧。

在现代文明的冲击下,古朴的村落越来越成为现代人引发"乡愁"的去所。今天的东安,依然没有湮灭在历史的洪流中,人们依然能找到那些代表湘风楚韵的文化之根。

石瑞村位于东安县大庙口镇政府东南 4 公里处,村落毗邻舜皇山

敦伦第 唐明登摄

第四章
德/在/青/山/绿/水/间

斗檐檐 唐明登摄

国家森林公园，村内有冷东公路穿过，交通便利。石瑞村境内遍布名胜古迹，具有厚重的历史感与人文底蕴，现存的舜石桥、邓禹庙以及敦伦第，都给这座村落增添了文化气息和传统本色。

石瑞村的邓禹庙、敦伦第，是邓姓人家祭祀包括东汉大将邓禹在内的邓氏祖先的地方，敦促后人遵守人伦道德，光大德孝礼仪，至今已有五百多年的历史。其中，敦伦第更是一座保存完整的明代古建筑，该建筑风格独特、设计建造精美，独树一帜，具有较高的文物价值，堪称古建筑中的一颗明珠。走近古建筑，只见正前面是一堵石照壁，后面是门楼，门楼高约10米，宽12米，用料和工艺都十分考究，由石基座和青砖墙组成，正中开一大门，两边各有侧门，用青石料做门框，正大门左右两侧嵌有浮雕碣石各一块，上面刻有骏马、麒麟、蝙蝠、莲花等图案，应为门神。顶部嵌有楷书"敦伦第"三字的额题，周边配有三条彩龙浮雕，光彩照人，栩栩如生。最上部中间及两边有三道镂空的砖雕屋檐，造型美观，立体感强。门楼后面是三进院两天井布局，进深三椽，单檐悬山顶，非常宽敞，四周围青砖墙，沿墙设有走廊，斗檐墙上装饰有动物和浮雕，工艺精湛，栩栩如生，屋面盖小青瓦，房柱分布较密，左右各八根大木柱，柱、梁用材硕大，并刻有精美的木雕图案，柱础是鼓式雕刻石座，墙体上嵌有宗祠碑记等碑刻，后堂镜面上写有大将邓禹的大名，还有高密侯等字样，整座建筑整体架构完好，颇具明代建筑特色。

"敦伦第"是邓氏家族的地标性建筑，历经五百余年仍保存完整，结构坚固，弥足珍贵，具有重要的文物价值，可以申请"文物保护单位"。它的发现，为研究东安的古建筑、民俗文化、伦理道德等方面提供了重要的实物资料。石瑞村历史文化底蕴深厚，一个村发现两处极具价值的明代文物，比较罕见。

在石期市镇的元古村，建筑古老，人文底蕴丰厚，其中文昌塔和桑家大院最具有代表性。文昌塔位于村西北一片田畴中，为八角七级楼阁式砖石塔，建于清道光年间。塔高约25米，底层边长约2米，实心，各层高度不等。每层出短檐，下施斗拱，檐角上翘，底层南向

文昌塔　李新民摄

第四章
德/在/青/山/绿/水/间

桑家大院侧门　刘耀辉摄

桑家大院石雕　蔡小平摄

桑家大院天井　蔡小平摄

开一卷门，石匾上阴刻楷书"文昌塔"三字。

文昌塔东南大约1里地是桑家大院。桑家大院建于清乾隆年间，占地一万多平方米。这座院子开一主三副四个大门，每个大门内建有五套房屋，共计140余间。建筑群内，家家相通，幢幢紧连，在院内行走，晴天不晒太阳，雨天不湿鞋袜。院内房屋结构整齐划一，天井过道皆用石条铺成，雕梁画栋，富丽堂皇，处处体现了天人合一、安全实用、精美大气的人本精神。到了晚上，大门一关，又自成一统，宁静而温馨，堪称江南古代民居精品。

古村落往往体现着当地的传统文化、建筑艺术和村镇空间格局，反映着村落与周边自然环境的和谐关系。可以说，每一座蕴含传统文化的村落，都是活着的文化遗产，体现了一种人与自然和谐相处的文化精髓和空间记忆。经过时光的不断淘洗，留存下来的古城镇、古村落的古建筑是青山绿水间的美丽画卷，是秦砖汉瓦写就的诗意文章。元古村作为传统乡村聚落和古代居民居住空间的历史遗存，具有特别珍贵的价值。

在县城西南44公里的横塘村，环绕清澈的湘江支流茶乡河，又称茶香河，村后倚靠湘西南次高峰金鸡岭、丫头岭。茶香河沿村而过滋润千亩良田，可谓"夕阳杨柳岸，微雨横塘村"。横塘村原名文堂村，取文化之殿堂之意。后因一度衰落，凭方言传播，误写为横塘。自周氏族人始定居横塘村，世代繁衍，延续至今30多代，历经700余年。700年来，村内出文武百官67名，官至副相、将军、知府、知州、县令等。

横塘村内的周家大院呈长方形，坐北向南，占地4.6万平方米，建筑面积达2.2万平方米。俯瞰大院，重楼叠盖，斗拱翘檐，十分壮观。8条青石板巷道自西向东深入，把整个院落分成"9纵18横"，即9栋正屋，每栋正屋旁边都排列着两排横屋。每栋房屋由天井、照墙、门楼、厢房、侧房、正厅、伙房、水井等组成，砖木结构。

第四章
德/在/青/山/绿/水/间

  院外每栋房屋之间有小巷，每条小巷都铺有石板路纵横全院，使栋栋房屋紧密相连，可以脚不沾泥往来于每栋房屋之间。相传1944年"走日本"时，两名日本兵进村"扫荡"后曾找不到出去之路。正屋的大门为长方形大青石柱做门框，门楣上刻有兽、麒麟等瑞物，非常气派。屋内最宽敞的地方是堂屋，地面是用三合泥铺成，堂屋前有天井、照墙和门楼，两侧用木壁分隔成卧房和厢房。天井全是用青石板铺盖，看不见明显的下水道，却从不存水，排水系统安排得十分巧妙科学。房屋的门窗、墙壁、栋梁等木质材料上刻有福、禄、寿、八仙、花鸟、龙凤等各种不同的图案，雕刻精美，栩栩如生。

  东安的奇山秀水、人文古迹实难言尽其意。限于篇幅，我们无法展开对所有"美丽乡村"的描述，更无法深入那些没有上榜的美丽村落，像"水上石林"南冲边村、至今保留着少数民族原生态生活方式的简家

周家大院·木雕　张帜摄

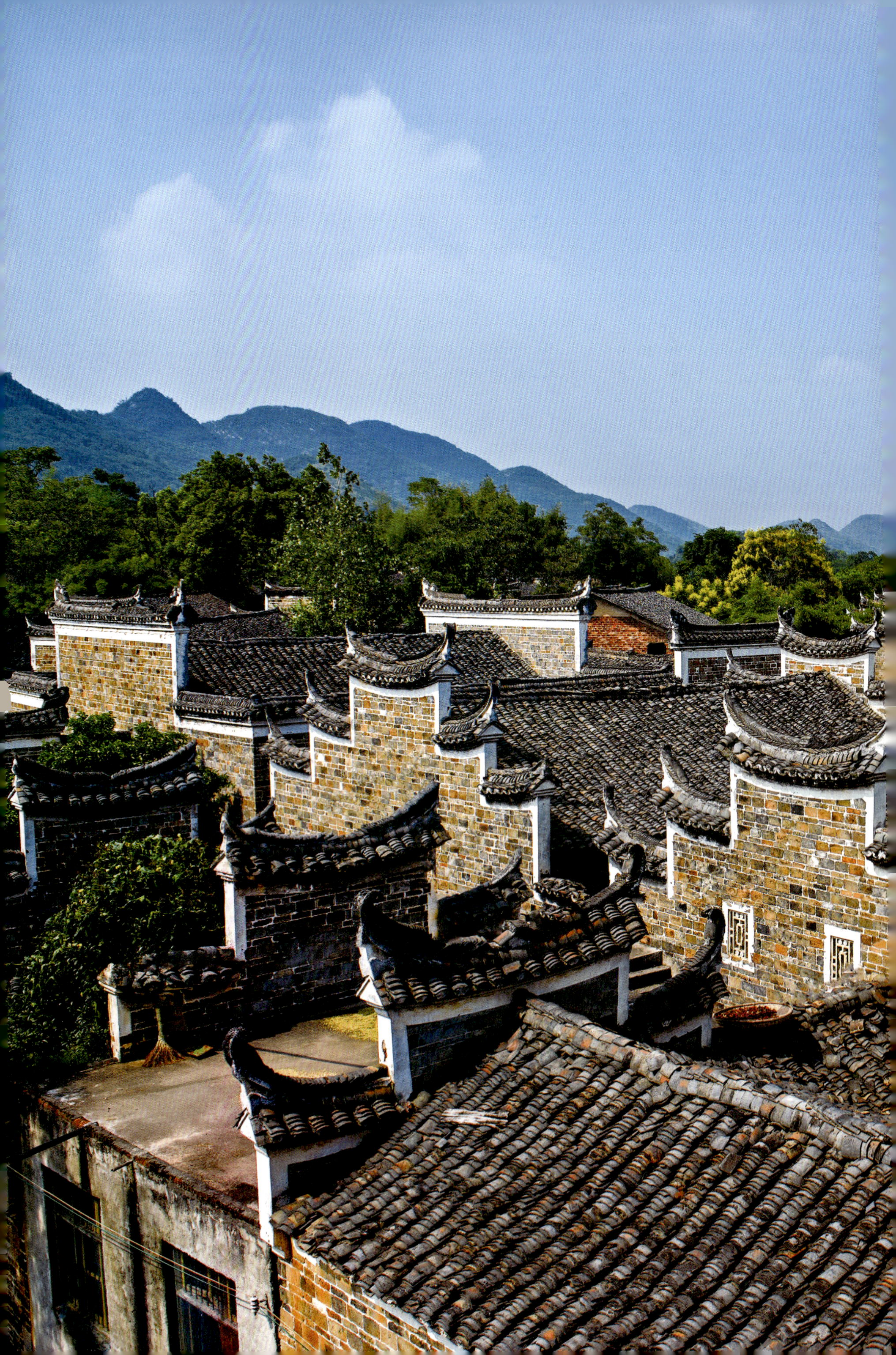

周家大院 蔡小平摄

岭村、长寿福地石板铺村、雾海仙境燕桂村，还有武术之乡冷山村、鱼米之乡洲江村、农业养生烟竹村、盆地花屋柳山村……如果你已被东安的美丽乡村所深深地吸引，在那青山绿水、乡愁乡情中寻梦探幽，涤荡尘累，只好请你自己找机会来东安那幽静的乡间，也许你还能发现更多的奥秘。

简家岭野生白玉兰 文高平摄

第四章
德/在/青/山/绿/水/间

鱼米之乡洲江村　周本意摄

诗画田园　张帜摄

厚德东安 | 中国德文化之乡

绿色冷山村　文高平摄

第四章
德/在/青/山/绿/水/间

长寿福地石板铺村　杨森明摄

大沙子铺村　文高平摄

厚德东安 | 中国德文化之乡

盆地花屋柳山　蔡小平摄

石期市烟竹·舜帝石　李新民摄

第五章

史海钩沉人物传

舜帝封禅位于黄金洞省级森林公园高山上，一尊天然而成的岩石，酷似舜帝及二妃，传说为"舜帝封禅"时留下，惟妙惟肖、栩栩如生。

舜帝封禅　文高平摄

○循令良吏

○忠臣勇将

○乡贤仁绅

○笃孝节烈

○东安女德无虚誉

东安古属"苗蛮",民风质朴刚强,又因湘江天险、楚越要冲而成历代兵家必争之地、圣贤过化之乡。历史地看,东安德文化是中原文化与荆楚"苗蛮"文化交会融通的结晶。子曰:"质胜文则野,文胜质则史,文质彬彬,然后君子。""苗蛮"文化的刚强质朴与中原文化的大气博雅,两种相对异质性的文化因子有机结合,生成了独具特色的东安君子之德与民风遗俗。

翻开东安历代史志,其自强不息、博爱仁慈、勤政廉洁之士,代不乏人;其忠君爱国、孝感天地、德泽邻里、名显四方者,屡见文典。或克己慎独,廉洁奉公;或勤于政务,埋头苦干;或鞠躬尽瘁,为民请命;或身先士卒,大义凛然;或富而好施,敏而尚学。此等循良贤牧,乡野达人,或立祠以祀,或立传以彰。盛名流布,彰于史册。本章从历代邑志及有关文献中遴选具有代表性的东安德文化人物,按循令良吏、忠臣勇将、乡贤仁绅、笃孝节烈四大类别,史海钩沉,展现厚德东安的灿烂篇章。

甲篇 循令良吏

《孟子·离娄》篇云:"君子所以异于人者,以其存心也。君子以仁存心,以礼存心。仁者爱人,有礼者敬人。爱人者,人恒爱之。敬人

第五章
史/海/钩/沉/人/物/传

者，人恒敬之。"吴之道《永州内谯外城记》云："天子制①地千里以待诸侯，正为民也，非为诸侯也。以千里之民，寄之抚牧，维藩维翰，苟得其人，非民社福乎？"古代的设官分职，多以儒家的"仁政"出发，主张正心诚意，推己及人，以德配位。而地方行政之长，乃系朝廷推行政令之中介，关乎百姓之福祉。县令作为一县之首，虽位在七品之末，却为民父母，庶民赖之，总集行政、司法、审判、税务、兵役等大权于一身。在"人存政存，人亡政息"的人治时代，其人品与为官之德，往往决定着一方的和谐与安宁。

东安县令属吏之中，以仁、忠、廉、勇、俭、宽、让、公、信等官德彰于史册者，多有其人。以下择其典则，标题注释为编者所加。

【一】徐处仁示恩蛮瑶

徐处仁，字择之，谷熟人，进士甲科。宋哲宗时，为东安县令。自庆历初，蛮瑶内寇，经四五十年，朝命杨畋、狄青、徐的等先后讨击招抚，迄未有定。元祐四年（1089），邵永蛮寇复炽，提刑张绥被旨督捕。八年，复命方蒙道②东安至广西，经度蛮事。然朝议注意招抚，全州守臣亦上言，宜遣官直入溪洞。而东安距瑶洞径直，故处仁遂入洞，开示恩信。蛮感泣，誓不复反。其后，章惇复大讨梅山诸蛮，湖南遂平。

处仁治县久，民便安之，迁金乡令。徽宗初，以荐召见，上问京东岁事，以旱蝗对。问："金乡有盗贼乎？"曰："有之。"上以为不欺，除宗正寺丞、太常博士。时初置算学，议所祖③。或议孔子，处仁言："仲尼道无不备，然非算专门。黄帝迎日推策，数之始也。"乃祖黄帝。

---

① 制：划定。
② 道：取道。
③ 祖：崇尚的祖师。

迁监察御史、殿中右正言给事中，摄开封府，府无滞囚。进户部尚书，拜中大夫尚书右丞。奏言："六曹长贰[1]皆异时执政，而部中事一无所可否，即[2]后日何以决政？乞自今诏尚书侍郎不得以事诿上。必[3]不能决，乃申尚书省。"诏可。会处仁母忧归，不果行。服除，以资政学士知青州，移永兴军。

童贯欲平陕西物价，处仁议："平价则商贾弗行，藏者积不出，适以增之。"转运使劾其格[4]德音，侵辱使者，诏赴阙，改河阳。寻落职[5]，知蕲州。久之，加显谟阁学士，知颍昌。民有得罪宫掖者，经赦不原[6]，处仁奏上宜赦。童贯挤之，夺职。俄复知汝州，再予祠[7]。起知徐州，以醴泉观使召访时务，陈水旱赋役民病甚切。上感动，明日即除侍读。乃言："宜会一岁财用，量入为出，节浮费，罢横敛。"上称善，诏置裕民局。蔡京不说，论者希意[8]，言今设局裕民，是平日民不裕也。罢局，出[9]处仁知扬州，称疾归。

应天方腊乱南都，留守薛昂不知所为计，处仁画策防守。事闻，起为应天尹。河北盗起，移大名尹。前尹王革怯懦，惨酷[10]，无轻重辄抵[11]死，又以兵自卫。处仁彻[12]牙兵，开城门，人情自定。

时，初与金人约和，受诏，上《备边御戎十策》。金人犯京师，复储粮，合兵勤王，奏乞亲征。及和议成，又请伏兵浚滑[13]，俟半济，击金

---

① 贰：副。指各曹副长官。
② 即：通"则"。
③ 必：一定、实在。
④ 格：梗阻。
⑤ 落职：免职。
⑥ 原：宽恕。
⑦ 予祠：准予归家祭祠。
⑧ 希意：迎合上级的心意。
⑨ 出：外调出京师。
⑩ 惨酷：用刑惨烈残酷。
⑪ 抵：当，判决。
⑫ 彻：通"撤"。
⑬ 浚滑：即浚县和滑县。浚县，位于今河南省鹤壁市。

第五章
史/海/钩/沉/人/物/传

归师，不行。召为中书侍郎，论三镇不当弃，与吴敏合。敏以为可相，拜太宰，兼门下侍郎。

徽宗还都，卫军皆童贯所部，以贯贬，有恶言。处仁以为宜示坦荡，乃充扈驾礼仪使，统禁旅，从①郊迎，部伍肃然。户部尚书聂山媚宦者，以太上皇后特旨取库珠。处仁奏抵吏罪，申前右丞时所建议，令六曹以条例专决事，然无大建明。

颇倡和金，便浸②与吴敏异议。尝争事，掷笔中敏，墨鼻额。聂山等欲排去一人，讽言者论之。与敏俱罢，以观文殿大学士为宫使。始，处仁在大名，以观文学士召，特加大学士。旧制，非宰相不除"大观文"。前二府除者，自处仁始。至是，仍以此出。寻知东平府，予祠。高宗即位，仍起为大名尹、北道都总管，卒于郡。子度，官至吏部侍郎。

论曰：择之起县令，为首相，县令之至荣也。东安令，始见于史者，莫先徐太宰，又为县中名宦之首，而至今不甚显于闾里，何哉？岂以其晚节阿时③以和金偷安，而忘其前志乎？夫一县令，非有甚迫急之事，为民请命而犯险阻，孤入虎穴以约结异类，此其迹④近好名者。使处仁不入瑶洞，瑶事虽决败，东安未渠⑤亡也；及夫和金，而天下随以亡，乃急其所缓，缓其所急。如此，何为宰相之报国，不如一令乎？若然，当处仁独入洞抚瑶，谓其行佻巧⑥钓名可也，乌得为良吏？然世固有位高而改行者。文吏多畏事，今得一慷慨犯难者，一示壮节，则东安之祀徐公，亦有所风劝。要之，非循良之治。夫循吏者，务自治民，使

---

① 从：随从。
② 浸：通"渐"。
③ 阿时：附和时议。
④ 迹：事迹。
⑤ 渠：通"遽"，急性，很快。
⑥ 佻巧：轻佻巧诈。

上下一心，虽金人大至，不可夺百里之命，而况乎洞瑶之蠢蠢①乎！

（录自光绪二年《东安县志》卷五 列传）

【二】罗上行廉介勤政

罗上行，字元亨，庐陵人。宋绍兴（1131—1162）中，以进士为武冈丞，迁荔浦令，移知东安县，廉介多惠政。县孝子唐杰，以笃行著称，墓庐有木连理、双实之瑞，知永州熊彦谋上其事。诏旌杰，以图状付史馆，由上行所状②上也。

初，岳飞讨杨幺，檄上行督饷。至全州，运判范寅秩不时发，上行语侵之，寅秩怒。及其为令，而寅秩为监司，数龁齕③之。俾以东安令为祁阳县丞，令鞫狱衡州。衡阳僧夺县民孤儿田，僧事宗杲。宗杲者，张九成友也，多通权贵，徒党颇纵恣。上行当往，而得上官请托书以十数，寅秩欲假此困之。上行卒发僧奸利状，以田还孤儿。坐是去官，贫甚。所当请犹有八月奉④，寅秩复持不与，以为丞不可食令禄，上行悒悒。梦人曰："嘉尔廉慎，当留尔奉与八郎。八，所以兆也。"上行异焉，志其事。时人多知者。其后，第八子全略，当徽宗时以进士为永州司户，振⑤饥民，有惠政。东安令缺，果被檄摄事，八月而代。赵崇砼立石记其事，以劝廉吏焉。

上行去令，为德安教授。复迁安仁令，治有殊绩。竟日坐厅事⑥治政，饥则入屏风后索食。食未彻⑦，屣履复出矣。夜常过丙⑧，倦卧屏风后，以为常。太守奏其治状，请以上行《治县条教》颁天下，为法式。

---

① 蠢蠢：骚乱貌。
② 状：即"行状"，送交国史馆的传记。
③ 龁齕（yǐ hé）：侧齿咬噬，引申为毁伤、龃龉。
④ 奉：通"俸"。
⑤ 振，通"赈"。
⑥ 竟日：终日。厅事：衙署办公处。
⑦ 彻：通"撤"。
⑧ 丙：三更。

朝议欲骤擢之，而上行卒。

其妹婿杨万里表其墓，以为死于勤民云。

（录自光绪二年《东安县志》卷五 列传）

【三】赵崇砼厉俗忠孝

赵崇砼，汉王元佐之裔也。咸淳中，以郡丞摄县事。时湖南凋敝，广西寇秦孟四据贺州，钞①掠全州、永明界，东安大震。崇砼一以简静为治，激厉民俗，导以忠孝。其雅意慕罗上行，既记其留奉之事，又列上县孝子李文珍重母冥感，请依例赐粟帛，表其门，复为立碑，以配唐杰云。宋末，宗室子避乱多在永州，崇砼尝与诸赵游浯溪，题名岩石，然其二碑文佚矣。

（录自光绪二年《东安县志》卷五 列传）

【四】吉岳抚集招徕

吉岳，明洪武初知县也。元末，衡、永为朝廷守，与明兵亟战，洞瑶乘乱掠东安，东安固无城，官私庐舍尽毁。令至，无所居，则寓民家。岳日以抚集招来②为事，民稍稍③复业。复乘势，悉建立所当置者，曰："以工代振④，固也。开国之初，不可示民偷⑤。"其远量⑥如此。

先元时，主簿程应斗者，当兵乱，招流亡，始设虚市以来商贾。又度废肆、故宅为茇舍，求占者与之。民争入县，逾月，浸繁庶，亦为民所称思。

（录自光绪二年《东安县志》卷五 列传）

---

① 钞：通"抄"。
② 来：通"徕"。
③ 稍稍：渐渐。
④ 振：通"赈"。
⑤ 偷：苟安、懒惰。
⑥ 远量：长远见识。

【五】沈孟仪廉慎持正

沈孟仪，昆山人，由举人官知县。宏①治（1488—1505）中，知县事。为政廉慎，知大体。岁饥，有抚绥之效。于时水旱灾连十年，岁免秋粮，官吏乃缘②以为利，惟孟仪无所苟贪。人忌其持正，乃反以冒赈诬之。谤议沸腾，迄不为动。士民咸保明之，上官亦廉其守，置不问。

孟仪以县多山，原恒艰于水，教民凿井以备旱，多所全利焉。先孟仪时，有眉州费彬，以课农、筑陂堰，有远利。在官三考，不乐久吏，致仕归。

（录自光绪二年《东安县志》卷五 列传）

【六】陈祥麟储给有法

陈祥麟，字云厓，莆田人，嘉靖六年（1527）以进士知县事。自正德以来，瑶寇时发，县当邵阳、永明之间，溪洞错杂，民不安其业。征兵络绎过县，供亿益困。祥麟躬自部署，储给有法，主客无所扰。

以才剧③见知，调繁县，移知麻城。在任甫八月，东安耆老奔走请留，不得。去之日，老幼送者属④途。祥麟之为政也，以儒术优暇⑤民士，虽军兴，论文讲学无虚日。改僧寺为书院，建社学四所，慨然以教化为己任。其后，累官至山东提学、按察副使。

（录自光绪二年《东安县志》卷五 列传）

---

① 宏：通"弘"。
② 缘：借机。
③ 才剧：甚有才能。剧，很，甚。
④ 属：连接不断。
⑤ 优暇：当作"优假"。即优待、宽待。

【七】谢九山伏奸均徭

谢相，字九山，金溪人，以举人官知县。嘉靖四十年（1561），补东安令。其时连、贺、衡、永，土寇犹炽，徭发烦重。里甲侵渔良懦，富室辄破家。相发奸擿伏，胥吏莫敢轻重①，赋役乃均。终明代称干材者，唯相。县人于阳江源立生祠。《旧志》纪其严明，云："盖才吏。"其言若有微词，然卒祀名宦，则惠泽远矣。

论曰：吉、沈、陈三君子者，朱应辰所谓得记名宦，仅三人者也。谢九山之入祀，在应辰题名之后。明代县中名宦，唯此四人，其余皆增附者。程主簿②之治行，类吉令，故著于此篇。

（录自光绪二年《东安县志》卷五列传）

【八】吴允裕简易安民

吴允裕，字天和，南海人，嘉靖二十三年（1544）知县事。是岁县有立石之异，比年③旱饥，而巨盗李金等时出没窥伺。人皆吊允裕。允裕曰："受百里之任而畏盗贼，非[丈]夫也。"单车到官，以简易安民心。每听讼，开陈恩义，不事敲朴④，人敬乐之。允裕患县僻小朴漏⑤，渐蛮瑶之习，始建名宦、乡贤、节孝诸祠，以显示风教。

陈祥麟之在官也，将采辑故事，撰《县图经》，未成而去，允裕继成之。又十年，施仁以府推官摄县印，乃刊为九篇。今之志书，犹其例也。允裕治七年，县境安堵⑥，士民和乐，以奉满⑦迁宁波通判。

（录自光绪二年《东安县志》卷五列传）

---

① 轻重：或轻或重，随意增减。
② 程主簿：即程应斗，见"吉岳传"。
③ 比年：每年，连年。
④ 敲朴：责打。
⑤ 朴漏：简陋。漏，通"陋"。
⑥ 安堵：安定，安宁。汉陈琳《檄吴将校部曲文》："百姓安堵，四民反业。"
⑦ 奉满：任期满。

【九】刘三锡节用爱人

刘三锡，佚其里籍，隆庆五年（1571）知县事。时承嘉靖之敝，吏治丛脞①，其年邵阳山贼与古田苗相响应，徭役复兴。而民间纳粮者，胥吏故淆其册，或贫民已卖田，而执票征粮如故。粮吏亲戚，辄多白业。三锡始审契案册，核实征税，得虚粮无算。贫懦大欢，豪强无所容造请，奸吏束手矣。然其持己廉，以身率下，胥役清苦无怨言。于其去，以"节用爱人"题匾寄去思②云。

（录自光绪二年《东安县志》卷五列传）

【十】朱应辰冲容自得

朱应辰，黄岩人。以岁贡生为学官，被荐补东安县知县，万历二年（1574）到官。以儒术饰③吏治，不屑屑簿书细务。县小事简，日游名山岩壑间，常有独往之志。于学慕周敦颐，于文喜欧阳修。叙述尔雅，冲溶④自得。张居正柄政，方毁书院，应辰独寻陈祥麟、吴允裕旧基，申⑤督学，建讲舍。又为《县堂题名记》，存一代故事，县中文雅始盛。初至，遇旱祷雨，精勤坛上，幡忽皆自结，如龙见头角。澍雨三日，岁则大熟。在县六年，其文笔多传于时。

（录自光绪二年《东安县志》卷五列传）

【十一】潘文彩崇俭节约

潘文彩，字陵岫，临颍人，顺治十六年（1659）知县事。明季，桂

---

① 丛脞：烦琐细碎。
② 去思：官吏去职后的思念。
③ 饰：修订润色。
④ 冲溶：从容。
⑤ 申：报请。

第五章
史/海/钩/沉/人/物/传

王子之据广西，倚东安通全、邵之势，自元年及十年，县屡陷屡复。十四年，洪承畴来经略西南，始檄巡道筑东安县城。又二年，桂王子死，人心乃定，而文彩来为令。先文彩者，侯恂、王基鸿并以宽惠治，属①军事亟，不得尽力于民事。文彩乃专心抚绥，煦昫凋残，崇节俭，尚简约，有古循吏阔略②之政。时督赋尤严，虽被兵屡年，于克复③并号为"民欠"。牧令考课，催科懈者罢去，不待覆问。文彩叹曰："一县额征几何？虽倍增之，民力犹办，况律令许带征。而令所谓'民欠'者，其先所浮④收入，官吏不得相抵。然官吏所入，数倍额征矣。吾但自省减，依令征收，乌可以'实欠'诬民乎？"于是裁陋规，厘正额，终文彩任，县无追呼之扰，库无不清之款。满三年，以课最擢知海宁州，民若失慈父母焉。

论曰：国朝祠名宦，听民所请，而东安二百余年，唯祀临颍一人。考其实惠，乃以催科为仁政。伟哉！通达治体之言，使君民大义不没于钱谷斗筲之间。然则拙于催科者，自谓为能抚字⑤，犹近名乎？自贪吏掊割为农病，而矫枉者骄稚愚⑥贱，使⑦视徭赋为厉民，安得如潘令者而事之哉！岂唯东安，虽湖南大吏著名者，若郎永清、赵申乔，曷以尚兹？

（录自光绪二年《东安县志》卷五列传）

【十二】李如泌恤困怜贫

李如泌，井研人，以举人补东安知县。康熙十八年（1679）也，

---

① 属：正好。
② 阔略：宽缓简明。
③ 克复：指克复的各县。
④ 浮：超出，多余。
⑤ 抚字：此用阳城典。
⑥ 愚：以贱民为愚昧。
⑦ 使：使人。

吴三桂叛党初走桂黔，大兵进讨，咸取道县境。如泌甫受任，承吴藩苛括之后，民不堪命，而其时将帅，皆诸王大臣部曲①，诃骂监司如奴。又特命大臣督军饷至永州，知府惶惧，欲自出催征。如泌上言："钱谷小事，知县所办即[可]②，至太守自办无益。"是时，居民闻军过，皆逃匿山谷，屡经寇乱，实无可供峙③。如泌择强富有力者，开诚劝之。恤其困乏者，戒以流徙徒转死，促力田自救。案行四乡，条上征赋尤不便者数事，请于使者而免之。唯用诚款感上下，诸将军亦咸怜李令贫，东安困苦，无苛索者。桥道毁，枝④版以过军，军无他言。以劳疾，卒官。

如泌《芦洪督饷诗》云："国赋由兵亟⑤，驱车出郭门。近城深草木，远岫半烟村。钱谷能无问？脂膏久不存。路遥聊止宿，山月已黄昏。留侯⑥曾辟谷，非在战争时。壮士终须食，残黎不可为。秧齐刚五月，鷃寄少全枝。勿办⑦流亡想，销兵已有期。"

（录自光绪二年《东安县志》卷五列传）

【十三】李如旭治吏免官

李如旭，芜湖人，以拔贡生用⑧知县，康熙五十年（1711）知东安。性仁厚，勤于吏治，严防吏胥，唯恐其假手。是年春，湘水溢濒，湘颇被灾。县多山田，实稔，以米贵艰食，赋不登。如旭拘欠户至，则诉以贫困，辄蹙然，命释之。于是正饷不能及三分，竟坐免官。

（录自光绪二年《东安县志》卷五列传）

---

① 部曲：豪门大族的私人军队。指私人部将。
② 可：《县志》底本作"不"，误。
③ 供峙：供亿。峙，《尔雅释诂》："供峙，共具也。"
④ 枝：通"支"，架起。
⑤ 亟：通"急"。
⑥ 留侯：张良。
⑦ 办：惩办。
⑧ 用：任用为。

第五章
史/海/钩/沉/人/物/传

【十四】程云翀勤干敦实

程云翀，字苍凌，锦县人。以荫监生补知县，代如泌。勤干敦实，亦克供具。在任十年，与民休息。县中工作，多其所兴修。又分乡设社学，民士翕然，始有升平之望。其后频奉恩诏，宽徭省赋，溱溱富庶矣。云翀去，郎廷模继之。

（录自光绪二年《东安县志》卷五列传）

【十五】郎廷模割奉建仓

郎廷模，字贞若，广宁汉军旗人也。世有勋阀，从父①允清，以循吏官湖南布政使，理户政，定田赋，有大惠，卒祀名宦。县人闻郎氏，则已敬戴之。廷模之至县中，安乐无事，唯教民积谷，无狃②于丰岁。大修县仓，又于芦洪、石期、渌步均建义仓，多割己奉成之，以倡富室。增学廪饩，自执经与诸生讲义。自以起家世功，精于骑射，暇则进诸生，劝令习射，言文武相资之道。生徒既不复鄙弓矢为粗技，而汛兵③观射者习见揖让，亦感发自重，鲜有亡赖争斗者。时人以为有雅歌投壶之风焉。

（录自光绪二年《东安县志》卷五列传）

【十六】杨琯发仓赈济

杨琯，彭县人，由举人乾隆中知县事。其年县旱，民乏食。琯发仓振④之。议者以永州属县皆歉，恐所散谷多，大吏当覆减，宜待报许。琯曰："康熙中，诏书令直省旱涝，督抚用便宜先振济。州县虽小，境

---

① 从父：伯父或叔父。
② 狃：习惯。指不加珍惜。
③ 汛兵：戍防，驻守。
④ 振：通"赈"，救济。

内固所专也。督抚之尊不如朝廷，督抚可不先请，州县必当请乎？"径发之。不足，复请院司发帑银，籴谷以济之。于是，恩诏亦命永州加赈六十日。邻县发仓迟者，皆怨望①，以为不逢杨公云。

（录自光绪二年《东安县志》卷五 列传）

【十七】荆道乾勤恤民隐

荆道乾，字健中，临晋人，以举人补知县。乾隆三十三年（1768）也，太平久，颇多劫盗，屡有巨狱。前岁，始移巡检于石期市，以专缉捕。道乾至，则广设钩钜②，盗发必获。视其情，为宽严，或立杖死，或遣纵之。其被释者，多改而为善。又曰："奸吏讼师，盗之原也，非猛不惩。"一切以严法为治，盗狱衰息。尤勤恤民隐，常独行乡村，询民疾苦。

又长于鉴纳③。席际云者，高士也。所居距县城绝远，终身未尝入城市。一日步山前，逢一客，与语甚洽，半日别去。明年，子弟试县堂，荆公召之，曰："若非席翁家人邪？吾识若翁，真隐君子。"寄玉鱼素扇遗之，归达际云，愕然不测也，徐忆所遇客，乃知道乾踪迹无不遍至，然终无所访云。

白牙市火焚肆店百余区，道乾闻报即往。吏曰："旧例非城火不赴视。"曰："城乡民，一也。"灾重者，出私奉赒之。留一日，为清画地界，其综密如此。

以卓异荐，调补善化。善化倚省郭④前，令率⑤不理民事，专候院

---

① 望：怨。
② 钩钜（gōu jù）：即"钩距"，本是古代的一种兵器，犹机谋。这里指"机谋"。
③ 鉴纳：鉴识接纳人才。
④ 郭：城郭。
⑤ 率：大都。

司,分日牙参修供张①,退则造请②宾客,以旦暮奔走为能。又遣仆坐长官辕门,一起居,一言语,辄先事迎探,号为"坐辕"。道乾非公事不谒长吏,不设探候。或有称巡抚夫人生辰宜贺者,道乾曰:"巡抚不自言,吾等安得知之?"谔谔方直,为时所惮。卒用廉慎受上知,累迁,官至安徽巡抚。

论曰:为吏者,莫患乎乏军兴。军兴征求火急,绥之则误机,急之则病民,其徭役经费,万万非私财所办。李、程可谓能矣。要非有他术,视公事如私家故也。荆健中之事③上官,何其疏!其视民,何其纤悉而详明哉!余尝以为今之能吏,能以迎候探刺上官之心,移之于所治,虽慈父母不能过也。健中之所行,宜一日不安其位,而卒登九列④,抚大邦,岂其时长官尽贤明乎?故夫俗吏之劳心于伺候,徒谄而不获其益者,亦十人而九矣。

(录自光绪二年《东安县志》卷五列传)

【十八】曾镛廉政勤学

曾镛,字鲸堂,泰顺人,乾隆中拔贡生。喜宋儒经学,主讲龟山,生徒颇盛。汪志伊为总督,宾礼之。镛开陈治术,专以廉政为本。志伊为政清直,多镛所赞助也。补孝丰教谕,巡抚阮元以为有儒吏材,荐为令,补东安县,年六十六矣。

县民朴愿⑤,镛更以宽简治之。视官如家,未尝用鞭朴,几于无讼。其所兴作,唯试院、讲舍、育婴堂、桥道诸工。妻女皆令治蚕桑,登其堂,弦诵机声相答。乡民得新菜果,其直不十钱,率以献镛。在官七

---

① 供张:即供帐,供设帷帐。
② 造请:往请。
③ 事:事奉,这里指伺候。
④ 九列:九卿的职位。
⑤ 朴愿:即"愿朴"的颠倒,谨慎朴实。

年，阮元复督湖广，访之于藩司，乃以仕学兼优，举"卓异"引见。明年还任，未及迁而卒，年七十四。

镛尤勤著书。至湖南，得武陵杨大章，零陵令子、会稽宗绩辰为高弟子。日夕讲学，著《易》《诗》《礼记》《论语》《孟子》诸说，凡十三卷，《复斋集》二十一卷。其论《易》，欲列四千三十有二爻，而悉补其象。论《诗》，斥淫诗之谬。论《大学》篇，以宋儒所改易为非，异夫专守章句者。然其学不越讲义空疏之习，与阮元殊趣。元之荐镛，实嘉其材守①云。

镛卒之日，吊者数千人。及丧归，送者塞途，柩不能行。五十年来，言良吏者，莫敢举镛为比。颂德之诗，至千余篇，声名轶②于潘、荆③。

（录自光绪二年《东安县志》卷五列传）

【十九】李玉章不堪为伪

李玉章，临县人，雍正初进士，六年知县事。恂恂雅儒，不乐听讼。讼者至，温语劝息之，意态诚恳，民颇有感悔者。是时方督行④社仓保甲法，禁杀牛及用铜器，条教⑤旦暮下县，率不能奉行，虚张文簿应之。玉章愀然曰："是相率为伪也。"又不堪其扰，自陈才不中⑥为令，改学官归。明年遂有观风整俗使，州县多被罪者，以玉章为知几云。

（录自光绪二年《东安县志》卷五列传）

---

① 材守：才能、操守。
② 轶（yì）：古同"溢"，超过。
③ 潘、荆：指潘文彩与荆道乾两位县令。
④ 督行：督促实行。
⑤ 条教：教令条款。
⑥ 不中：不适合。

第五章
史/海/钩/沉/人/物/传

【二十】徐大纶耿介不苟

徐大纶，字香庄，山阴人，由吏员补凤皇厅巡检。乾隆六十年（1795），苗叛，杀总兵官，同知沈甲病甚，独大纶在城治守御。设鸩酒堂上，召妻子与诀曰："城破各自为计，余不还矣。"持二十日，援至得解。以守城功上闻，有诏褒问。竟为大吏所疾，奏功故①遗其名。浮沈久之，迁零陵县丞，唯以书画自娱。嘉庆十三年（1808），守东安令，耿介不苟，勤于听讼。逾年代去②，复为丞。又七年乃补城步知县，未几告归。

（录自光绪二年《东安县志》卷五列传）

【二十一】田诏金高蹈于时

田诏金，字鹤泉，玉屏人。嘉庆中进士，用湖南知县。道光二年（1822），署县事。是时科甲最重，而东安简县，尤不为人所争。诏金到官，上官皆优假③之。廉静有守④，民士便安其治。然常局促不乐，曰："吏不可为，诸所施行，皆非昔读书时所宜有也。"遽自陈改学官，补石阡教授。县人思之，有自石阡来者，问之，言诏金左琴右书，欣然有以自得云。

论曰：二李田君，皆不乐为令。徐城步⑤乐仕矣，又厄之，卒使至垂老而自罢仕宦，果别有宜乎？自康熙至道光百余年中，大材贵仕者，何可胜道？而四君子者，犹以不久官，为民所惜。令乎！令乎！令不负人也。乃若临县高蹈于盛时，忧深哉！

（录自光绪二年《东安县志》卷五列传）

---

① 故：故意，存心。
② 代去：替代期满离职。
③ 优假：优待，宽待。
④ 守：操守。
⑤ 徐城步：徐大纶，补城步知县，故名。

【二十二】张瓒昭日训诸生

张瓒昭，字斗峰，平江人也。通经学，刚直好慢骂，七经倍讽①如流。道光中，补县学训导，以师自重，日训诸生。县中衣冠朴陋，老生塾师多束红黄杂带，瓒昭谕禁之。见诸生则问经传，或不解义，令诵经文，不能，则夏楚②立至。一时生徒无不呫唔讽读，以避挞罚。县有徭学，岁取进新生，依故事，多假手完卷而已。名为学生，不复考课，而瓒昭日申戒徭生。劝立义学，又广劝县人分立书院，为之告县令募义田，谆谆不休。诸生无以应，或谬言某所有房室可作讲舍，苦无资。瓒昭则计一岁所入，啬③用可余者得百金，助以为倡。如是者四五。募建书院序文，亦四五篇，篇数千言。又为《劝学十四则》，颁学徒。

颇喜相宅望气之术，尝言："湘乡当大盛，东安、平江亦当以武功起。然乡中书院少，故不如湘乡。"后以举人入京师，上疏言："京师后当有兵警，宜迁都。"坐妄言谪归，以老寿终。未十年，其言悉中，乃颇有称其"前知"者。瓒昭子岳霖，以军功起诸生，至三品官。

（录自光绪二年《东安县志》卷五 列传）

【二十三】托浑布无所容奸

托浑布，蒙古人，进士。用湖南知县，历湘潭、安化，有能名。道光五年（1825），补东安。居官如家，讼牒入，立决遣吏，无所容奸。巨盗为邑患，捕辄逸之。浑布微服，自率役隶，踪迹至其所，稍稍近就之。盗不知其浑布也，聚党要浑布曰："客当有囊橐以献我。"浑布审其姓名，盖是矣，袖出二十斤铁椎，椎倒盗，役隶乃前缚之。诸盗益相

---

① 倍讽：即背诵。
② 夏楚：古代教学所用的一种体罚工具，这里指刑罚。
③ 啬：吝惜节俭。

戒，后遇异言魁伟者皆匿，或散走其旁县以免。

有担夫弩力兼人，醉常驰呼酒市上。浑布微行，见之问："何乐而醉如此哉？"曰："小人日贩米卖之以养父母，有余，乃敢醉耳。客何人？"曰："我星士张大。"于是浑布伸右臂使担夫屈之，则不能唶①。曰："客有力人乎！"无几日，担夫醉欧②人，系县堂，自诉"罪不当系，且小人有母待举火"。浑布曰："酒醉欧人，非重辟③，今可且归家，后当戒饮。"则叩头趋出，回顾堂上正冠端坐者，星士张大也，益大恐。盖其精如此。

在县四年，以循政举"卓异"，迁去。其后官至巡抚，不陨其名。

（录自光绪二年《东安县志》卷五 列传）

【二十四】恩霖微服捕奸

恩霖，字雨农，满州人。以进士补东安知县。东安地贫小，自丁粮、平余外，无所资给。而县中饷银一两，旧折纳钱三千。道光中，解银一两，市价率值钱二千二百，加倾销、解库杂费，又数百。县令得平余钱，才岁一二百万，则衣食不供，故令多不廉。不廉则结纳县中邪人，交通④渔利，柳铺私盐其一也。

当恩霖时，有土奸横于各乡，权威在官长上远甚。未到任，固已闻之矣。及至，微服察访之。而其乡方塞神⑤，土奸卧室中，场上千余人，有所为，辄入听其令，出而指挥。于是还县，立按其罪。尝系人至死，则捕送狱中。县人大惊，曰："书生初任，乃能办此也邪？"讼者相戒毋犯此公。未数月，以调去。俄知湘阴县，未几，卒。

---

① 唶（zé）：同"嚯"，吮吸。
② 欧：通"殴"。
③ 辟：大罪。
④ 交通：勾结。
⑤ 塞神：祭神。

论曰：满州蒙古进士，为京朝官，不十年，辄至一二品，或为九卿矣。其外用知县，则无阶以自达，故多奇伟慷慨之士。托浑布发奸摘伏，劳于民事。恩霖为令，尤不得意，然其捕大豪无所顾，胆亦刚矣夫！

（录自光绪二年《东安县志》卷五 列传）

【二十五】周志跃独身击贼

周志跃，北直隶某县人，明崇祯十五年（1542）补县典史。洁己自爱，勤于捕盗，县人颇倚信之。沙贼起，守道望风遁走，贼攻县城，人恇惧。志跃曰："贼，乌合可击也。今坐待其至，至亦杀掠，官可逃免，民能尽走乎？"率居民斩竹木为兵，出御之，陈于北门。民初从志跃，特①一时作其气，及见贼，哄而走。志跃独前奋击，被斫死。明年沙贼平，士民悲伤志跃死为民也，相率立祠于战地，春秋祀之。

（录自光绪二年《东安县志》卷五 列传）

【二十六】李右文孤危陷难

李右文，顺天通州人，字伯兰。道光中举人，咸丰七年（1857）知县事。恂恂文吏，与人语，若恐伤。是时，东南寇势张甚。湖南战，守兵并力保长沙，属县尤不能支，衡、永空虚。右文募义兵防守，取饷民间，不足给旦夕。九年（1859）三月，石达开大举入湖南，分三队，赖裕兴领二旗，众号十万，自道州趋东安，蚁集城下。右文昼夜守，以县人唐麟统民兵拒战，颇有斩获，语在《麟传》。围七日，寇发民家取棺，实火药，穴东门为地道，火发城陷。右文衣冠坐堂上，抗节死，殉者千人。

事闻，加道衔，恤从优例。方贼未至，众议东安孤弱甚，必不能

---

① 特：只是。

守，当函请援军。唐麟敢战轻贼，以为无恐。新例，外县孤城，多置不救以委贼，告急书虽百上无益，故右文亦遂缓其事。及城陷，或有追咎不早备者。惟在兵间者知其事，深闵其孤危陷难焉。先城未破一日，右文语家人曰："天雨不止，援兵必不至。城外贼合围，走亦不免。汝等死贼手，徒辱，盍①先自谋乎？"于是其子妇及右文妾皆先死。子庆蘷侍父堂上，冒刃骂贼，死焉。

（录自光绪二年《东安县志》卷五 列传）

【二十七】吴肇封御寇死节

吴肇封，蓝山人。少孤贫，从族父世涵受经。朴质勤学，世涵资其衣食。学成，有名诸生中，充岁贡生。咸丰五年（1855），以捕斩土寇尹尚英功，议叙训导。八年（1858），署东安学事。明年寇至，佐知县李右文城守。城陷，衣冠正坐，与次子高才俱死。赠文林郎，以七品例，恤长子国华袭云骑尉。

论曰：东安自明季至今二百余年，八被寇陷，攻围者数十矣。文武官死者，传十人。十人，或不得尽其材，或乃不与其事，然而犯难伏节，不肯为苟免之计。县城狭小荒贫，平时人不满千，公费无所出，丁粮仅万余，而欲集兵城守，难矣哉！孟子，命世王佐之材，及为滕君谋，则曰去、曰死而已。仲子欲以三年治千乘，以崎岖于饥馑、师旅之交。彼一岁而受代者，又将奈之何哉？

（录自光绪二年《东安县志》卷五 列传）

【二十八】由升堂廉干自重

由升堂，字可臣，富平人。为叶尔羌印吏②。顾喜为诗，师事同邑

---

① 盍：何不。
② 印吏：掌管印信之吏。

秦建山。为诗，师李白，有《古乐府三十首》传于秦中者也。升堂既为吏，性蹇傲，人无喜之者，惟顾元熙赏之。

咸丰四年（1854），以吏满补芦洪巡检。廉干自重，不为苟利。时判一事，则作一诗。或牵所乘马自牧之，非文人儒生则默不与语。红巾贼陷城，执知县赖史直，升堂上书请兵。或言："永州知府无文书，巡检何为者？"升堂笑曰："所谓位卑而言高者邪！"巡抚骆秉章独善其请，为疾发兵攻贼，破之。

九年（1859）罢官，知县李右文以其无所归，时延①至县庭说诗。然升堂贫甚，但有《李白集》及所乘马。马常无粟刍，自起视皂，马饥，啮之，升堂与马辨且骂，或大笑也。居二载，流寇掠东安，告右文曰："东安废城，无食无兵，谁以守御责公者？可速避，必无祸。"右文不听，升堂亡去。城陷，乃从楚军入广西。稍得银钱，以病归。其从兄年六十余，犹在芦洪，尽推予其从兄，使之归。而升堂妾子常冻馁，未几死。

（录自光绪二年《东安县志》卷五列传）

【二十九】郑家甡勤慎狱讼

郑家甡，字敬庄，旌德人，以监生入赀②为知县。咸丰十年（1860），署东安事。勤慎无与比，尤重狱讼。每听事，先一日列案牍究察其条理，及引问发语，辄中要害。虽受责罚者，不自以为冤。东安贫僻，莅官者恒有不足之色，唯家甡恒若不胜任。语人曰："吾食东安粟，宜治东安事。官不负余，而余负官。"县中士民感说之。到任未四月，以忧③归，咸以为未竟其惠。

---

① 延：延请。
② 入赀：捐钱纳官。
③ 忧：即丁忧，父母丧事。

论曰：朱邑为三公，而系思于一尉之地。为政者无小大，各有以自尽。敬庄，其有循吏之风与！岁月虽浅，厚意何可负也。可臣吏员，乃有尘外心，如其儒！如其儒！

（录自光绪二年《东安县志》卷五列传）

【三十】拳拳赤子老县长

编者按：这是台湾著名作家琼瑶于抗日战争期间，逃难路过东安所发生的一段真实故事。在兵荒马乱中，琼瑶一家在东安虽然只停留三天，但这三天里经历了人生最大的悲欢离合。第一天攀越大风坳一家五口还好好的，未想到第二天随军到东安白牙市镇安营时，却发现麒麟和小弟不见了。这可急坏了琼瑶的父母。在曾连长的安慰下，第三天继续前行，当走到东安县城时，琼瑶的父母悲苦难耐，实在走不动了，便决定三人一起投河。在奄奄一息的关键时刻，父母被琼瑶的哭声所唤醒，于是继续踏上逃难的征程。一贫如洗的琼瑶一家，傍晚时分来到一个古村，在这个古村里遇到热心的老县长。从老县长和他儿子拳拳为国、求贤若渴、慷慨激昂的言行中，既让人看到我们这个民族的伟大和不朽，更让人感到东安人的豪爽与热情。

一家五口，现在只剩下三个人。我喉咙中始终哽着，不敢哭，只怕一哭，父母又会去"死"。以往，我们的旅程中虽然充满了惊险，也曾在千钧一发的当儿，逃过了劫难。但是，总是全家团圆在一块儿，有那种"生死与共"的心情。现在，失去了弟弟，什么都不一样了。麒麟爱闹，小弟淘气，一旦没有他们两个的声音，我们的旅程，一下子变得如此安静，安静得让人只想哭。

我们忍着泪，缓缓而行。奇怪的是，一路上居然一个人也没有碰到。连那队被王排长所遭遇的日军，也始终没有追来。

东安城外，风景绝美，草木宜人，花香鸟语，竟是一片宁静的乡野气氛。谁能知道这份宁静的背后，隐藏着多少的腥风血雨，发生过多少的妻离子散！我们走着，在我那强烈的对弟弟的想念中，更深切地体会到对日军的恐怖和痛恨！

平常我也常和弟弟吵嘴打架，争取"男女平等"（湖南人是非常重男轻女的）。而现在我想到的，全是弟弟们好的地方。我暗中发过不止一千一万次誓，如果我今生再能和弟弟们相聚，我将永远让他们，爱他们，宠他们……可是，战乱中兵荒马乱，一经离散，从何再谈团聚？他们早已不知是生是死，流离何处？

那一整天，我们就走着，走着。母亲会突然停下脚步，啜泣着低唤弟弟的名字。于是，我和父亲也会停下来，一家三口，紧拥着哭在一起。哭完了，我们就继续往前走。在我的记忆中，从没有一天是那么荒凉，那么渺无人影的。郊外，连个竹篱茅舍都没有，国军都已撤离，日军一直没有出现……仿佛整个世界上，只剩下了我们这三个人。

我们似乎走过一座小木桥，似乎翻过了一座小荒山。黄昏的时候，我们终于听到了鸡声和犬吠，证明我们又来到了人的世界！加快了脚步，我们发现来到了一个相当大的村庄。

那村庄房屋重叠，象一个小小的市镇（可惜我已忘记那村庄的名字）。在村庄唯一入口的道路上，却站着好几个身强力壮的年轻人，象站岗般守在那儿。我们跋涉了一天，在哀痛中和长途步行的劳累下，早已筋疲力尽而饥肠雷鸣。再加上一路上没见到一个人，现在看到了我们自己的同胞，心里就已热血翻腾，恨不得拥抱每一个中国人。我们感慨交加地往村庄中走去。谁知道，才举步进去，那站岗的年轻人就忽然拿了一把步枪，在我们面前一横，大声说："什么人，站住，检查。"

第五章
史/海/钩/沉/人/物/传

我们愕然止步，父亲惊异和悲伤之余，忍不住仰天长叹，一叠连声地说："好！好！好！我们一路上听日军说这两句话，想不到，现在还要受中国人的检查！只为了不甘心做沦陷区的百姓，才落到父子分离，孑然一身！检查！我们还剩下什么东西可以被检查！"

父亲这几句话说得又悲愤，又激动。话才说完，就有一个白发苍苍、面目慈祥的老人从那些年轻人后面走了出来，他对父亲深深一揖，说："对不起，我们把村子里的壮丁集合起来，是预备和日军拼命到底的。检查过路人，是预防有汉奸化了装来探听消息。我听您的几句话，知道您一定不是普通难民。我是这儿的县长，如果您不嫌弃，请到寒舍便饭，我们有多余的房间，可以招待您一家过夜！"

老县长的态度礼貌而诚恳，措辞又文雅，立刻获得父母的信任和好感。于是，那晚，我们就到了老县长家里。老县长杀鸡杀鸭，招待了我们一餐丰盛之至的晚餐。席间，老县长询问我们的来历和逃难经过，父亲把我们一路上的遭遇，含泪尽述。老县长听得十分动容，陪着父亲掉了不少眼泪。最后，老县长忽然正色对父亲说："陈先生，您想去后方，固然是很好，可是，您有没有为留在沦陷区的老百姓想过？"

父亲不解，老县长十分激昂地说："您看，陈先生。中日之战已经进行了七年，还要打多久，我们谁都不知道。日军已向东安进逼。打到我们村里来，也是弹指之间的事，早晚，我们这里也要象湖南其他城镇一样沦陷。我已经周密地计划过了……"他完全把父亲引为知己，坦白地说："我把附近几个村庄联合起来，少壮的组织游击队，发誓和日军打到底。老弱妇孺，必须疏散到深山里去。我们在山里已经布置好了，只要日军一来，就全村退进深山，以免被日军蹂躏。那深山非常隐蔽，又有游击队保护，绝不至于沦入敌手。可是，陈先生，我一直忧虑的，是我们的孩子们，这些孩子需要受教育，如果这长期抗战再打十年八年，谁来教育我们的孩子？谁来教他们中国的文化和历史？谁来灌输他们的民族意识？陈先生，您是一个教育家，您难道没有想过这问题吗？"

父亲愕然地望着老县长，感动而折服。于是，老县长拍着父亲的肩膀，热烈地说："陈先生，留下来，我们需要您！您想想，走到四川是一条漫长的路，您已经失去了两个儿子，未来仍然吉凶难卜！与其去冒险，不如留下来，为我们教育下一代，不要让他们做亡国奴！"

老县长的话显然很有道理，因为父亲是越来越动容了。但是，父亲有父亲的固执："为了逃出沦陷区，我已经付出了太高的代价，在这么高的代价之下，依然半途而废，未免太不值得了！不行！我还是要走！"

"留下来！"老县长激烈地说，"留下来比走更有意义！"

"不行，我觉得走比留下来有意义！"

那晚，我很早就睡了，因为我已经好累好累。可是，迷迷糊糊地，我听到父亲和老县长一直在争执，在辩论，在热烈的谈话，他们似乎辩论了一整夜。可是，早上，当老县长默然地送我们出城，愀然不乐地望着我们的时候，我知道父亲仍然固执着自己的目标。父亲和老县长依依握别，老县长送了我们一些盘缠，他的妻子还送了我一双鞋子，是她小脚穿的鞋子。我只走了几步路，就放弃了那双鞋。我至今记得老县长那飘飘白发和他那激昂慷慨耿直的个性。长大之后我还常想，一个小农村里能有这样爱国和睿智的老人，这才是中国这民族伟大和不朽的地方！

我记下老县长这一段，只因为他对我们以后的命运又有了极大的影响。我们怎知道，冥冥中，这老县长也操纵了我们的未来呢？

和老县长分手后，我们又继续我们的行程。在那郊外的小路上，行行重行行，翻山涉水。中午时分，我们抵达了另一个乡镇。

这个乡镇并不比前一个小，也是个人烟稠密的村庄，我们才到村庄外面，就看到一个三十余岁的青年男人，正若有所待地站在那儿，看到了我们，他迎上前来，很礼貌地对父亲说："请问您是不是陈先生？"

第五章
史/海/钩/沉/人/物/传

父亲惊奇得跳了起来，在这广西边境的陌生小镇上，怎会有人认得我们而等在这儿？那年轻人愉快地笑了，诚恳地说："我的父亲就是您昨夜投宿的那个村庄的老县长，我父亲连夜派人送信给我，要我在村庄外面迎接您。并且，为了我们的孩子们，请您留下来！"

原来那老县长的儿子，在这个镇上开杂货店。老县长虽然放我们离去，却派人送信给儿子，再为挽留我们而努力。父亲和母亲都那么感动，感动得说不出话来。于是，我们去了这年轻人的家里。

在那家庭中，我们象贵宾一样被款待。那年轻人有个和我年龄相若的女儿，他找出全套的衣服鞋子，给我重新换过。年轻人不住口地对父亲说："爸爸说，失去您，是我们全乡镇的不幸！"

父亲望母亲，好半天，他不说话。然后，他重重地拍了一下桌子，下决心地说："好了！你们说服了我！我们留下来了！不走了！"

于是，我们在那不知名的乡镇里住了下来。

这一住，使我们一家的历史又改写了。假若我们一直住下去，不知会怎样发展？假如我们根本不停留，又不知会怎样发展？而我们住下了，不多不少，我们住了三天！为什么只住了三天？我也不了解。只知道，三天后，父亲忽然心血来潮，强烈地想继续我们的行程，他又不愿留下来了，不愿"半途而废"。虽然，老县长的儿子竭力挽留，我们却在第四天的清晨，又离开了那小镇，再度开始了我们的行程。

这三天的逗留，是命运的安排吗？谁知道呢？

（选自琼瑶《琼瑶自传——我的故事》，作家出版社1990年版，第60—65页。）

乙篇　忠臣勇将

苏轼于《留侯论》曰："古之所谓豪杰之士者，必有过人之节，人情有所不能忍者。匹夫见辱，拔剑而起，挺身而斗，此不足为勇也。天下有大勇者，卒然临之而不惊，无故加之而不怒，此其所挟持者甚大，而其志甚远也。"东安虽地处楚越之交，而因由舜文化的滋养，庙堂正气清然如水，廉洁勤俭蔚然成风，百姓崇道重学，子民守义尚武，从而，在东安这片土地上，走出了一大批忠于职守、敢于担当、心系民族、忧关百姓、身先士卒、率先垂范的文臣志士与忠臣良将。

"一将功成万骨枯"，他们"犯瘴疠，践冰雪，缒幽穿岨，攀度簪壑，寻逐于猿鸟俱绝之径，争万死"而成一代功业，形成了东安本土士子官德文化的另一道风景。因此，本节选录了二十余位东安籍的文臣武将，作一简略介绍。

【一】陈知邺一无所私

陈知邺，其先成都人也。父承福，当南唐时从边镐至湖南，权永州刺史，为将官，加检校左散骑常侍，兼御史大夫。南唐兵退，遂留东安，故旧志误以为杭人焉。

知邺以娴兵略，为永州押衙。宋乾德四年（966），转补石水军将，与南汉战有功。军士月椿钱多为将领所侵，知邺一无所私，军民皆敬爱之。开宝五年（972），随马赞奉贡[①]助南郊大礼[②]，依洞官[③]例，加银青

[①] 奉贡：奉送贡品。
[②] 南郊大礼：祭天大礼。
[③] 洞官：洞溪瑶主。

第五章
史/海/钩/沉/人/物/传

光禄大夫，检校太子宾客、兼监察御史、武骑尉。

敕曰：永州押衙陈知郜，右可银青光禄大夫，检校太子宾客、兼监察御史、武兴尉，余如故敕①。永兴军教练使、兼知客银青光禄大夫，检校右散骑常侍、兼御史大夫、上骑都尉马赞等。以尔或系职于州郡，或委质于公侯，押方物②以来庭，助郊禋③之展礼。宜均庆泽，并进美官，足可酬往复之劳，亦所以表宽大之命，可依前件。开宝五年（972）正月□日。

宋制：银青，从二品，武骑，从七品，相距悬绝，兼授者唯洞主。疑知郜占瑶籍也。陈氏世居夏丰乡，其家传言，知郜后以剿武冈洞蛮战死，镕金为首以葬。县人至今严事④之，立祠曰"陈大夫"。又云知郜既丧元⑤，犹骑而还渡新宁三渡川。其灵迹至今赫然。《旧志》不言其战死。余至夏丰，其原有疑冢三十六云。县人祷旱涝，祠陈大夫，多有感应。

（录自 光绪二年《东安县志》卷七 列传）

【二】邓三凤受诏作礼

邓三凤，字鸣阳，生时母梦有异鸟三集于梁，故以名之。幼敏慧，志意磊落。宋建炎初，试转运司运使卢铠奇其文，贡于太学，以词赋擅名。年二十五，乡举贤良方正。绍兴十二年（1142），进士乙科，通判福州。久之，入为职方员外郎。时取士兼用经义、诗赋，士多沿王氏之说，三凤追论安石父子偏颇害道，请申饬禁绝。五年，秦桧死，论者多论金人将渝盟，诏三品以上官各举一人，备急任，于是汤鹏举、钱端履

---

① 故敕：原有的赏赐条令。
② 方物：贡品。
③ 郊禋：南郊祭祀。
④ 严事：庄重事奉。
⑤ 元：头颅。

交章荐三凤，擢礼部侍郎。是时，吴璘专制四川，与制置使王刚中论不合。孝宗即位，召刚中赴阙，以三凤为制置使。隆兴二年（1164），还为礼部尚书，兼侍读学士直集贤院。

孝宗之初立也，吴璘丧师，张浚复败于淮泗，言战者已绌，金兵渡淮，汤思退复以主和误国得罪。帝意惟欲免称臣，正受书礼。金世宗嗣位，使者至宋，伴使①取书进。其后乃令宋使称陪臣，而宋帝降榻受书。三凤为礼官，受诏作《大金天德录》及《宋礼仪制》——天德者，金亮改元号也——言天德之故事，以驳大定②。先后遣范成大、赵雄、汤邦彦祈请申议，皆注意于书仪。而虞允文、梁克家喜言战以自壮。克家于三凤为后进，三凤又曾官其乡，议论不能相饶借③。三凤自以年六十余，国是④无所定，久宦思归，遂称疾还湖湘，道卒。孝宗惜之，赠秘书阁学士。孙安。

安，字叔康，幼亦聪悟。笃志于学，为本州幕僚。度宗咸淳八年（1272），蒙古围襄阳急，制置大使李庭芝遣兵自郢往援，促荆湖供军饷。是时张贵战死龙尾洲，吕文焕孤守襄阳，范天顺等守樊城，皆久围，援师不得进。当往者皆寒心，安轻舟行。有陈公余者，常受业黄幹，传性理之学。安与语，喜其说。道中濒艰险，讲学如平时。及至，而樊城陷，襄阳降，庭芝移淮西去。

安以贾似道窃政，国亡无日，约公余偕隐。明年鄂州破，湖南益震恐。公余，义乌人也，先归其乡。德祐元年（1275），安弃妻子，独具舟将往兰溪从公余。初宿湘川，梦人曰："金兰⑤逝矣，公将焉往？"又指

---

① 伴使：陪伴使者的官员。
② 大定：金世宗年号，这儿指金世宗。
③ 饶借：宽容，容让。《北齐书·杜弼传》："我若急作法网，不相饶借，恐督将尽投黑獭，士子悉奔萧衍，则人物流散，何以为国？"
④ 是：通"事"。
⑤ 金兰：义结金兰。

湄示之曰："此公收拾①处也。"安心不乐，强行至潭州。元兵已至湘阴，衡阳李芾方募兵栅湘筑垒，道塞不前。又得公余赴②，感前梦，恸哭而还。以梦中葬地告其子，其年卒，年六十九。

赞曰：秘阁③雍容，不秦不张④。时虽论战，岂克自强。康叔⑤名家，生遘危亡。谁寻赵地，幸附先冈⑥。

（录自 光绪二年《东安县志》卷七 列传）

【三】邓天礼积兵御蛮

邓天礼，字谷贤，盖三凤族孙也。元末率私兵御洞寇，以功为宜山主簿。宜山，庆远安抚使管内县也，于唐为宜州龙水郡，宋为宜州，元改龙水为宜山，皆溪洞蛮瑶杂居之地。人人持刀杖，天礼能善其俗。迁为东安丞，时瑶蛮频入城邑，毁官民廨舍，邑令不能治。天礼归，则招流亡，劝树⑦畜，务积兵食，以遏外寇。行省知其材，奏授东安县尹。乡里感爱，祀之名宦祠。

《旧志·选举表》又有邓天礼，明人，[邓]安孙也。以人材举授河南西平县。疑天礼入明，更⑧补官，然不审其同异，故删明《表》天礼之名，而附著于此云。明万历时，贡生有唐守颐，为宜章训导，遂知宜章县事，有爱民之政。盖崇祯寇乱时，以便宜⑨摄官者，旧《表》《志》皆佚其名。

赞曰：陈依里社，邓入官祠。俱有功德，系于人思。群雄云扰⑩，仁

---

① 收拾：收拾骸骨，埋葬。
② 赴：古同"讣"，讣告。
③ 秘阁：指邓三凤为礼部尚书，兼侍读学士直集贤院。
④ 不秦不张：不附和秦桧，亦不附和张浚。
⑤ 康叔：应作"叔康"，即邓安。
⑥ 先冈：祖先坟地。
⑦ 树：种植。
⑧ 更：重，又。
⑨ 便宜：相机行事。
⑩ 云扰：动乱貌。

威是绥①。儒者占毕，亦又奚为？

（录自 光绪二年《东安县志》卷七 列传）

【四】文应奎雅志正学

文明，字应奎。父忠，明正统中以贡生为太湖学训导，明从在学舍。交游多隽士，益闭户自厉。及壮，有文名，然不乐逐试诸生中。雅志正学②，聚徒讲习，远近从者甚盛。虽独处静坐，衣冠俨然。成化中，充贡③，不肯补官，以闲适自养，年八十四卒。明少④有孝弟之誉，晚为宿儒。东安自宋元以来，图经⑤散佚，遗事无可考。明始撰集为《县志》八卷，宋代时政多有存者。今其书已改削附益，犹有典型焉。

（录自 光绪二年《东安县志》卷七 列传）

【五】周玉衡单骑化蛮夷

周旋，字玉衡，屯籍⑥也。幼有至性，师事文明，治《今文尚书》之学。年二十一，举于乡，亲老求禄，遂为学官，历舒城、当涂教谕，湖川教授，以才能荐补武平知县。县居汀潮间，明初置千户所，两巡检司守隘遏，盗犹不能制。其后土寇遂据黄岭、象洞等隘，不纳民税，拒捕抗兵，省议大讨之。旋曰："县寇非蛮夷，皆吾民也。民闻官长至，当好来迎，不宜以兵刃相向。今率兵而往，彼有辞矣。"单骑入岩穴，开诚告谕之，巨寇投刃请降，皆请而赦之，上官嘉叹。然县民实贫瘠，及征税，多不时纳。旋知其困，缓与为期。院司疑其畏懦，以不胜任

---

① 是绥：即"绥是"，安定此方。
② 正学：汉唐经学，朱程理学。
③ 贡：贡生。
④ 少：少年时。
⑤ 图经：县志。
⑥ 屯籍：军屯户籍。

改简缺①移补柳城。柳城，元时设府治，地尤阻隘。名为僻小，繁剧②过武平。旋至未久，母丧，归。服除，遂不复出。家居清俭，为后进楷则，卒年八十七。子绮歙，县主簿。

（录自 光绪二年《东安县志》卷七 列传）

【六】蒋文焕德富身贫

蒋烈，字文焕。正德中举人。幼英敏，甘贫力学。及壮，有经志③之志，不屑章句。选补汝州直隶知州。《明史·选举志》，知州由进士选，举人唯选知县。《职官志》，直隶州属州知州，俱从五品。此径选知州，未详。

治有善迹。汝民苦旱蝗，食恒不继，因缘盗劫。烈既发仓振饥者，复修常平④法，亲经理之。明年，谷价大平，乃行保甲连结之政。盗发，桴鼓鸣，瞬息捕获。州初属南阳，成化十二年（1476），乃改直隶州。然府道犹以属州遇⑤之，所领四县亦多偃蹇无长属礼。烈刚狷，遇公事不能委曲，以此忤上，官免归家。故儒素⑥，积官奉唯置祭田，其余产悉以推其兄，妻子槖而食，或不给饔飧。人讥其矫，烈曰："吾兄弟贫苦，幸得举入官，兄喜望，以为禄足赡宗族矣。今罢还，负所望，且兄年老子弱，吾犹可以笔研自给。推让之宜，礼固然也。"后学慕之，多从烈游。数十年中，举贡率出门下。

烈以文明所作《县志》久而阙略，复撰集为书。又作《归田录》，言并朴质。子奎，嘉靖中举人，官桂林通判，学行有父风。奎子镇楚、录楚、钻楚、鉴楚，在《选举表》。

---

① 简缺：选择官职空缺者。
② 繁剧：事务繁重。
③ 经志：经籍史志。
④ 常平：保持物价常态平稳。
⑤ 遇：对待。
⑥ 故儒素：原本业儒寒素。

赞曰：四子纯儒，并祀于学。德富身贫，道丰时约①。周蒋临官，农氓安宅。惠不究敷，还为先觉。

（录自 光绪二年《东安县志》卷七 列传）

【七】乔百户善战名闻三司

乔爵，字贵卿。其先凤阳人也。高祖父林，从明祖定天下，录功赐世爵，为东安守镇所百户。林长子宁，次子宏，相继袭。宏子正，正子爵，皆世官，为东安人。

爵少颖悟，能文，为县学生员，恂恂朴愚，造次必依于礼。既袭职，始习骑射，弓马过人。尤谨于操屯，屯军百人常部勒，若在行阵。时洞寇数警，以衡州卫军助守。卫军侵夺民，又骄不可用，爵数请于上，趣②召衡卫归。将行于县堂，晨得谍书，云："夷酋某领把都数十人，间道③径入。"县令大惧，爵曰："此伪言耳。吾逻守侦候无懈，谍者何自入此？必衡军利在久屯，张此为留计。"益趣之行。顷之，有勍寇百余人，轻骑劫山底，将及白牙，距县城二十余里。衡卫官谓爵曰："贼锐甚，宜且城守，不可出。"爵曰："城外居民可尽弃乎？且吾营于外，与城犄角④，待贼环城，众心离矣。"自率所部百人，益以民兵，即日往救白牙。日中出，哺时与寇遇。寇据高山，官军不敢上。爵麾⑤众退，自断后诱之。蛮酋恃其勇，挟双刀，突而前，爵射之，立殪。一贼纵进，两马交，揽爵马尾。刃未下，爵提马，马踣，贼仆，复斩之。爵兵反从高鸣鼓，驰而下，寇大溃，擒斩过半。

自是以善战名闻三司。至东安者，争欲识乔百户。知府唐珤、范之

---

① 时约：时人轻之。
② 趣：古通"促"，催促，急促。
③ 间道：小路。
④ 犄角：交互状。
⑤ 麾：指挥。

箴，皆折节礼敬。珑之子顺之，以文学、经济自负，与爵游，甚欢，名由此益显。从征田州叛苗，领都督中军官，论功进本所副千户。后从军至江华，军士役厉，爵疗治全活甚众。总督征麻山苗，召爵，被病归，数月卒，年六十二。三子：木、栋、柟。木袭。木卒，子承烈袭。承烈卒，子毓孔袭。毓孔亦以增生有文名。毓孔卒，子允昌袭。明亡，官除。

赞曰：千兵儒服，搅阵龙骧。屯军足用，寡弱能强。府兵骠骑，自昔张皇。得人无竞，敢训四方。

（录自 光绪二年《东安县志》卷七 列传）

【八】邓懋家兴安抚瑶

邓懋家，父亮采，明万历初贡生。亮采与兄寄笙，并能文，讲诚敬之学①。寄笙，官沔阳训导。懋家承家学，以贡生补临川训导，训迪诸生，率以礼法。考满②，以才能荐补兴安知县。兴安距东安百余里，于汉时为一县，少习其民俗。自宣德以来，瑶寇连接，楚粤之交无岁不被兵。神宗立，乃专事招抚，颇加意于守令③，当补缘领州县官，吏部特精其选，自此无寇几二十年。

会江华土寇入洞，诱胁瑶壮，兴安六洞瑶贪饵，颇应之。六洞者，所谓融江六洞者也，虽置巡检司，未尝有能入瑶地者。督抚欲大发兵诛讨，懋家议曰："瑶人耕织力作，有室家，无君长，宜不乐叛。皆由内地奸民羑怀④使然，颇容⑤逋逃耳。自用兵以后，经数大举，终以抚纳而定。今息兵未久，复大举，非计之便。既在县境，请自入说之，令缚

---

① 诚敬之学：宋代理学。
② 考满：考核期满。
③ 守令：郡守、县令。
④ 羑怀：引诱恫吓。羑，通"诱"。
⑤ 容：收容。

首谋①自赎。"督抚许之,安全者甚众。懋家久为诸生,又历学官,老得一令,不乐久官,逾三年,致仕归。洞民感其惠,立生祠焉。

（录自 光绪二年《东安县志》卷七 列传）

【九】李玉美谕贼死难

李玉美,明万历时人。寄籍广西,中己卯科武举,补把总,以军功累官授南赣游击。器质端重,能御众,见赏督府。明季兵乱,何腾蛟督湖广、江西师,所用皆强将、悍寇,封爵闻府,故营伍日绌,听命于群盗。玉美求归,从桂王子,间关②梧桂间。遣招谕山贼,不从,反欲屈美玉,骂贼,死之。命优恤建祠。国亡,失其遗事。

嘉靖初,有李廷儒,以参将死陕西。妻唐氏,有传。近岁有谢占元,亦以武举从军贵州,死于阵。

（录自 光绪二年《东安县志》卷七 列传）

【十】唐知铣廉明刚正

唐知铣,字子寅,号敬轩,贡生,大杰之季子也。事亲以孝闻。亲病,屡祷以身代。亲没,家贫而益力于学,中道光戊子科举人。以大挑分河南知县,历商州、固始、偃师、虞城、登封、息县,补宝丰。

宝丰大盗周小泥,横行州里,前令莫之治。知铣到县,捕斩之。然治尚清简,民便安其政。唯日与县中士子讽诵讲习,为文悉有法,前后两充乡试同考官,号能得人③。咸丰二年（1852）,宝丰饥民数万户,困顿流离,知铣戚然捐俸钱,调富户谷数千石赈之。事闻,大计卓异,迁

---

① 首谋：带头谋乱者。
② 间关：崎岖辗转。
③ 得人：发现人才。

第五章
史/海/钩/沉/人/物/传

郑州知州。寻①以俸满归省②。

同治三年（1864）七月，河北大雨雹，橄往勘之，时年七十矣。同官或言："履勘非己所职守，且秋旱暑甚，曷陈情请代乎？"曰："今申请，动经旬日，吾奈何以一身孤③万民之望？"行至安阳，竟以疾卒于馆。

知铣为人廉明刚正，不爱钱，不沽名，生平古朴自如。两至宝丰，民尤服其化。其迁郑州而去也，皆手香④遮道，车几不得前，既而知其终不可果留，乃大哭而返。

咸丰十一年（1861），苗沛霖党十余万围郑州。知铣集民兵死守两月，外援不至，贼攻益急。八月十四夜，支云梯，薄⑤西门城，城几陷，守陴皆哭。俄而贼忽退，退且宵遁。知铣不解何故。明日有自贼中逸出者，谓贼见城头上旗帜森立，环雉皆精兵壮夫，持刀矛严阵以待，疑官军昨夜偷渡入城矣，故惊而退，退而遁耳。绅士曰："此神也。吾官至诚感神，神为之助乎！"于是以语知铣，知铣曰："吾之德不能格神⑥而使贼之不来，又焉能格神而使贼之忽去乎？殆有天幸也。"绅士退而语人曰："刺史忠厚过人，所谓不贪天之功以为己力者。"益爱之。事闻于朝廷，以坚守之力赏赐花翎，擢运同御同知。总计作令三十余年，死之日，旅归无资，同寅⑦各解囊集费，俾其妾王氏挈幼子信潜、信泽，持丧以归。信潜候选知县，至今家居犹寒素也。

赞曰：二令⑧儒文，或速或久。兴安⑨入洞，莫瑶牛酒。子寅恤荒，

---

① 寻：随即。
② 归省：归家探省父母。
③ 孤：通"辜"，亏负。
④ 手香：手持香火。
⑤ 薄：通"迫"，近。
⑥ 格神：通达神。
⑦ 同寅：同僚。
⑧ 二令：指邓戀家、唐知铣。
⑨ 兴安：指邓戀家。

247

劬①于履亩。庶几仁廉，以式闾右②。

（录自 光绪二年《东安县志》卷七 列传）

【十一】罗澍昀书迹遍海内

罗澍昀，原名正六，号艺甫。由拔贡生充武英殿校录，供职十六年。书③成，议叙④教谕，历靖州学正，攸县、永兴、澧陵各教谕。年六十五卒于澧陵官廨。

澍昀自负逸才，初以拔贡生入京师，声名噪甚，都中大官争令出其门下，澍昀未之许也。独与湘南陈启诗、西州张穆诸名士，慷慨交引重。时祁文敏官庶子春坊，以澍昀为所拔士，尤契之，延课其子。凡四方求书者，属澍昀代为之，文敏几不能自辨。久之，秋闱报罢，朝廷将修《廿三史》，需校字。副贡例得试，题写"叶惜残红"。澍昀诗第六联云："尽容争夕照，未忍怨秋风。"考官垫江李惺得其卷，叹曰："此子牢骚尚未息哉！"遂录之，供职武英殿。旅羁京都，连不得志于有司，遂一往不顾，恣情于酒肆剧场。醉后耳热谩骂人，谈笑挟讥弹，于是当途稍易目视之。顾穷极诗益工，行草楷骎骎登颜柳之堂，而入其奥，书迹遍海内。每科朝鲜来京贸易者，辄乞数十纸以去。然数奇⑤，终不得一遇。至《廿三史》成，得议叙归，计前后客京师凡二十年云。

生平不为生计，多欲取资于人。尝言："以京师之大，乃不能庇一寒士，为可惜。"然绝不干与讼事，遇差役辈，犬豕视之。掌教紫溪书院，未尝以私谒县官。历任诸州县，亦未尝以印卷故，与诸生争些子也。以孝友闻于乡，家庭之间多所讽谕。著有养和斋诗文集，各二十

---

① 劬：劳累。
② 以式闾右：成为乡里楷模法式。
③ 书：这里指《廿三史》。
④ 叙：按资历授官。
⑤ 数奇：命数不好。

卷，待梓。

赞曰：济川①守忠，艺甫②肆志。均为人师，各行其是。紫溪茫茫，流风远被。

（录自 光绪二年《东安县志》卷七 列传）

【十二】唐仁廉战功著晚清

唐仁廉，湖南东安人。初隶杨岳斌部下，洪军将韦志俊以池州降，仁廉从彭玉麟往受之。其党忽变，仁廉手刃其悍者数人。岳斌嘉其勇，令选降众，立仁字营。咸丰十年（1860），改隶霆军。从战太平石埭间，擢守备。克黟县、建德，擢游击，赐号壮勇巴图鲁。破安庆敌援于赤冈岭，战丰城，克铅山，累擢副将。

同治元年（1862），克青阳，以总兵记名。三年，克金坛，以提督记名。四年，战嘉应，洪军荡平，赐黄马褂。五年从剿匪捻，率马队逐贼于鄂豫之交。六年，大破贼于永隆河，连败之于钟祥、池河、枣阳平林店。鲍超解军事，仁廉分统其众，从李鸿章剿匪。东捻平，论功遇提督佽先简放。西捻张总愚犯畿辅，仁廉追贼于直隶、河南三省之间。连败之浚县大伾山、海丰郝家寨、商河李家坊。又偕郭松林合击于沙河。总愚中枪遁，再败之于高唐卢寨。西捻平，以一等军功议叙。九年，从李鸿章援陕西，平北山土匪。寻调防畿辅，驻青县马厂。十三年，授通永镇总兵。光绪十年（1884），擢广东水师提督。二十年，皇太后万寿，恩诏加尚书衔。

日本犯辽东时，以唐仁廉为霆军旧将，召至京。仁廉奋发陈方略，请募二十营当前敌，允之。及成军出关，和议旋定，遂还。二十一年卒，赐恤。

---

① 济川：周而溥。
② 艺甫：罗澍昀。

编者按：唐仁廉，即县人所谓"唐赖之"是也。属石期市乡人。少年贫贱不羁，长身短足，若猴然。后累军功，其妻已嫁矣。以武夫而轻文人，常慢①掌文书者。卒时，为报瘴疫死，故不得优恤②云。

（录自台北 1977 年版《湖南省东安县志》新增采访实录之人物卷）

【十三】席宝田勇谋非等闲

公讳宝田，字研香，姓席氏，永州东安人。其先本为籍姓，避项羽易之。晋之席坦，梁之席阐文，始颇见于传记，殆其后也。明时有由江西来宦，占籍居焉。历传至公曾祖，晓形家术，尝卜葬母，辄自熹，语人曰："后有领万人为国立大功者，乃其验也。"

公生而沉毅持重，不苟言笑。读书观大略而已。不为章句，好究舆地兵家之言。弱冠补县学生，食廪饩，与刘公长佑行学岳麓书院。是时承平久，乱机萌芽，官吏晏然不治事。公尝拊髀叹曰："安得及时取县令，为吐腹中愤懑乎？"刘公笑曰："君志颇不易，长佑碌碌③，幸窃教官，畜妻子足矣。"

未几，广西寇起，出湖南，连陷湖北、安徽，袭破江南踞之，东南大震。曾公国藩屯长沙，方治兵东讨。公上书言兵事，曾公奇之。时刘公长佑亦骤起，领军援江西。招公与刘公坤一、江公忠义佐军事，从克袁州、临江、抚州诸城，累功至同知州。咸丰九年（1859）春，寇酋石达开犯永州，前锋围攻宝庆，众号三十万。公谋分军，壁④祁阳遮寇，自从刘公击之永州西，连战于武冈、新宁，破之，宝庆解严。复追击至广西，克柳州。擢知府，留江西补用，赏戴花翎。

---

① 慢：轻慢。
② 优恤：特别抚恤。
③ 碌碌：无所作为。
④ 壁：筑城垒。

第五章
史/海/钩/沉/人/物/传

九月假归，达开余党犯宜章，略湖南边。湖南巡抚起公募千人备攻守，号精毅营。于是始专将一军，败寇道州、桂阳，遂定宜章。

同治元年（1862）夏，达开大出广西，陷会同北，及来凤。公往来遮击，破黔阳团寇，斩首数千级，复两城。达开遁入蜀，由是遂灭。擢为道员，加按察使衔。是年冬，曾公督军安徽，寇张甚，犯江西益急，调公往援，抵饶州。寇壁陶溪渡，我军甫至，屯近郊。会暮，垒未就，风大起搴①幕。公心动，亟勒兵戒备，遣骁卒伏旁道。寇夜果大至，内外伏起，追斩及百里，平陶溪渡，寻败之于洋塘石门。又败寇青山桥，斩首三千级。又攻都昌湖口，下之。加布政使衔，兼业铿额巴图鲁。曾公令公移军入皖，援青阳。公遽由池州缒岭袭其后，寇大乱。所遣别军，又已遮左岭，鼓而入，益不支。立夷寇垒数十，歼寇逾万，青阳围解。

三年春正月，李世贤、汪海洋挟寇十数万，由浙复犯江西，而沈公葆桢为巡抚，倚公办②寇。时江公忠义病卒，公并领其军。因陈寇势强盛，浙将称逸出残寇数千者，谬为大言耳，非事实，未宜易③视，贻大局之患。自是江西大设防，朝廷亦以杨公岳斌督江西军务。公回军迎击白沙关，设伏破其众，克金溪。再破建昌围，寇走之。诏以按察使记名题奏，寻补援云南按察使。公遂进攻崇仁，时督师杨公屯宁都，促公会师，公以攻崇仁未赴。及世贤败遁，复崇仁，杨公已劾公迁延违节制，夺按察使，降补知府。

是年六月，大军既复江宁，洪秀全子福瑱拥逸寇万余人西行，走泸溪，斜趋山谷间。公是时所向皆捷，威名动东南。以福瑱寇倚以号召，驰遮之新城。已遁，遂率轻兵裹粮，疾追数昼夜，犹不及寇，军士久

---
① 搴：拔起，掀翻。
② 办：处理。
③ 易：轻。

疲，议休止。公曰："寇奔逸数千里，日夜疾行，辎重妇女相随属，见无追军，行必缓，我亟趣①间道要击②广昌石城间，寇可灭也。"仍勒军传餐而进。越二日，至石城之杨家牌。危崖阻纡，日向暮，前锋扬旗植山下，止不进。公怒曰："渡岭寇即是，奈何懈军心邪？"令斩以徇，于是诸将皆奋薄而上。平明岭尽，果见寇方炊。寇亦顾见，因骇奔。我军呼噪压击，俘斩过半，遂禽伪王洪仁玕、黄文英、洪仁政，及他渠酋数十人。而福瑱脱免，部将周家良因追禽之。巡抚沈公以捷闻，诏复公原官，加赐云骑尉世职、黄马褂。寻授贵州按察使。福瑱等砾③于南昌市。

当是时，汪海洋方拥瑞金寇十万，道迎福瑱别窜，图大举。距战处仅百里，而福瑱为虏，余寇溃尽，海洋气夺，遂走路粤边，江西之防稍弛矣。

四年八月，公自平远屯东石。海洋与粤寇合，复来犯我。分军应之，遮其右队，入荒谷中，寇大败，即夜拔出谷中。寇万四千人，响晨资遣未毕，海洋已悉众大出。我军仓黄拒小沟而陈④。寇肉搏陷阵，我亦殊死斗，寇不得逞。时天雨如绳，大风窈冥⑤。海洋仍麾寇猛突，手刃回顾寇数人。朝至晡，荡决⑥数十，寇跃而逾沟，几不可支。唐本有遽提药烧其前屯，寇稍却。我军复踊跃拒战，由是引⑦去。明日，寇群掠垒门而奔，诸将奋欲出击。公不可，度寇已远，曰："此可击矣。"空壁逐之，俘斩数千人。追扼信丰铁石岭，则结陈逆战。我以精兵攻其后，又以一军左绕丛山袭寇垒。寇驰战方急，后陈乱。遂夹攻，大破之。还依

---

① 趣：通"趋"。
② 要击：拦击。
③ 砾：磔。
④ 陈：列阵。
⑤ 窈冥：昏黑。
⑥ 荡决：冲破。
⑦ 引：退。

第五章
史/海/钩/沉/人/物/传

垒自固,垒后军压下,直斫垒门,刃及海洋背。于是寇大败,歼寇万人,自拔来归者二万人。

海洋慓悍,务猛进。所将皆群寇养子,年二十以下,久在兵间,瞢^①不知畏死。其为战也,专以数万人突陈,孤军当之辄披靡。至是,数败悍寇尽,海洋遁和平。当是时,轻军追之,几可获,而诸将多道病者。公念寇终不复振,又闽粤诸师屯境上,旦夕当灭,遂留屯。海洋寻殪于嘉应,群寇悉平。

左公宗棠、鲍公超俱以竟^②大功,膺殊赐^③五等相望矣。时刘公坤一,代沈公为巡抚,亦奏公江西战功第一。得旨,以布政使记名题奏,赐三代一品封典。于是寇终定,悉散所部,乞假终养,诏允之。

公用兵主坚忍,严于用法。敕部伍,严刁斗,甚备。善揣敌情,规全势,不轻出要利。而当大敌,则躬犯其难,无所避就。方汪、李二寇之蹂江西也,诸援军至者十余壁,颇观望。公部卒不满五千,抗强寇十余万,纵横驰击,辄以少胜众。时以比王公鑫,士人至今称终始敢战者,公与鲍公超两人而已。然公抚恤流民,约束军士,秋毫无所犯,鲍公不及也。

既还东安里第,未几而苗事亟^④。初,铜仁苗起为乱,教匪应之,浸寻二十年,迭陷贵东府县,出掠镇、筸、沅、晃、靖州、会同、黔阳间,湖南西界大震。防边之师无宁岁,糜费愈千万,比无功。李公瀚章既为湖南巡抚,知公名将,而刘公崐代之,于是悉劾罢授黔统将,特起公募万人。公故^⑤刘公前提学时所得士,益能知公者也。于是公稍集精毅营旧部,任荣维善、龚继昌、苏元春、唐本有等为部将,率军往次^⑥

---

① 瞢:无知貌。
② 竟:成就,完成。
③ 殊赐:特别赏赐。
④ 亟:通"急"。
⑤ 故:故人,老朋友。
⑥ 次:驻屯。

沅州。

六年十月，公建议首攻荆竹园。荆竹园者，苗教之巢薮，李公元度久攻坚不下者也。而达开余寇复入保中，屯二万户，天险四塞，保砦栉比，其教匪曰白号、黄号、红号，假天主名，诱苗侵掠以为利。公既驰壁砦下，觇①北冈稍利仰攻，骤作二垒逼之。

明年正月，遂分军猛攻。战逾时，黄元果握矛从北砦先登，后军从之，砦门寇纷走，坠崖死。我已疾入东南，烧其屯栅。寇数万人来援，反斗于砦内，破斩九千人，收牛万蹄②，马百匹，旗帜砲械无算，余寇溃遁。公至旬日，而荆竹园复。寻进轿顶山，夜破其三十六砦，奸教匪略③尽。苗失其蔽，始震矣。还军铜仁，要④寇三角潭，败之。又败寇冷水溪，又败之龙驻界，侵沅州麻阳之寇皆溃。于是四十八砦之寇悉聚保砦头，不复东犯。公曰："砦头，苗之门户，智者所亟争也。"麾万众乘险克之，砦苗几尽死。张臭迷者，大酋也，尤狡悍。至是合黄平、麻哈、清平苗数道出援，势张甚。公屡设奇兵，力战破走之，斩首数千级。因攻定旁近十余砦，遂驻军砦头。

四月，以继母丧归，贵州、湖南巡抚交章乞留。公不得已，仍起督军，屯沅州。是时前军渐深入，炎暑瘴盛，军士疾疫过半。而援师逾万，悉倚饷湖南，或不时至，军中大困。

其后十月，始进规台拱。公以台拱苗最强，右清江而左镇远，为之犄角，台拱下而后苗事可言也。不取两城，无以制台拱。不悉平砦头前路苗砦，断寇援通道，无以取两城。于是，先徇清江路。谓诸将曰："清江南北百余路，苗砦不可胜数，北岸犹坚悍，皆倚阔壑绝险，径仄不容足，益以木石断塞，沿砦而索战，旷日月，伤校卒，非计也。今宜

---

① 觇：侦察。
② 万蹄：即二千五百头。
③ 略：大略，几乎。
④ 要：中腰截击。

第五章
史/海/钩/沉/人/物/传

扬言进攻，而以轻兵缒万山袭其后，传峰火而袭之，砦可尽破。然绝危难，失势，败且不救。"

公里①人荣维善，骁捷冠一军，向②战江西，刃斫汪海洋者也。奋请行，公大喜，拊其背曰："勉之，功无与比也。"维善裹粮约束③，夜率所部，疾趋山谷间，悬军五日，回绕数百里，至柳树街南岸，则清江厅也。时天寒大雪，城苗望旗志④，疑他砦苗会师。俄而大战，蹙苗赴江水，尸蔽江下。知官军已至，惧欲遁。维善止不渡，乃反攻柳罗乌包之属，槁雍诸名砦已前下，复抚降所过数十砦。清江北岸砦悉定，遂移军南岸，规镇远。

十一月，破抱金，入抚松柏洞，唐本有屯之。九大白、潘老冒纠万人围攻，本有敛兵守。荣维善从他道张两翼遮苗，苗反在围中，本有复出合击，大破之。因收南岸十九砦，拔黄牯屯，斩悍寇三千人，九大白遁走。

八年正月，克槁绕、平塘坡、乌沟，旁取数十砦。砦头达镇远百里，苗砦荡然尽矣。先以公所走苗地，宜处处为防，请益师南北并进，使苗无能兼顾。于是黄润昌、邓子垣别将万人从北入攻，而公专南路，黄邓军已屯思州。遂会师攻镇远，克之。复拔施秉城，斩首五六千级。

八年二月，渡沅水，进攻董敖清江之大砦也。与公鹅并称险绝，自前世用兵不能拔。公至，览其形胜，孤峰矗立，绝因依⑤，无可伺⑥击。乃径麾军薄而登，寇从峰巅转石下击，声隆隆震山谷，我军死伤相积。荣维善猱升及山腹，寇拟维善及巨石，维善急抱树，后二人拊其背，石激跃树过，三人皆无恙。寇惊以为神，相顾愕立，维善已践其巅。谢兰

---

① 里：故里。
② 向：前。
③ 约束：做准备。
④ 旗志：旗帜。
⑤ 绝因依：无凭借地形。
⑥ 伺：侦察。

阶、苏元春亦悉师从登，斩其酋，遂拔董敖，毙寇及坠崖死者无算。还攻公鹅及诸苗砦百七十八，又迭下之，清江厅城复。

当是时，荣维善已立大功，复请率六千人往会黄润昌、邓子垣军，疏通驿路，公尤壮之。至黄飘遇伏，黄邓败没军覆，维善亦战死。公哀愤殊甚，亲驰至巴冶与张臭迷决战，大破之，走保稿米。公又以稿米群寇所窟，破稿米，则寇势益落。令暗①行五十里袭之，寇殊死战，裨将徐启瑞不力，斩以徇。将士奋死陷陈，寇大败，斩首数千人。寇弃稿米遁。连克廖洞胜秉，烧其屯粮十万石有奇。龚继昌复自别道克抱严九砦，苏元春又拒寇于天柱，破之。由是合攻施洞，俘斩逾万，拔之。班鸠、白洗、瓮版亦悉下。苗地日蹙，川军已进至黄飘，约会师严门。

九年四月，克严门，进军叫乌。川军亦克瓮谷陇，与我军哨旗相望。乃督军攻革夷。先取其旁砦，夜薄之，皆溃，纵烧左右诸砦略尽。遂克台拱厅城，歼寇数千。寇悉聚九股河，而丹江、凯里厅为其窟穴。九股黑苗者，自杨应龙以来频拒大军，皆以深阻约降而退。公转战而前，分军迭破余砦，斩首数千级。苗日益困，鸡讲苗请归化。遂次第攻降苗砦二百一十。

十年三月，丹江平，进军牛场。选死士，燔其村砦数十，击斩三千级。公遂驱军入凯里，拔其城。复乘胜悉收二百余旁砦，苗遁保雷公山。由是沅水南北岸，乾隆中所设六厅城皆复焉。

五月，逐余苗雷公山。其旁砦数十俱险绝，公锐意尽灭之。暑雨毒淫，亲执桴鼓督战，植立竟日，破斩三万级，张臭迷逃免。

还军施洞，遂感瘴病风痹，九月犹不疗。公乃乞归，议汰六千人。以龚继昌、苏元春、唐本有、谢兰阶三提督一道，分统其军，自留沅州节度之。

---

① 暗：暗中。

第五章
史/海/钩/沉/人/物/传

未几，诸将奋死力迭战，遂俘送张臭迷、金大五诸酋于长沙，砾之，时十一年四月也。

苗疆平。公在苗疆，凡赐翎管、搬指、大小荷包者三。克台拱，赐头品顶戴。拔丹江、凯里，交部从优议叙①。至是，有诏褒嘉，赐骑尉兼云尉。

始公之入黔也，以苗之强者，台拱、清江生苗，九股河黑苗为之冠，镇远施秉，黄平、清平所属之苗次之。坚巢巨砦，率罗列清水南北岸之间，而教匪者尤出没为援应。故先拔荆竹园，除教匪，继踞砦头屯大军夺苗之势，然后次第毕收攻战之利。又计苗砦如布棋，长于守险，欲试行"雕剿法"，惧无效。自荣维善奋出立奇功，于是始决行之。后维善战死，复督龚继昌、苏元春、唐本有等继之，卒以平苗。犯瘴疠，跋冰雪，缒幽穿岨，攀度箐壑，寻逐于猿鸟俱绝之径，争万死，卒攻不备，往往破灭。或分军夜取城砦，衔枚暗趋，手扪而前，指与指相错，始知我师合军士咳伏地，指掘土为阱，令声入地中，不幸失足堕坑谷，骨体辄糜碎，其艰如此。

用兵五年，拓地千余里，破砦千所，歼苗数十万人。自有三苗以来，兵威所极，未有至此者也。经理②降苗，防未然之患，以为莫要③薙发法，尤善公之言曰："苗之叛服无常，非独其野性然也。风俗之不一，政教之不及，相激相荡，因而生心耳。雍正间苗已大定矣，然苗之薙发者，仅十之二三而止。益以言语不通，嗜欲不同，汉民既目为异类，苗亦自居于别种，苗疆所由多故也。欲苗不为乱，必使言语、嗜欲同于编氓，而要由④责令薙发，始形貌既同，言语、嗜欲即渐更化。数十百年之间，民苗大驯，混同教俗，生计或不给，营贩四出，无所疑阻，则叛

---

① 从优议叙：按优秀评议叙用。
② 经理：治理。
③ 莫要：没有什么比……更重要的。
④ 要由：重点在于。

盗之祸息矣。"

故公于所抚苗，无不薙发，及悉输炮械者。公器干精实，目沉沉下视，猛鸷有威，中怀奇略，临敌制变，智勇天发。自起军援江西，迄于平苗数百战，未尝败北。曾公国藩尝语人曰："继起将才，殆无席君比也。"推论时政，多识大体，无儒生俗吏之见。然性真率，不为仪观。深嫉文法吏苛绕不中情伪，以故一切反之，务得其本真，亦以是不为时所称誉。方苗事之亟，公屡以捷闻，而讹言蜂起，以为苗终不可平，公所出①，悉前军故道，辟易无百里，所言张皇无按据。公又简傲②，于省中群吏，一无馈问，愈益争挠败③之。当是时，非巡抚刘公崐专向④用公，军几罢。及俘张臭迷，群议始息。公既引病归休，暇无所发舒，于是究青乌⑤、形家⑥之法，辄以二卒舁篮舆⑦，徜徉山水间，宾客术师，随从无虚日，所至施舍为满，公与之口讲指画相乐也。

寻遭父丧，四方会葬者数千人，咸称其仁孝。公奉养俭素，服御食饮，不加别择。当食于鱼蔬之馔，辄取近箸者，无所专嗜。而振饥馑，恤穷乏，及他善义事，动⑧累巨万不少靳⑨。又尝捐施族田千余亩，宗党赖之。又斥巨资，建县圣庙，修县志，置学田，增县考额及蘋洲书院学额，有禆文教者远矣。初，公儿时就傅⑩读，行必经栎社，社之神征梦于其邻媪曰："邻儿席生者，非常人也。"媪觉而异之，由是常资给公。后公贵，媪子以从军功阶列二品云。

光绪十五年（1889）六月乙酉，卒于武冈别第，享年六十有一。湖

---

① 出：出兵路线。
② 简傲：简直高傲。
③ 挠败：阻挠挫败。
④ 专向：一向。
⑤ 青乌：为"青乌"之讹。青乌之术，即青乌子相地术。
⑥ 形家：即堪舆，俗称风水。
⑦ 篮舆：竹轿。
⑧ 动：动辄。
⑨ 靳：吝惜。
⑩ 就傅：前往老师处。

南巡抚王公文韶以疏闻,奉旨赠太子少保衔,兼敕湖南、江西、贵州各地省建立专祠,将事迹宣付国史馆立传,余赐恤①如例。先是,以擒洪福瑱功,诏图公像紫光阁,列中兴功臣之次②,可谓备哀荣之典矣。公配魏夫人,继配万夫人,皆先公卒。男子子六人:启冀,殇;跃衡,县学廪生;镛,分部主事;汇湘,县学附生;启骈、启骝。是年月癸丑卜葬公于武冈玉屏山之原。

三立,姻旧子弟,习公战状,益证官私载记。比次③其文,上诸史馆,甄录本末,并以公敌④当代雅故闻人颂述勋绩,垂诏末叶⑤,以折衷焉。谨状。

(台北1977年版《湖南省东安县志》新增采访实录之人物卷,转录陈三立《散原精舍文集》。《清史稿》有席宝田列传,但不及此详)

【十四】荣维善平苗建神功

荣维善,字楚珩。幼孤贫,居乡里中,无所得食,其世母稍收养之。及长,力能举五百斤。同治三年(1864),县人席宝田将兵击寇江西,注名军籍中。

维善长身远视,精采过人。宝田奇其貌,令为亲兵,常从在左右。战南丰,夺李百长尸。战崇仁,诸将格斗陈前,遣候伺兵势,每往辄挟级以还。凡四五合,皆有擒斩。遂令领亲兵百人,拔千总,从击洪福瑱。福瑱者,寇酋洪秀全子。江宁已克,而得脱走。群帅列奏,以其生死为安危,于是宝田要之,自新城驰三昼夜,及于广昌。寇列陈殊死斗。维善所当,则踊跃奋击,杀数十百人,因陷陈深入,视退者横刀砍

---

① 赐恤:恩赐抚恤。
② 次:位。
③ 比次:及编次。
④ 敌:相当,相等。
⑤ 垂诏末叶:垂示后世。

之，寇大奔。至石城，大军生得福瑱。维善以功骤擢游击，赏花翎，时年二十。

明年领右营，越立为分统，居诸将之上，从攻汪海洋。海洋踞闽越之交，江西援防军三四万，未敢言战。宝田倡议出境攻击，战平远、东石及信丰、铁石，皆维善为椎锋①。海洋出铁石，列陈五六里，宝田谋前后夹击，问诸将谁能绕贼背夺其垒，皆曰："维善可。"即遣维善。已而大战，海洋败。趋其垒，垒火起，维善从垒中望见海洋旗出，搏海洋，刃其背，几获之。迁副将，赏号"武勇"。

六年，湖南大出军援黔，宝田统其众，以维善总营务，领六营，攻寇石阡。石阡教匪倚荆竹园为大屯，与苗寇相声援。前后官军至，则破走。维善逼屯作二垒，寇来争，败之。数日益前，作二垒，寇来争，又败之。寇闭壁守。旦日，维善率三千人肉搏攻屯，冒炮石，战砦门，坏门入。寇攒槊刺，维善手槊先登，诸军乘之，遂拔荆竹园。捷闻，擢总兵，赏换勇号曰"额腾依"。知苗事者皆喜，谓贵东指顾可定，维善名始显矣。

苗酋惧楚军遂深入，乃谋挠楚边，犯晃州、沅州、铜仁、麻阳。维善还师，激战麻阳、芷江。两旬三捷，斩首万余级，苗退走。从攻镇远寨头，破螺蛳屯、台笠。功最记名，以提督简放②。自沅州进兵，十二日而寨头克，群苗大恐，十二酋长悉起台拱等七县众十余万，处处屯聚，距战。宝田议曰："寨头前抵清水，逆砦之所萃也。右镇远而左清江，台拱之两翼也。台拱苗最强，不取，两城不能规。台拱不通，左右两道不能克。两城不悉平，前路贼屯不能通道。然三方砦落林立，运道窎远③，馈粮不继。惟县军深入，饥食敌粮，夜宿敌垒，军不时出，出不

---

① 椎峰：锋锐，即先锋。
② 简放：择优外放任职。
③ 窎远：遥远。

第五章
史/海/钩/沉/人/物/传

时反，乃可以入穴得虎。"此言苗事者所谓"雕剿"，策无逾于此者。维善曰："然。然则谁可任雕剿者？"宝田曰："无以易君矣。"

维善拜命，建旗鼓，率本部转战三月，通道数百里，屠苗砦百七十八，斩苗酋二十四。遂攻清江厅。清江苗有二屯，雍正中，鄂尔泰以大军攻公鹅屯，数月乃破，董敖屯讫①不下，抚之而还。维善越山攻，破之，复清江。于是湖南巡抚知苗可悉平复。奏遣黄润昌、邓子垣等，出万人攻下镇远，破其旁近寨。与维善会师攻施秉，又拔之。进师秉三十里，曰白洗，又三十里，曰瓮谷陇，皆大砦，及旁近砦数十，益深入攻下矣。维善私谓润昌、子垣曰："吾军不立营幕，为游击之师。今深入贼中，久战军疲，且宜休士赢粮，乃可进也。"于是皆止垒不进。

时四川援军亦至黄平道，不通者才六十里，诸别将疑维善欲专功，让之曰："生平闻荣将军善战，今何怯也？"又激润昌。润昌、维善乃起，与子垣率所部行至黄飘。山径斗隘，行者顶趾相接。苗酋凭山列万众，抛石击我军。维善军行迅疾，已出险，而润昌、子垣陷围中，军众骇散。维善遣苏元春拔之。败军争道相挤，润昌再失马，与子垣皆死。维善迟②后军，久不至，复遣军往，乃闻润昌等已死。袒衣搥胸，斫陈入求其尸，与所遣两军合。苗至益众，后所遣军急欲出，遂乱不相顾。维善独与亲将率死士二百五十余人保一山，苗聚围之，则又驰下破一小砦，始得少食饮。苗环攻砦，维善复出纵击，三围三溃。苗为长围，遥呼噪，夜则列炬相守，凡三昼夜。士卒饥困，刀矛缺折。维善所乘善马，超③山越涧如平地，至是亦死。苗益前逼，维善夺刀犹杀数人，乃死，从陷围者殆尽。余一人逸出，至军中见宝田，言状，语毕而死。军中以为维善之神云。

---

① 讫：最终。
② 迟：等候。
③ 超：跳跃。

261

维善喜独身挑战。有苗将持火枪出阵，前伤数人，火无虚发。维善怒，亦持火枪出，一发毙之。苗酋杨捞，号"万人敌"，尝乘名马挑战，众莫敢撄。维善下马，跳而进，斫断其臂，立死。

湖南巡抚奏状其战功，请宣抚史馆，尤盛言其雕剿略。曰："雕剿之法，所以制苗瑶，然非诚良将劲旅不能为也。提督荣维善，县^①军深入，不携锅帐，沿邃壑，逾穹巅，寇众前后棋布，处处抄截，后路迥绝，与大营声息不通者，动十余日或五六日，一军惟维善是依，将士坦然不知所畏。及得苗寨，宿军番休，寇众环攻，常终夜扬火鸣炮，维善寂默，莫之应也。伺其近，击之，辄大败走。复游兵攻旁砦，西起镇远，东尽清江、清台，剧寇^②靡焉略尽，可谓穷雕剿之能事矣。"又曰："败绩之后，余威震于苗中。大局晏然，其所摧折过当^③故也。"于是朝廷伤之，赠"太子少保"，下诏优恤，以为失我良将。

盖自军兴以来，阵亡大将，惟李续宾得此言。而维善起卒伍，承恩闵^④如此。其克清江，赐玉搬指、荷包，以旌其功。至军中，维善已亡，巡抚遣赍藏其家。越四年，苗疆大定，巡抚推论平苗所由，复上奏，归功维善，以为非虎之将，不能扬威蛮夷，廓清溪洞。诏于立战功地及永州立专祠。维善死时，年二十七，犹未娶。以其世母孙为后，袭骑都尉。族人得锦官游击，维清官守备，皆以勇敢从维善转战有功，至是皆从死，袝祀其祠。

赞曰：少保翩翩，突^⑤将无前。张拳冒刃，踔谷腾山。知止不止，还旗赴难。论功身后，作庙临沅。

（录自光绪二年《东安县志》卷七列传）

---

① 县：悬，孤。
② 剧寇：强寇，大敌。
③ 过当：超过与自己对等的人数。
④ 恩闵：朝廷的哀悯。
⑤ 突：冲击。

第五章
史/海/钩/沉/人/物/传

【十五】唐本兴勇斩贼将

唐本兴者，初以百长从御石达开，战于永州城下，有功。从攻寇东安，防新宁道，战蓝庙，本兴独领百人，追奔陷阵。步卒易有田者，曳贼将马尾，贼回刃有田，本兴驰救之，头已落，迳前斩贼将，夺得其马。后贼大至，本兴殿①其卒以归。及达开败，论功擢游击。其战功在宝庆者犹多，不即传蓝庙杀贼事，盖老卒云。又曰："本兴年二十余，巨腰赪面，勇力过人，植立数人不能撼。"后与席启浩同战死浔州。同时官广西殉寇者，有卢铨，为良田巡检，其家失其事状。

（录自 光绪二年《东安县志》卷七 列传）

【十六】夏基洪勇寇一军

夏基洪，字子亮。与金国泰同从席宝田，以击败彭大顺功，用步卒骤领百长。从攻石达开，两人出入行陈七八战，勇寇一军。尝会战，贼数万乘之。两人期各斩一贼，即按辔不动，国泰忽驰出，斩贼一骑将。基洪尾其后，比国泰还，则亦携级②兼挟一童贼并马归。曰："如何？"则皆大笑。同治元年（1862），从击黄文金于浮梁，贼走上下彭。谋夜劫其垒，基洪请行，宝田戒之曰："吾度贼且走。汝至，但烧其垒，毋深入，为贼所袭。"基洪率四千人衔枚夜行，先夺其隘，即疾驰破五垒。比近寇酋大垒，越壕发火，贼皇急，死拒战。烈焰中，夺其龙虎大旗。天且曙，援贼袭其后，乃围基洪谷中，不得出。依小岗为守，以炮自固，贼稍稍引避。基洪突起，与百余人驰下，余众死守。至日中，金国泰、唐本有等来援，拔出余军。问基洪，皆言："初驰出时，所当众辄

---

① 殿：殿后，在……最后。
② 级：首级。

披靡，贼萃①之而行。惟闻炮声震裂，已而寂然，盖战死矣。"士卒有逃出者，言基洪果中炮死。事闻，优恤如副将例。

基洪长身魁伟，年二十四从军，克会同、来凤两城，其战功多不传。士卒多言夏副将所部中军百人，皆健儿。每战，帕首握刀，必视贼劲处击之。他将陈稍却，则怒砍陈后，其百人当战终无反顾者。死时年二十七。其族又有基纲者，亦为百长，随征黔苗，敢战有功，同治十年（1871）战死凯里。

（录自光绪二年《东安县志》卷七 列传）

【十七】金国泰壮烈破贼

金国泰，字平阶，家贫，常渔溪涧间，日不能两餐。然与人语，亢爽自许。咸丰中，以步卒随周凤山讨江西贼，数有斩级。会凤山罢归，国泰亦碌碌无名称。十一年（1861），从席宝田攻寇于道州四文桥，战甚力，拔为百长。石达开陷会同，分党屯城外隘口，遏援军。一战夺其隘。旦日攻城，寇万余，结陈甚固。宝田分遣右营据山上，比战，山上兵驰下。寇从东门出，循水袭中军，左营驰前，斩其前锋。而国泰率百人渡水袭贼后，斩数百级，遂破城外屯。因疾攻城，克之。复从援黔阳，战烟溪，兵阻隘未进，国泰大呼直前，与贼争隘，大军乘之，斩三千级，贼将赖裕兴跳②而免。

裕兴悍狡善战，达开与之约曰："疾攻黔阳。即③破，则宝庆、武刚皆震。我则进攻沅州，可以得志。"既解围，追奔至榆树湾，乃遇达开。达开坐山上建黄盖大纛，鸣鼓促战。国泰奋击，所杀伤过当，身亦被数创。而左营营官钱敷敬战死，以国泰领其众转战。逐寇道中，遇伏，前

---

① 萃：聚集。
② 跳：逃。
③ 即：假如。

第五章
史/海/钩/沉/人/物/传

军多陷围，告急者踵至。国泰裹创横刀，率死士百余人，三突围，竟拔出前军，遂至来凤。楚军会城下者数十壁，皆相持未战。国泰曰："达开已走，来凤城孤县，官兵破之如汤沃雪耳。"乃合军攻城。城贼一出战不敌，遽弃城走，竟克来凤。论功皆曰："守备金国泰功最多，当先诸将擢游击。"

同治元年（1862），黄文金寇江西，从攻浮梁上下彭。上下彭者，山险，寇众。文金拥众结大屯，号二十万。副将夏基洪先率五营乘夜深入，陷围中，死之。余军将龚继昌等殊死战，不得出。国泰率五营驰救，贼悉锐拒战，短兵接。国泰令曰："今来拔围军，义不反顾，当疾入，与同死。"于是转战，而继昌等闻炮声，登山望见旗帜，曰："金平阶邪？"大呼溃①围，军士皆奋起，与国泰合击，反大败贼。从援青阳，文金从子黄四卡于五溪以御我，国泰绕山上，出击其后，贼大溃，追奔二里。文金驰马，自刃其党，不可止，亦纵马逸去。于是薄②青阳城，与贼战城下，卒解其围。而文金自此衰败。

国泰为将，整饬行伍，部勒士众，壁垒进止，皆井井有法。苗流寇溃裂，曾国藩欲建游击之师，问宝田需兵几何？部下战将可用者几人？宝田首举边晓堂，次即国泰也。从攻金溪，分三路进兵。国泰先至城下，卓旗欲登，城中贼万余出，冲其军绝为二三。天雨，人骑相触，溅泥不能行。围益厚，死伤益积。国泰麾下乃有二十余人，分背相持。而别将战胜追贼，去已十里，皆不得与国泰会。国泰待外援久不至，则戒③二[十]余人毋越伍，拔刃四向，贼竟不敢近。一黄衣者奋矛前，国泰前搏，斩其首，复还。相持久之，闻炮声，乃起斫陈，击杀数十人，直溃围出。创甚，大肠出矣，犹能运刀，以其夜创裂死。事闻，优恤，

---

① 溃：冲破。
② 薄：迫近。
③ 戒：告诫。

谥曰"壮烈"。

蒋南枝曰："咸丰十一年（1861），席军驻永州，余于蒋声远饮酒，座上识国泰。因诣其垒，话战斗事甚详。明日国泰报谒，下马升坐，索酒饮至醉，出金约指置案上，告余曰：'此吾破会同时之所得也。'余入城，一剪发贼拜马前，余曰：'吾之剑锋，耻饮尔血，反房达开何在？'贼曰：'吾乃其内侍。前日与赖国宗夜议，不知何语，但闻言会同且不能守邪？叹咤而起，绕行廊庑间，不复语。盖早知其败，故先走耳。'即献上金约指。当江宁将克之时，寇所掠小儿在军中者，皆长成，精悍无与比，相遇大战，非出死力不得一当。而国泰等于其间以骁勇名，岂不壮哉！"

（录自 光绪二年《东安县志》卷七 列传）

【十八】席启庚为苗所惮

席启庚，字西园。其族兄启浩，先从军击石达开宝庆，领百人先登。又击浔州土寇。会疫疠，士卒死者相属。官军日益责战，竟格斗死，官至都司。启庚长身伟干，多胆力。咸丰十一年（1861），从族父席宝田讨湖南流寇，援江西，捷浮梁陶溪渡，授千总。从克金溪、崇仁，擢守备。从攻洪福瑱广昌，驰三昼夜，大破之白水领，寇奔不止。

先是，宝田与知府谢兰阶策福瑱必奔瑞金依汪海洋，则不可获。故兰阶率启庚等六营疾进，戒士卒不得餐。既战胜，复自白水领驰三十里，及石城界，见炊烟，奔之，贼皆走。宝田令兰阶、启庚与周家良先设伏。伏起，擒贼大将四人，斩一人于阵。于是福瑱匿石城山中，遂生俘以归。启庚以功擢游击。复从再破汪海洋，海洋穷促，走嘉应，悉为官军所击灭。洪寇平，擢副将。

宝田援黔，启庚乃领副后营五百人，攻苗天柱，率所部兼领六营守托口。苗围别将垒，启庚悉兵救之。分六道设数伏，断贼前后路，贼亦分数十路拒斗，不胜。追奔至会同洋溪，贼益兵来，佯败诱我军，启庚

第五章
史/海/钩/沉/人/物/传

益深入穷追,乃陷山谷中。群苗皆起,围启庚数重。

启庚率所部奋击,杀数十人,据一小山自保。苗酋冠雉尾冠,自持槊刺之。启庚持其槊而排之,贼堕崖死。于是莫敢上,伏炮击启庚,死。启庚之捷托口也,苗益分道深入,将及会同。启庚告别将急入会同助城守,犹恐其不及,急追缀之。既战败,而苗酋张秀迷告其党曰:"弩①力,苗疆危矣!往日官兵败则走,今者非杀席启庚,军犹未可败也。此殆精兵,汝曹谨备之!"其为苗所惮如此。

(录自 光绪二年《东安县志》卷七 列传)

【十九】李本宜冲锋陷阵

李本宜,少猛犷,以健斗从军,战常陷阵,席宝田令领百人为亲军校,任用与营官侔。击汪海洋东石,寇劲旅在右军,四合击败群贼,右阵不动。乃使本宜驰之,斫阵入,锐不可挡,贼乃大奔。本宜身亦被数十创。从援黔,战石阡、铜仁、镇远,皆深入,多斩级。及战螺蛳屯也,苗酋潜师袭中军,本宜驰救。贼阻险,数挑战,军士多死者。本宜身自搏战,击杀数人。又刀斫贼,中之,而贼先发炮击本宜,本宜与贼皆仆而死。

(录自 光绪二年《东安县志》卷七 列传)

【二十】向信玉独身夜战

向信玉,贫,有母与弟。弟勤耕作,而信玉喜为少年之戏。其居近新圩,新圩之俗,子弟群从剽窃,为奸利,时驰呼市上,使酒慢骂,居人苦之。信玉染其习,不事生人产业,尤喜博,其母苦禁之。乃与弟耕陇上,常叹息,惨怛不乐。竟将其里中少年之黠,投席宝田军。会军中疫疠,士卒多病困,当汰补,得尽入伍中。以斩级功,为百长,

---
① 弩:通"努"。

后遂领一营，隶龚继昌。信玉故名龚，或戏谓信玉："主将姓龚，而汝名之，独不顾忌讳乎？"信玉不知其戏，以"龚"为不可名，乃改名"信玉"。

同治十年（1871），攻舟江，一月拔二十一砦。复从攻凯里，尝独身率百十人夜越贼垒，暗中扪人头斫之，贼多惊挠①，弃砦遁。信玉亦有时被困，中刀矛，洞胸折胁，随从尽死，仅乃得免。既克凯里，连下旁近砦数十，苗酋悉以孥贿②归螃蟹寨，聚守之。而奇涌与相犄角。已攻下奇涌，螃蟹寨贼方渡水来援，继昌自发火枪击其持纛者，毙之。信玉别当一面，见继昌击纛贼，恐耻后之。及渡，诸军未登岸，信玉先跃上，中炮死，其尸手犹握刀，两人擘始开。众愤怒，攻螃蟹砦，屠之。信玉躯干不及中人，然精悍有胆力。同县胡兰芳，从军八年，官总兵，赏"敏勇巴图鲁"号矣，反隶信玉，即兰芳亦乐为用。而信[玉]前所与同行少年，前后病死，或逃亡，皆不中用，信玉独官游击，有功名。

（录自 光绪二年《东安县志》卷七 列传）

【二十一】胡占相短身敢战

胡占相，字兰生，孤贫，为舅家牧牛，诸牧儿皆畏惮之。稍长，益游博好斗，常以一臂敌两人。始习击刺，矛所至，则刺数人。军兴，隶李成典，攻克江宁，犹为步卒。乃告归，从席宝田援黔，分隶谢兰阶麾下。

同里张君栋者，以平江西功，官参将。尝从攻石达开，一贼将骑善马，豹文壮大，君栋欲得之。诱与战，阳北，贼急逐之，回戈刺之，堕，夺马以归。后恒骑此马，出入行阵，在军中颇有名。以病归，死。久之，占相以斩级功充百长，声名出君栋右。

从攻镇远、清江、施秉，拔苗砦数十，擢营官矣。占相为人，短

---

① 惊挠：惊乱。
② 孥贿：子女财物。

身敢战，尝斫阵陷伏中，出而复入，贼甚惮之。黄飘之败也，官军所克甕谷陇复陷，占相当会兵，而行失道，复误入黄飘。时朔风严寒，冬雪没马蹄，占相据小岗上止宿，终夜巡逻，刁斗声不绝。苗聚黄飘者号数万，见其旗帜，竟亦不敢犯。平旦，身自断后，行半日，与大军会。再攻甕谷陇，拔焉。久之，大军攻台拱，尽破其旁近寨。群苗退保凯里，又破之。至两义河，贼拒河陈，兰阶与提督唐本有等檄将士渡河。占相策其骑曰："渡河！渡河！"竟浅涉以行。大军继之，人骑掀浪，苗又败。两义河以西数十砦，乌鸦坡最险恶，苗酋皆在其上。宝田所部骑步兵勇及别将，合二万人，责战益急。乌鸦坡下有河而浅，占相请渡水疾击之，则投鞭径涉，军士属者仅两人。山谷中群苗急出截，占相力斩数级，右腕中炮，则左手运矛，突围出。大军乘之，尽击败群苗。占相复中炮，洞胸，驰至中途，伤重堕马死。占相前已擢副将。后一月，大军攻克乌鸦坡，尽剿灭其党，贵州平。

赞曰：边邑贫荒，寔①赖干城。李谢武科，樊邓②文英。晚崛精毅，如雷如霆。扫彼残寇，殇③为国雄。

（录自光绪二年《东安县志》卷七列传）

【二十二】唐生智机勇自雄

唐生智，字孟潇，东安县南应乡大枧塘人。祖有本，少贫，养鸭为生。后为席宝田之部将，于江西屡胜石达开，擒洪秀全子福瑱，累功至广东提督。父承绪，字耀先。清季，席沅生长湖南盐务督销局，耀先为其水缉私营官。至民国，任湖南省实业司司长，于各矿业，首树规模。历宰湘乡、汝城、零陵各县。晚年，为东安县南应区区长，不辞小官，

---

① 寔：实。
② 樊邓：樊学洙，邓镜心。
③ 殇：死。

引以自熹。偶傥诙谐，极潇洒脱略之致。貌丰美髯，和易亲人，谈笑释争，一归仁厚，人以"长者"称之。夫人陈，生子四，长生智，次仲湘，三叔沅，四生明。

生智初入长沙陆军小校，继入保定军官学校一期。毕业后，任职湖南督军府。赵恒惕主湘，生智以旅长赴吴佩孚军考察。吴相而异之曰："其目上视，不易驯，非久居人下者。"民[国]十二[年]（1923），以湘军第四师师长，兼湘南善后督办，隐然雄踞一方，驾凌侪辈矣。时湘军第一师师长贺耀祖、第二师师长刘铏、第三师师长叶开鑫，皆拥赵者。生智于十四年迫赵出走，自代省长，乃藉开会议于长沙，将与会之师长刘铏、参谋长张雄舆、旅长刘重威，及萧培阶皆绞焉。虽皆保定同学，杀之不顾也。其为营长时，有吴某为其连长，亦东安人。违军纪，立拔枪杀之。平日以"杀人如麻，挥金如土，爱才如命"自况焉。

十五年二月，湘军互战，其败退衡阳，向广东军乞援，以抗吴佩孚之介入战争也。既而底定①湘局，奉编为国民革命军第八军，兼前敌总指挥。十五年广西第七军入湘，为之助，乃于七月克长沙、宁乡，直逼岳阳。与第四军张发奎部夹击吴佩孚军，攻克汀泗桥。时吴佩孚亲临指挥，亦不克撄其锋而遭溃退。八月攻汉口、汉阳，威声大振。十五年八月十四日，蒋总司令检阅第七、第八两军，训词有云："唐总指挥与各位将士加入革命，使我革命军进入湖南，此乃第八军对国家之最大功劳。否则我军北伐，不如是之速也。"十五年九月，下武胜关，而直窥河南。是时也，蒋总司令入赣，将鄂军事全部交生智。原设湖北临时政务会议，蒋总司令任主席，亦命生智代之。吴军刘玉春死守武昌数旬，至十月十日，亦以攻克闻。

十六年三月，革命军分三路：东路在福建由何应钦指挥，中路军在

---

① 底定：平定。

江西由蒋总司令自兼，西路军由唐生智负责，将以会攻南京。十六年五月，西路军乃会师郑州矣。是年，蒋公兼第一集团[军]总司令，冯玉祥为第二集团军总司令，阎锡山为第三集团军总司令，唐生智为第四集团军总司令。

二十四年后，生智以一级上将历任军事参议院院长、训练总监。日军进逼南京，会议中无人敢守，生智慨然请任之。于是受命为南京卫戍司令长官，仓卒应战，卒之失守，仅以身免。盖明知其不可为而为之。论者多议其未死，或谓"其不自量力"，或谓"其将不受命，非旧属耳"。然而统帅命其撤退，此其所深感而不忘者。

生智引退后，治私第于故乡赵家井，广数里，内设耀祥中学及农场。食客常满，卫兵一连。平生自视甚高，唯于顾和尚畴，则自为师长，终身严事之如父师。顾居其里第，后为营①巨观于丛林，礼不少衰，称之曰"讲法"。尝语人曰："我唐孟潇非愚人也。顾讲法能深得我之信仰，其人盖可知矣。"

顾畴，江苏人，貌俊逸，非出家和尚，乃肉食纳妾之居士也。善揣人意，杂以术数，类先知者，文字亦佳。其与生智相始终，亦云奇矣。

生智形瘦长，目炯炯，鼻中起而准低，短髭舒展有威，斜坐睡椅，人以"卧虎"名之。其旧属名将大吏，偶聚之于其里第，谈笑自若，见生智至，则肃然屏息，一若在军中然。其余威逼人可知矣。又尝自谓"其决心最快，若作战，人必踌躇再三，我则即知即行，所以比常人快一著也。"其亦性急轻率之谓欤？

生智生于庚寅民前二十二年（1890），闻没时年八十有一。呜呼！唐氏机勇，世罕其匹。眦睨②自雄，谁能竞用？二三其德，人为惜之。

（录自台北1977年版《湖南省东安县志》新增采访实录之人物卷）

---

① 营：营建。
② 眦睨：傲视貌。

丙篇　乡贤仁绅

东安素为练兵训将之地，是故东安素有习拳尚武、精忠报国之思想，在民间有"打不过东安，唱不过祁阳，蛮不过道县，巧不过零陵"的说法。所谓"打不过东安"，不仅指东安人习拳尚武之风的盛行，更在于精忠报国之心的炽烈。在历史上，每遇国是变故，边疆动荡，强敌压境，叛逆作乱，总有东安人挺身而出，抗击强乱，以尽忠义。因此，在历史上，东安这片土地上精忠报国者甚多。这种处江湖之远而忧思国家民族，或竭智尽力保一方乡村平安；或倾尽自家之财力，救邻里村民于水火，其事虽小而其德尽大，这就是中华民族万世不竭的精神之源，也是中华文化的脊梁所在。在东安这片土地上，有许多可歌可赞的乡贤仁绅，他们舍生取义、散财聚德，为东安的繁荣稳定奠定了基础，也构成了东安民德文化的肥田沃土，构建了为人向善的风向标。

【一】唐干聚民保乡

唐干，字材伯，少负奇气，有誉乡党。宋理宗（1125）时，举德行道艺科，试礼部，不第。比三举，遂归，居龙溪，自号"龙隐"。或曰："今海内多故，君年壮，非高蹈时也。"干曰："昔年设伪学，籍以锢士类，四方学者，犹私相传习，有砥砺之志。方今崇尚儒术，褒崇周程，乃者[①]右相惟以非科目[②]去官，人心暗陋如此，奚足展吾志而行所学乎？"右相者，衡山赵葵也。立大功，以不由进士，为言官所论，故干及之。

---

① 乃者：竟然。
② 科目：指科考出身。

第五章
史/海/钩/沉/人/物/传

家居累年，值蒙古兵及贺州劫寇先后犯境。而淳熙四年（1177），县土寇暴掠尤甚，重以旱饥。干结寨设险，蠲金①散谷，聚民兵，靖内奸，族里效之，得保全者甚众。县令薛永嘉尤重之，每曰："屏芘②兹邑，龙隐功也。"

唐氏自唐以来为大族，与干同时成进士者，又有唐澄、唐瀛，均不详其官迹。瀛之登第，或曰在元顺帝时，或曰宋末别有一唐瀛。用特恩赐第，亦未知其由也。明初有唐逊云，以乡举授梧州照磨，盖吏员云。

（录自 光绪二年《东安县志》卷七 列传）

【二】文友忠不以财自累

文友忠，字顺甫。父如阜，推产让兄。元大德五年（1301），岁饥，发私仓助官振。又尝三修东溪大桥。友忠，貌魁梧，有豪气。至元中，本路檄往泰州运盐，以勤干著。延祐中，州荐明经异材，[以]亲老固辞，家居养志。晚岁以经史自娱。虽处富厚，常角巾竹杖，徜徉山水，不以财自累，时人高③其恬退。

孙，均范，敏悟善属文④，尤长四六⑤，出语警秀。元时文体纤仄，均范独慕唐法⑥。至正时，有司荐于朝，被召，不赴。尝与诸文士会饯，唐生归隐，赋诗者甚众。均范出一篇，皆叹服，以为风格遒上。云："遗集藏于家，因蠹损不传。"《送唐诗》有云："一竿不钓周文王，甘把丝纶袖中老。"盖自喻也。均范子景让，恩县主簿。景让子昶。昶字克恭。明洪武初，为王府护卫指挥千户。以世族富室，为乡里推

---

① 蠲金：捐助金钱。
② 屏芘：即庇护。芘，通"庇"。
③ 高：以为高。
④ 属文：写作。
⑤ 四六：即四六句式，这里指骈文。
⑥ 唐法：唐古文法则。

重。里溪洞瑶当元末，颇劫掠居民，明兵定东安，乘军势剿绝之。瑶地四十余里，皆荒山穷谷，官吏不能垦，悉归于昶。久之，有唐百六、廖成郭者，西华流民也，久游瑶洞，习垦山之利，瞰里溪无人，入居焉。土民猜防①，颇相仇杀。昶谓百六等曰："极②知诸君非瑶人，然入吾地不著籍③，势不可久。即④有变，大兵至，族灭矣。此地久属我，诸君若能输税编户者，当以相与，长⑤子孙，长为乡邻，不亦可乎？"百六等感激许诺。官吏不可，曰："此辈野心，吾不能保任之。"昶遂入都，请之朝。明祖诏问利害，昶对称旨。如所请，编唐、廖为瑶户，岁输粮一石三斗。至今衣冠如土民，岁时祀昶焉。昶又兴芦陂诸水利，为后所颂。

嘉靖时，又有李宗堡开辟头堰，溉田数十顷。其地皆廖氏，廖氏至今祠之。宗堡，字东桥。父良时，亦豪侠，建东零桥，成而生子，故以字之云。

县中良农，又有刘国相，得土化树艺⑥之法，知时节雨旸，从学者莫能传其业。尝于十里外引泉溉田，化垅堍为良沃，益垦田五十余亩，至今收其利，事在乾隆二年（1737）。

赞曰：贤豪之利，近芘乡闾。唐生栅险⑦，守助有余。千户⑧谒帝，里溪晏如。李刘⑨力田，惠并樊渠。

（录自 光绪二年《东安县志》卷七 列传）

---

① 猜防：猜疑防范。
② 极：最，特别。
③ 著籍：落户，编户。
④ 即：假如。
⑤ 长：使长久。
⑥ 土化树艺：通过种植庄稼果木，化为熟土沃壤。土化，指施肥使土壤熟化，以改良土壤。《周礼·地官·草人》："草人掌土化之法，以物地，相其宜而为之种。"郑玄注："土化之法，化之使美。"
⑦ 栅险：结寨设险。
⑧ 千户：孙昶。
⑨ 李刘：指李宗堡、刘国相。

第五章
史/海/钩/沉/人/物/传

【三】胡舜裔幽隐孝悌

胡舜裔,字开甫。高祖父鉴,明正德中诸生。家贫有守,一应乡试不举,遂不复往。晚以名重,举乡饮正宾。鉴子怀周,字草窗,少好词赋,嘉靖中举人,历官保宁同知、安南知府。怀周子用敬,字心舆,亦有文名,以例监生补开化县丞。敬子来宾,字葵南,崇祯初贡生。宾子舜裔、舜年。

舜裔幼聪颖,有至性,事父母爱敬兼尽。母丧,寇至,守柩不去。乱兵见其哀毁,皆相戒不入其门。督弟成学,弟疾,护视周至。居弟丧,哀感吊者,以为有古人之风。本志高蹈,慕东方朔之为人。多游山水,常独往忘归。营筑所居,竹石幽胜。闲作诗画,求者弗与也。惟时出为人治疾。县令闻名,延召,谢病不往。教谕唐世皥躬造其庐,亦不得见,叹息而归。前后临县者,并知有隐士胡开甫,而未尝见也。或疑其自托遗老[①],然舜裔终身颀然,未尝有感慨之色。其所居室,题曰"谋野"。客曰:"野则已耳,何谋之有?"舜裔笑曰:"是非子所知也。"康熙元年(1662),知县乔开阆闻而高之,手书"漱石"以赠。及程云翀撰《县志》,以为隐士自宋以来无其人,惟舜裔近之云。

(录自 光绪二年《东安县志》卷七 列传)

【四】雷起四以术数谋军

雷起四,字九华。《府志》云:"其祖父中复,岁贡生。"案《表》复无"中复"名,不知其何所征[②]也。雷氏之先,有雷霄一郎者,宋代以术显,语在《水道篇》。起四得异书,解风角占验,喜为诗歌,多游

---
① 遗老:明末清初之际不求仕进者。
② 征:通"证"。

名山，有《南北游诗集》。

天启初，溯湘至桂林，途中与舟人夜坐，指西南间曰："贵州乱至矣。"邻船有总督某公，方从云贵来，异其言，召问其期。对："在此月。"未几，安邦彦围贵阳，总督遂留起四幕府。广西镇道有兵事，辄请至军中。广西总兵官黎国炳天启七年（1627）、杨德崇祯七年（1634）、守道史启元崇祯六年（1633）、桂平守道朱明时崇祯七年（1634）、检讨桂林王启元，皆以管、葛、夷吾拟之。盖起四不专以术数，其谋军有才略，急人之难而不屑富贵，故为时所推尚如此。

或曰："起四以万历中先知播州杨应龙之乱，熊心开奏从征四川。寇平，召见。神宗方好道，语称帝意，官之，不受，赐书万卷，与期'有事则征出'，书'天生帝师'赐之。今雷氏犹有御书楼及心开所题柱联。其从征粤黔，及定九连山寇，皆有殊功。既别，无所征[①]，故不具载云。"起四撰《三函集堪舆书》，既死，无故火起，并藏书尽焉。

王启元者，好方术之学。县人唐馨兰，字完庚，明隆庆时学廪生，尤善相墓，自谓神授秘旨，著《一贯堪舆书》。启元亦序而刊之，至今为术士所宗。

赞曰：山祠黄石[②]，水分宥峡。爰有雷生，亦儒亦侠。绩著九连，书还六甲。蹈迹云霞，何心管葛？

（录自光绪二年《东安县志》卷七 列传）

【五】唐明德理学传家

唐明德，乾隆时人。博览宋儒性道之书，敦笃自厉，不妄入城市。子志治，府学增生，少孤，能传父学，兼通诸史，事母以孝闻。母年九十余，志治老矣，犹若孺子。

---

① 征：征召。
② 黄石：黄石公，张良师。

初，明德患科举试策摭拾悠谬，得明人刘定之《十科策略》，为之注，以示学子。未毕稿，志治卒成之。多引经世政术，而归宗朱程之论。知县荆道乾甚喜其书，序而为刊之，所谓《刘文安公策略正释》者也，今县人多有藏者。

同时，有唐铃，字再契，以贡生补衡山教谕，不赴。年至八十一。铃年二十余始读，恒半夜起，勤苦倍诸生，五年而通五经。子振泮，以父起孤贫，尤敬贫士，喜宾客，日具数十人之食。然癖于放生，鱼虾鳖（鲴），日买纵之。卖者知其处，伺而取，又买而纵焉。

（录自 光绪二年《东安县志》卷七 列传）

【六】邓公璠冒冰取蟹以救母

邓公璠，乾隆时人。曾祖孝可，家殷富，损己济人，与妻周氏日操作以给求者衣被、粥饭。因时施振①，其门常如市，乃至自编草履与丐者，以耆年受粟帛之赐。子子浩，县学优附生，孝义，能承其业。

公璠弱冠为诸生，母病须蟹合药，冒冰雪，历溪涧得蟹以归，医者惊其孝感。嘉靖元年(1522)，通举孝廉方正之士，以公璠应选，未及举而卒。同时，有胡炳然，府学生，亦以文学见重，尤睦于族。

（录自 光绪二年《东安县志》卷七 列传）

【七】雷震远千里寻亲葬父骨

雷震远，字敬亭。父大禄，乾隆中客死云南。震远始七岁，贫不能存，母唐氏纺织供给，勉令入塾。震远昼出拾薪奉母炊，夜乃读书，颖慧过诸儿。胡开文者，名诸生②也，招从学，命同舍生资其食。日读

---

① 振：通"赈"。
② 生：生员。

有程，唯月有六日课①文。震远则假归，为母樵春。往来道路间而文成，思深语幽，不入时俗，时谓之"老梅根"。累试辄屈，知县安佩莲首录其名送提学，乃得为附生。明年，以高等补增生。母丧，遂不复科举。

与弟徒步往惠理，求父骨，居人无知者。逆旅②一少年，自言为文白玠，俶傥萧远，与震远相语洽然。文生出辄数日不还，还或数日卧不食，震远异之，不敢问也。久之，谓震远曰："我知君诚孝子，今示葬处，勿言归骨也。"震远泣拜。文生促急装行数十里，指一家曰："此是矣。"震远疑焉，文曰："墓上仆石，当有题字。"掀之，其文曰："湖南东安雷大禄墓。"震远悲喜，再拜，起则无人矣。大惊异，急标识之，循途归。问其弟，言文生早还襆被去，寄声谢兄而已。乃告主人，择日迁柩。俄而苗寇起，所在奔窜，留云南二年，艰厄频死，道塞不通，乃潜往墓所，封树立碣而还。贫益甚，又以神人言无归骨，疑父魂乐彼土，故不复往。隐居教授，以道义训勖③童孺，皆敬礼之。

（录自 光绪二年《东安县志》卷七 列传）

【八】邓发秀仁济疫患

邓发秀，字天柏。九岁母死，继母不能慈。每笞辄自匿其痕，惟恐父知，人咸叹异之。及长，为诸生，有文名。年五十，即遣谢诸生徒。或问之，发秀曰："古者学道德，德与年俱进。今者学文词，文与年俱衰。吾不可误后生也。"里中来一客，卧病空亭中，人莫敢视。率家人舁归，除④别室，时其药粥，旬余客愈，资之使去。有远族人自桂林初

---

① 课：考核。
② 逆旅：旅店。
③ 勖：勉。
④ 除：清除。

还，感疫，其家十三人，死者九，余皆待毙。发秀悉舁归治之，活三人。其仁济如此。卒年七十有五。子三人，皆至耄耋。

赞曰：乡国之学，明伦亲下。诸生恂恂，咸蹈规矩。良彬暨春，霁严为煦。庸行有称，流风可绪①。

（录自 光绪二年《东安县志》卷七 列传）

【九】席际云父子高蹈为学

席际云，字昌明。父盛楚，有四子，各与金，使自择其业。际云少年，独不事田宅，尽以购典籍，盛楚奇之。累试府县不得意，叹曰："读书非为科举也。文史足乐，何仆仆②为？"屏居③奉亲，以和厚化俗。人有过失，未尝显言，终身无遽词怍色。敬礼儒士，见善如不及④。荆道乾，良吏也，尝微行至其里，于旅亭相遇，共语良久，深识其贤。归县中询席叟，未尝轻至城市，乃因其子弟寄玉佩素扇，以示钦慕。语在《道乾传》。际云五子，上锦最有名。

上锦，字承裳，生而颖悟，文史技艺，自然通解。然性高淡，寡言笑，不乐俗事。诸兄强之赴试，一试县庭列第一，而上锦已先出城。众嗟惜，知其意不屑屑于时名也。既乃筑书屋宅外，中植花药，隙地为蔬圃，躬自灌园。尽读父藏书，尤喜张载之学。留心政治治乱本原，不著论，不与人谈事。所居室，唯花时奉母，与兄弟列侍，茗饮清谈而已，虽妻子不得至。客有诣之者，值上锦蒲笠芒鞵，挥锄薙⑤草，殊不瞻顾。终身未尝持酒杯，亦不诣人食。闲作诗画，求者亦不与也。遇其家召工匠，有所造作，辄为之式，诸巧匠皆以为不能及。尝造寺，

---

① 绪：继承。
② 仆仆：急迫追求。
③ 屏居：独居。
④ 如不及：如同己不如人。
⑤ 薙：除去。

召工雕石柱、辟邪①，持斧削自琢之，随手而成。其于医，不事方脉，以闻望为决。尝闻隔舍儿哭，曰："此有暑疾。试按其脉，目不囗矣。"为汤饮之，愈。姻家有二子，呕不休，更数十医矣，视之曰："无病，饮以酒而愈。"询之，则窃蜜，误服油致然。或问："酒安能制油？"亦不言也。颇好相墓术，其茔地皆自择。曰："当有以战功起家者。"其后悉验。

上锦于诸事若无所经意，至其读书辄忘食。家人持铺之食已，亦不自觉，盖其冥思如此。年八十，无疾卒。卒前日，犹于烛下作小字细书云。所作有《知素堂集》及《杂记》，皆不令刊布，唯《咏梅百诗》，人多能传诵之者。以孙宝田立功，特赠光禄大夫。

赞曰：昌明②退举，父子高蹈。承平贵科③，还山独啸。岩虚水清，宜有奇奥。谁为荆公④？幅中访道。

（录自 光绪二年《东安县志》卷七 列传）

【十】唐思赞劳师全东安

唐思赞，字智甫。当顺治时，徭役繁重，委权里长，多苛责良懦，人不堪命。思赞有干济才，总徭赋之事，不隐不偏，郎廷模甚赖之。

吴三桂据湖南，官军复列县，讨从叛之罪，多所诛没⑤。思赞具米币先至衡邵迎师，具言县民被胁劫，不可罪责及大兵吊伐之。宜贝勒奇其意，召见赐食。貌魁梧，食兼数人，遂厚劳之，许一切不问。东安独安全，思赞力也。

是时，从叛者所在⑥结聚自保，颇劫行人。有某官携妻子过县界，

---

① 辟邪：神兽名。
② 昌明：席际云。
③ 贵科：看重科举。
④ 荆公：荆道乾。
⑤ 没：没收财产。
⑥ 所在：处处。

盗起尽掠之，仅以身免。至山下，遇雷安宇。安宇，故富室也。留客止宿，为赎妻子。客既去，邻人妒其富，诬以通叛党，纳逃人，府檄拘之。道中遇前客领兵至，见安宇缧绁，立脱之，尽讨诸山贼，灭之。《旧志》失其事，未知客何人也。

嘉庆时，又有唐明玉者，性刚正。知县欲令乡民采买供官物，耆老唯唯。明玉引故例条，列昔岁采买之害及赵巡抚定制以来例禁甚明，今不可辄改。官吏不能夺①也。居家雍睦，疏从同居百四十口，秩秩有礼法。乡俗，民宅必奉山魈，三岁一召巫歌舞之。明玉持不可，魈果掷瓦石为怪。明玉脱帽几上，坐待之，灵响遂绝。又尝祝②愈疫疾，起者七八十人。事父良善，能承志归美③，其所施济，必以父命行之，故良善以好义著名。

（录自 光绪二年《东安县志》卷七 列传）

【十一】谢献廷仁孝息讼，医济世人

谢献廷，字致庵。初，其父母无子，祷于神，乃生献廷。献廷幼慧而家贫，其塾师自以为不如献廷。然贫困不能竟其业，奈何？于是献廷日出治田圃，夜入塾读。数年，入县学，再以高等补增学生④。然性恬退，奉父母家居，意汨如也。父病，侍汤药谨。母晚年目眚，又有噎病。饭必粥，则粥以进。必梨汁，梨汁以进。卧不可而坐，坐又不可，则负之出入寝榻，以为恒。里有斗争，皆请得谢先生一言，事可解解之，不可解，则推酒肉钱于其人。曰："某甲倍⑤罪，君当终不仇之。"故终献廷世，族党感而善良，无讼诤者。

---

① 夺：强词夺理。
② 祝：祈祷。
③ 承志归美：继承遗志，归功于祖先。
④ 增学生：增廪生员。
⑤ 倍：通"赔"。

生平于技艺、星命、相墓之术无不能，于医尤精。其病笃者也，丛①诸医士于其家，各言症所起与药所宜服者。献廷听良久，曰："某君说是。"或排不用，而以己方治之，疾多疗焉。各饮于其家，献廷持杯谈笑谐甚，一座尽倾。其妻纪氏知其好客也，切肉大小，断葱长短，肴核未尝不供。于是戚族里闻之，皆曰："不惟谢翁，即其妻亦贤妇人也。"

献廷卒时，告家人曰："某山形势雄壮，下可坐千人，以葬我，必有大吾门者。"后三十年，其子兰阶从征洪寇②，平黔苗有功，以己官赠献廷荣禄大夫，纪氏夫人。

（录自 光绪二年《东安县志》卷七 列传）

【十二】蓝衣染淡雅出高徒

蓝衣染，字柳庵，廪学生员也。为人精神闲远，不戚戚于贫贱。授徒里中，子弟自才智以下，一经指授，即为高弟子。今布政使司席宝田为童子时，从授经二年，即擅大名。他③所成就弟子，官或至四品。三子皆以功勋起家。

蓝氏一门，父子、兄弟、门生交游，日尊贵。衣染时时短衣曳杖，遇士大夫，折节④过当。即市人最卑下者，抱棋枰其门，请对局，衣染欣然不辞。人莫测其故，衣染亦不自言也。衣染教人，未尝操鞭朴，造就各以其材，而谈理甚精。为诗文，耻傍依古人，然能穷尽事情，极⑤其性之所欲言。常于人前讽诵之，不解，则又手画其理。暮年，其门人蒋南枝求遗文其家，衣染笑曰："作文多口拈，盖无稿，惟碑志幸未逸，

---

① 丛：聚集。
② 洪寇：洪秀全。
③ 他：其他。
④ 折节：礼教。
⑤ 极：穷尽。

子自往写之。吾意不在是。世有房元龄、魏徵其人，文中子恶得不显名于后哉？"盖喜其得高弟子，而自己淡雅不问世事，其人可知矣。寿至六十七，以子廷惠官，赠武显将军。

（录自 光绪二年《东安县志》卷七 列传）

【十三】唐德荣终身施贫寒

唐德荣，号耀堂，以子仁廉贵，晋封振威将军。躯干魁梧，倜傥不可羁，日纵酒于山村野市间，陶然忘醉。家仅中人产，遇无食者辄贷之，不自知其不给也。又或转贷于人，人不能偿，则割己产偿焉。尝言"人负我，我终不可负人"，以此求拯者日益多。富家大室亦不愿收贫者券，但曰："得耀堂一诺足矣。"天寒大雨雪，有人贸贸然来，不得衣，德荣心悯之，自顾力不能逮，欲付之一叹耳。既而心终不能自安，乃解衣衣之。因此家贫几不克自存，德荣处之甚自得也。

其后仁廉以提督作镇①贵州，握大兵权，构新第于芝城，请移居。德荣曰："孰与山林饮酒乐！且吾正虑门第太高耳。"年满六十，仁廉仰承其志，为寒衣数百袭、棉絮数百幅以上寿，德荣喜不自禁曰："此举差强人意哉！"遂乃益之以酒肉，和之以粥米，届期召贫无力者给之。曰："愿与诸君同登寿域也。"于是道路之间，藉藉谓唐氏能施予矣。盖终德荣之世，未尝开产业云。

（录自 光绪二年《东安县志》卷七 列传）

【十四】唐锦圭严谨训课

唐锦圭，岁贡生。性严谨，勤于训课，开馆授经，学舍恒不能容。每讲必正衣冠，端坐执卷，盛暑不禅衣②，诸生侍立，无敢欹涎。乡农

---

① 作镇：为……镇守。
② 禅衣：单衣。

来者，必延之坐，送之门外，揖而退。邻里畏见之，当至者，辄伺其出，告其家人传语与相闻。闻邻妇恶声者，则登其门，召其夫若①子，授《女诫》，自为之讲且诵，令劝其妻母，乃徐问故。失物者，自偿之；与人争者，为理曲直。久之，里中妇女无诟谇声，盗亦自绝。卒年七十有八。

其后又有黄成绣，刚戆②自许。里中无行者，不敢与面。因事至县，闻县令以倡儿侑酒，大怒，直入县堂，将责谏之。同学生皆大骇，笑曰："君何为者？"成绣曰："太学生伏阙上书，令固吾长也，奚不可往？"众力阻之，乃已。

诸生以端敬自饬者，又有李步云，字凌峰，人或谓之"土木人"，坐不倾侧。教授四十年，弟子百余人，无浮薄者。步云高祖父元嗣，曾祖父芳观，祖父词发，皆以文行有名诸生中。督学何学林赠以诗，有"屡代衣冠"之誉。及夏思沺来督学，尤推重词发，以为其文似熊伯龙，诗过谭元春云。

（录自 光绪二年《东安县志》卷七 列传）

【十五】李逢原解百年之讼

李逢原，字资斋。父向阳，笃厚疾恶，以正率俗③。尝立禁约，戒川溪毒鱼者，革数百年弊俗，为人所称。逢原孝友谦厚，为诸生，有时名。授徒石版铺，其里旧弇朴④，少儒文之士，逢原善于诱进，与人言必依诗礼，乡人臻然向学。自明以来，蒋氏与李氏争墓地，数百讼矣。每斗，辄相杀伤。道光中，始勘断还李氏，蒋氏不服，将聚众来斗。逢原

---

① 若：或。
② 戆：粗直。
③ 率俗：为世俗表率。
④ 弇朴：承袭旧俗。

曰："荒埜远祖，龂龂①者非利其地也，负气求胜耳。我能下之，彼必不争。"遂躬往谢焉，献地价钱四万。明日，蒋氏报谢，两族遂和。逢原族父位安，少失学，其庄敬出于天性，立不倚，坐不踞，暑不袒，勺水一钱未尝妄取。年至八十。

王际盛，字休庵，弱冠为诸生。性恬退，以文酒自乐。始饶于赀，好施慕义，不问生产，晚岁贫困，曳履持杯，忻忻如也。

稍后而有唐信阔，字广川，亦陶然②琴书，不为俗累。信阔父元魁，能书画，力挽两石弓。岁租入，辄别储谷六十石，待荒月，减粜以济贫者。侍母疾九年，以孝谨闻。信阔晚岁益闲澹，当修《县图经》，访三门岩，深入搜讨，得宋人题名，多外所未见者。其访辑近事，亦公慎不妄语。书未成，被疾卒。

赞曰：悃愊之士，群然引重。名不出乡，词不惊众。中正何考③，乡州无贡④。述其风徽，以慰舆诵⑤。

（录自光绪二年《东安县志》卷七列传）

【十六】周而溥凛然殉县城

周而溥，号济川，喜于任事，不拘小节，广交游，清浊无所失。岁试，入文武场者例人保，而溥为廪生，保人独多。善排解，日不暇给。授徒山中，尝外出理纷争，或经数旬不返舍，而从学者日盛。咸丰四年(1854)，以捐输功，由廪贡生得教官，未之任。时赖史直知东安县，明年延为紫溪山长，甚相得也。

先是，唐、蒋寻仇，无赖者多藉⑥此生孽。至是而溥发奸摘伏，或

---

① 龂龂：斤斤计较。
② 陶然：醉心于。
③ 何考：如何考察。
④ 贡：推举于官府、县学。
⑤ 舆诵：舆论。
⑥ 藉：借。

为缓颊①，颇有德怨。未几，朱洪音率粤匪来攻县城。是时而溥在乡间，闻信即乘舆去，秦鸿遇于白牙市，止之曰："贼将至矣。先生何之？"答曰："去与赖公守城耳！"鸿曰："城无守具，赖公且出城。贼且至，去将何为？"而溥曰："挚②赖公归城，吾以理谕此贼耳。"鸿曰："先生师也，非守土者，毋遇难。"而溥踌躇久之，既而曰："吾终不可负此良友也。"遂前去，遣人觅史直入城，同登陴，贼先锋已至城下矣。而溥曰："汝等胡为者？"贼不应。而溥又曰："光天化日，谁教汝等谋此不轨者？族矣！"贼又不应。直入城，执史直，并执而溥，各系守之。有数贼往复而溥处，讯问事端，语不甚分明。最后，贼复来，而溥大骂曰："吾救汝等死命多矣，今反得罪邪？"贼怒，遂拘而溥出东门戕之，放史直出城。城复后，得两贼，或言害而溥者即此两贼，史直于是乃筑坛，为木主，杀两贼祭之。

事闻朝廷，恤赐世袭云骑尉，长子大叙承袭。大叙死，承鼎新袭。而溥生平多美举。为秀才时，尝慕范文正之风，倡置族中祭祀田四十亩，并族规十二条，每年清明日，聚族人教而食之。倡置义学田六十亩，为族中众子弟读书之费。倡置本乡宾兴③田五十余亩，以为南北乡、会试之费。紫溪书院旧有田宅，为豪强所兼并，而溥倡议搜刮并收集没入官者之田，共三百余亩，店屋若干栋。计每年所入，山长束修④，生童膏火⑤，皆取给焉。此其略云。继而溥为紫溪院长者，有罗澍昀。

（录自光绪二年《东安县志》卷七 列传）

---

① 缓颊：婉言劝阻，替人求情，以缓和怒色。
② 挚：拉住。
③ 宾兴：省试助资。
④ 束修：薪金。
⑤ 膏火：灯油费。

【十七】宾步程直如"火车头"

宾步程，字敏陔，东安山口铺人。幼家贫，母抚孤，十指纺织以活。止田一亩，卖之供子以读书。在两湖书院，为张之洞所选派最早留德者也。

在德国习机械工程，阅十三年始归。湖南初创立高等工业学堂于岳麓书院，嗣改为湖南大学，先生蝉联校长，以工科著，而后来蜚声中外者，多出其门焉。

闻其回国也，以改良中国火车头有名于时，人多以"火车头"呼之。或谓其性情耿介，直言直行，有似火车头然。先生傲视世俗，不屑仕进。在长沙办《霹雷报》，常针砭政俗，毫无讳忌，敢言震天下。其报每被查封，而辄启之，亦不稍改其风。私人酬酢之间，不避权贵，湖南民政厅长曹某娶英文老师为妻，省主席何键证婚。先生致词云："余久历中外，见男老师娶女学生者有之，未见有女老师下嫁男学生者。今曹厅长以男学生而娶女老师为妻，以我国礼俗，则为以下犯上。曹为民政厅长，承风宣化，职司礼俗。而何主席提倡孝弟忠信礼义廉耻八德，由民政厅付诸政令。请问何主席，今男学生与女老师结婚，八德中有之乎？"其时新娘饮泣，何主席瞠目结舌而已。

二十七年（1938），张治中主湘，先生为省政府委员，亦常予面诘，张甚惮之。与广西马君武同学德国，至为友善。马为广西大学校长，诗文自赏，闲及名剧名伶。而先生燕饮之间，女伶粥粥，亦自熹焉。抗战方酣，先生长省立第七高级中学，率以转徙流离，迁至零陵双牌大路口。三十二年（1943）冬，以积劳卒于学校，师生如丧考妣。著有《艺庐言论集》行世，其在长沙回龙山建有艺庐云。

呜乎！先生翊赞[①]孙公，密谋革命，其时最早，其事足传。迨清室

---

① 翊赞：辅佐。

既覆，而先生功成不居，萧然自得，育才者众。其志节之高，可概见矣。因录其自著《我之革命史》一文，以垂后世。

附：

我之革命史

宾敏陔

清光绪乙巳年（1905），余在德国留学，对于孙中山先生在欧洲组织革命事业，身历其境，知之甚详。

自辛亥鼎革以后，秘密者变为公开，各人著作虽多，对于在欧情形，颇有不尽之处。即《中山先生传略》亦仅云："开第一次会于比京，加盟的三十余人；开第二次会于柏林，加盟的二十余人；开第三次会于巴黎，加盟的十余人。"即郑鲁君所编《中国国民党史稿》亦仅云："朱和中回柏林，刘家佺、宾步程等复请总理至柏林"云云。但此中有大关键，知者甚少，惟蔡子民①君前为家母撰寿文略为及之。兹将总理在欧经过情形叙述于后，以备编史者作为参考之材料。

乙巳年六月间，总理在美，由留欧同学中数人秘密发起，汇去川资②，请总理来欧。先抵比京，由贺子才、冯承钧、胡铮等招待，入会者二十余人。留德学界闻讯，公推朱和中代表欢迎，由余在柏林筹备一切。数日后，总理偕朱和中莅德，住于余寓内。是夜即召集同人如刘家佺、马德润、周泽春、王相楚、王发科等十余人，即在余寓内入会，签

---

① 蔡子民：即蔡元培。
② 川资：路费。

第五章
史/海/钩/沉 人/物/传

字摩指①并举手盟誓。当时德润因《五权宪法》一条宗旨不甚相合，临时退会，此外并无异议。

次日，余与刘、朱三人陪总理漫游柏林胜地，并摄相纪别。住三日，即至法国巴黎，临行时并指定余寓为通讯总机关。至所需车票，余已为定妥，并电巴黎友人至车站迎接。孰意总理去后，王发科、王相楚二人追踵秘密至法。适总理有事外去，取其皮包剖之，将比、德同人会册携去，奔告驻法公使孙宝琦。孙认为此事关系汉人在欧留学生前途甚大，接受名册而斥之去。孙公使比即将册邮寄驻法、比欧洲留学生监督阎海明，听其如何处理。阎接册后，将各人之姓名逐一剪下，邮还本人。余等在柏林接此函后，始知事泄。同时法总统亦有函来示知情形，嘱其各自防范，以免危险。

事败之后，总理一人在巴黎，川资尚无所出。来函示余，速筹速汇，以便启程。接函后，商之留德同人，均无人承认。遂与朱和中二人私议，计总理来函有"嘱汇至新加坡一路川资"等语，彼此切实核计，算二等船费若干，由巴黎至马赛二等车费若干，沿途零用钱若干，统计汇去佛郎②二千元。孰意总理接款后邮函申斥，略云："吾乃中国革命领袖，若以来函所云，车船以二等计算，有失中国革命家脸面，绝对不可，望筹汇一③"云云。此时余与朱君罗掘④俱穷，同人亦不敢再谈革命。幸当时余任留德学生会会长，遂将会金二千余马克合成三千佛郎汇去。总理得以成行，余亦于二年内陆续将膳费节省归还会金。

（录自台北1977年版《湖南省东安县志》新增采访实录之人物卷）

---

① 摩指：按手印。
② 佛郎：法郎。
③ 汇一：这里指按"一等车船费汇寄款额"。
④ 罗掘：收罗挖掘，指多方筹款。

丁篇　笃孝节烈

"百善孝为先。"孝，是中华传统文化之第一美德。光绪《东安县志》中有"孝义""褒忠""列女"三传，《孝义传》录有唐杰、李文珍、唐际乘、蒋德富、蒋义尊、蒋茂兰、李珍先等人的事迹，如唐杰刲肉愈母疾，李文珍卧冰祷鱼，蒋茂兰千里归弟骨，其情可赞，其事动人。《褒忠传》里述邓镜心、唐麟、黄福彦、樊学洙、黄建盛等事迹。尤其是《列女传》里，开卷明言，题曰"列女"而不题曰"烈女"，即"不专取节烈为贵，亦欲广女教焉"。这一字之别，甚足见东安为政者之政见与气度。他们的事迹或孝感天地，或宽仁忍让，或勤俭持家，皆成一代楷模。

【一】唐杰孝行感祥瑞

唐杰，宋绍兴时人。幼有至性，四岁侍继祖母蒋氏，孝敬殊于常儿。蒋氏病目，舐之而愈，父母嘉异之。父老，扶持维谨，又常①刲肉愈母疾。及奉后母，同于所生。孔彦舟寇衡永，劫掠县境，杰号泣负蒋冒乱出走，寇嘉其志，更护送以出。父卒，水浆不入口者旬日，不得死，疏食终身。所居有连理瑞木，三花并秀，圃中果菜皆双实，池出异鱼，父冢上恒有云气，乡人嗟叹，以为瑞不虚应。知州熊彦谋专疏以闻，诏赐束帛，图瑞物付史馆。彦谋为孝子碑，而自为赞曰：

"父有继母，大父之配。我亲其亲，爱无有二。隆杀②厚薄，彼迁于情。有伟者杰，孝以性成。勤苦艰难，役患生死。我亲复亡，我

---

① 常：通"尝"。
② 隆杀：增减。

慕①方始。理达必融，昭彼化育。共蒂骈枝，和臻草木。帝以孝治，爰告史臣。戈戈之帛，式②是永人。岂曰永人？与世立教。人子人孙，起敬起孝。"

论曰：孝者天性也，其节文必依于礼，爱而弗敬，禽犊之仁也。旧志称唐孝子口导母秽，舌浴父尸，异乎吾所闻。史迁以亲涤厕牏③，为石氏讥，若之何以便佞④曲媚之行施于二人乎？如若所言，则孝应⑤之瑞，疑亦以伪欺时者。不然，曾瓜何以伤其根，闵芦何弗生其煊哉？故刊削其辞，归于中庸。

（录自 光绪二年《东安县志》卷七 列传）

【二】李文珍凿冰祷鱼

李文珍，宋度宗时人也。母邓氏得疾，须鱼羹，冰不可致，文珍祷于潭，凿冰得三鱼。越三年冬，母疾复发，祷如初，已而入水，久不出，众咸谓灵不可狃。须臾，文珍出，掖巨鱼，母疾立疗。社中名其地为"孝子潭"焉。

又尝割肉以饴母。里民唐伯玉等告县令赵崇硂，状上其事。赐粟帛，旌其门，建"孝感坊"，复为立碑。元至大时，碑佚。曾孙觉昕请于县尹杨釜，重立表碣，而司谕龙翔伯者为之记。云："唐陈藏器，谓人肉治羸疾。自是民间父母疾困者，多以剐股愈病。有蒙化张、河阳刘，朝廷皆表其闾，于诚心亦足称者。"又云："文珍，水田江东坊人，状既申，州照条例赐钱会⑥。"碑已泐，文存者亦冗弱。其后题云："至

---

① 慕：思念。
② 式：敬。
③ 厕牏：便器。《史记·万石张叔列传》："〔石建〕取亲中裙厕牏，身自浣涤。"裴骃集解引孟康曰："厕，行清；牏，行中受粪者也。东南人谓凿木空中如曹谓之牏。"
④ 便佞：出自《论语·季氏》，指花言巧语、阿谀奉承的人。
⑤ 应：感应。
⑥ 钱会：钱钞。

大元年（1308）十月，县学司谕龙文翔伯记，邓直书。典史周，永州路东安县尉和，进义副尉永州路东安县主簿张心，将仕郎永州路东安县丞刘，承务郎永州路东安县尹兼劝农事杨釜，进义副尉永州路东安县达鲁花赤分列迷迭立。"

国朝乾隆时，有蒋文熙亦刲股愈母疾。易太兰侍亲疾，躬自涤濯。母目失明，又病不能起，太兰及妻罗氏用意微至，母转侧无所苦。唐登云之父病风①失音，侍疾者不如意，则敲朴至流血，登云独能承意②奉侍，皆有闻于时。

（录自 光绪二年《东安县志》卷七 列传）

【三】唐际乘覆儿存侄

唐际乘，明崇祯时人。寇乱，与妻携兄孤子及己子居村中。闻贼将到，当更入山避之，际乘谓妻曰："今山行不能顾两儿，当奈何？"妻曰："兄子死，则斩兄嗣，又不义。儿死，或当再有子。"乃覆儿筐中，负兄子行。行五日，贼去，还其家，儿故③在筐中，大怪之。有邻妪为贼爨具，言贼至时，启覆，得儿哑哑，大不忍，使贼妇乳之，顷始去耳。文士闻之，为作《存侄记》。（自唐以来，通以从子为侄。）今犹有传其事者。

（录自 光绪二年《东安县志》卷七 列传）

【四】蒋德富困尽济乡民

蒋德富，乾隆初人。十一年夏，饥，社谷④为主者⑤侵冒已尽，乡

---

① 病风：脑中风。
② 承意：顺其心意。
③ 故：仍旧。
④ 社谷：乡里公有粮食。
⑤ 主者：主管。

民汹汹，欲殴之。德富曰："贪夫之肉可饱邪？"引众至其家，指困尽给之，不问偿否。县令闻之，亲礼其庐。今子孙功名之盛，甲一里矣。

（录自 光绪二年《东安县志》卷七 列传）

【五】蒋义尊牧牛养母

蒋义尊，家贫，受队牛而牧之以养母。凡牧牛者，则吹角，以号召牛。义尊薄暮归，必疾走吹角，令母知之。母不适，则伪小儿状，立于母前，时唱时号，不一态。母死，无丧期。日设盂坐①，上菽水供献如生时。一日米尽，以宿饭献灵，坐作响，盂跃出一尺许，义尊抱盂而泣。人之见者，以为丁兰之流也。

（录自《东安县志》卷七 列传）

【六】胡顺佳孝母止酒

贫能养母者有胡顺佳。顺佳日佣于人，夕则辞去，疾行大呼于途，母闻声撼门出视，则顺佳归矣。于是奉母上坐，母有所问，则对，母寝，乃寝。他日其舅来省姊，顺佳不知也。至，自外入厨，见壶酒，曰："母素不饮，又无客，岂赏我邪？"饮之至尽。登堂见舅氏，乃知酒为舅设。母又苛责之，厥后终身不饮酒。近日黄治纯孝于父母，而贫与顺佳等，人多称之。

（录自 光绪二年《东安县志》卷七 列传）

【七】蒋茂兰千里归弟骨

蒋茂兰，乾隆时人。有两弟，其仲弟行贾，死于岭南，贾者隐其事，家贫不能迎丧。久之，诸贾皆死散，茂兰父每言则泣下。茂兰恒悲

---

① 坐：通"座"。

愤,力作积赀,有钱数千,乃留弟供养,徒步逾岭询访。久之,闻其死于合浦,至则一无相知者,惟日旁皇①郊郭间。众人见者,皆怜感②,然无奈何。一日薄暮,遇老翁,自言知其葬处。惊泣从往,指一冢曰:"骨已朽,唯右手中有金约指③可辨。"俄失此翁,疑为神。明日告里长,往发,果然。负骨归,闻者异之。

(录自 光绪二年《东安县志》卷七 列传)

【八】李珍先大义均家产

李珍先,贾人也。家贫,兄弟皆良懦,坐食益困。珍先有心计,谨笃,为人所信,远行致赀数千金,归置田宅。及析产,咸以珍先子宜多取。珍先曰:"言富者,固曰家产,不曰私产,今一家乃有厚薄乎?"卒④均之。叔父无子,养之如父终身。

(录自 光绪二年《东安县志》卷七 列传)

【九】秦茂贤三世同财

同时有邓茂柏者,同产⑤四,其少弟依茂柏以居。茂柏勤俭,独饶富。弟长,推己财与之。知县孙抡元旌其门。

又有邓登魁、唐高赤,皆令己子与从子均财。高赤从兄久析产,有孤子三人不能自立,召之同居,至成立,各分田授之。又有秦茂贤者,与其舅蒋安贤合而贾,三世同财无间言。又有蒋日新、俞维茂,皆六世同居,子姓恂谨,有家法。

(录自 光绪二年《东安县志》卷七 列传)

---

① 旁皇:徬徨。
② 怜感:怜悯感慨。
③ 约指:指环。
④ 卒:最终。
⑤ 同产:同胞。

第五章
史/海/钩/沉/人/物/传

【十】胡炳焖孝事继母

胡炳焖,乾隆时人。父国材,监生,尝焚券以振贫困,又作棺椁以与不能葬者,得"义侠"名。炳焖孝事继母,兄妻邓氏早寡不嫁,炳妇严事之。母死,家政悉咨邓氏而后行。亦好施予,累①捐金完②人夫妇。或有贫者伪言将鬻妻,辄有所得。人笑之,炳焖曰:"人之所重者,耻也。彼戏言,亦且戏行之,吾推诚止之,亦有所补,何必行德于众人而独苛③无赖子?"闻者叹服,自后亦无敢欺者。

(录自 光绪二年《东安县志》卷七 列传)

【十一】李成仕重义散家财

李成仕,贾人也。年十一而孤,与幼弟贩鬻以给食,十余载积银一斤。行石领,见夫妇哭甚哀,询旁人,则其夫以养亲贷人钱,久不能偿,逼取其妻云。成仕恻然,尽出所有与之。闻者或叹或笑,然成仕名浸以显。久之,小饶④所居。花桥界零陵,往往有客死无从得棺,始倡施以收骼胔⑤,花桥义椑⑥自此始。尤重义气,与萧甲同贾,萧负⑦千金,始终客礼之,及死,殡焉。

(录自 光绪二年《东安县志》卷七 列传)

【十二】周才富佣力养父

周才富,以佣力养父。凡佣者,或计日,或长佣。计日者,日三食

---

① 累:多次。
② 完:戒全,成就。
③ 苛:严刻。
④ 小饶:稍微富饶。
⑤ 骼胔:暴露于野的尸骨。
⑥ 义椑:义棺,捐赠的棺木。
⑦ 负:欠。

必有一肉。才富则留以归，主人或知之，令食之，而更遗之，才富固谢不敢。曰："留者尽己心，且所应有①也。以父而更烦主人，是伪且贪，义不可也。"又不肯长佣，曰："不可以久离父也。"父死，未几亦死。以贫不能娶，故无子，人嗟恨之。

又有席相高者，儒家子，孝性自然。父丧，以毁②卒，年二十一。子朝卓，少有文誉，夭折，无子。妻易氏，在《节妇表》。

（录自 光绪二年《东安县志》卷七 列传）

【十三】魏朝贤毁墙让地

魏朝贤，其初设客店于芦洪。一日，有客遗囊银，追之，已去，朝贤别贮之。明日，有来者言曾遗银此市，忘其主人矣。询轻重多少，出示之而符，遂与之。客以半遗焉，固谢不取。晚岁，家少阜③，造宅既成，或以为侵通途，妨行人。匠者以本朝贤私地，怒不服，朝贤反劝止之，卒④毁墙让地，人皆以为难。

芦洪市贾复有王高仲，因市火⑤得遗钱四万，举还其主。又多捐贽为义举。以老寿终，子四，俱耄期，见曾孙焉。

雍正时，朝廷方务于激劝⑥。县人陈芳祥于绵州拾遗金三百余两，逾年举⑦还其主，不求旌异。及归，渡洞庭，同行舟尽覆，芳祥妻孥舟并获济云。

（录自 光绪二年《东安县志》卷七 列传）

---

① 应：应有之行为。
② 毁：哀毁，以悲痛而毁伤身体。
③ 阜：通"富"。
④ 卒：最后。
⑤ 火：起火。
⑥ 激劝：激励劝勉行善。
⑦ 举：全部。

第五章
史/海/钩/沉/人/物/传

【十四】孙天茂积财赈灾

孙天茂者，五世孤传，贫不能给朝夕，以贩酒为业。拾钱会二百千，坐待失者还之。久之，积赀，佃而耕，浸益日富。暮岁赀产巨万，子孙、奴客百余人。嘉庆十二年（1807），大饥，天茂尽发藏谷以振。尝失牛，众请捕逐，天茂不应，惟祝曰："愿盗如我。"众怪问之，天茂曰："盗，不忧衣食，自不盗也。"其朴厚类①如此。年九十六。

（录自 光绪二年《东安县志》卷七 列传）

【十五】唐黑子救人不图报

唐黑子者，失其名，以貌呼之"黑子"。嘉庆二十四年（1819），泊舟湘潭，适土民与江西客民构衅②。客民以优戏③诱聚市人千余众，门阖。熬粥煎膏，乘④垣御外救者，乃执杀围内人，谋尽歼之。县官往，不得入城，内外大沸。黑子还舟，举铁椗破门出之。椗三百斤，铁叶重键应手碎裂，得免者数百人。黑子登舟遽去。湘潭民德破门者，醵数千金将报之，不得主名。东安人知者，问黑子何不自言，对曰："无过乱门，敢受报乎！吾初不忍其在陷阱也。"黑子恂恂乡里，无他异，亦不以力称。

（录自 光绪二年《东安县志》卷七 列传）

【十六】唐大鏒为叔弃功名

道光初有唐大鏒，字小丰，倜傥能文。年二十四，试府堂，名第

---

① 类：大都。
② 构衅：结仇，结怨。
③ 优戏：杂耍戏曲。
④ 乘：登。

一。会①叔父杀人，大鎰自承之，以代叔父死。县府弗深察也，拘之。逾十年，乃定谳，减等流诏安。五年，以赦归。

（录自 光绪二年《东安县志》卷七 列传）

【十七】陈于琯贫困笃孝

陈于琯，父死母嫁，祖母抚之，贫甚。于琯年六岁，孝爱自然，每拾蠃蛤②易米为养。九岁斧薪涧中，堕冰谷石齿上，不死，人以为孝感。既成童，为客作③，夜必归。侍祖母疾三年，甘旨、药物比中户之奉。

同里又有邓继富、唐惟志，邓跛而唐盲，均贫困笃孝。惟志④赁舂，人以其孝，多怜之，米恒有余。每寒雪，艺薪供母，樵歌以为娱，见者羡其有余乐焉。及母丧，三年出入哀号，乡里为之悲酸。

邓后禄，喑⑤者也。母更嫁陈氏，后禄兄为陈氏子。母后夫死，长子以后禄之从邓也，以母委之。后禄羸病，不能力作，佣不给，则乞食以养。岁饥，省己食以奉母，人怜其孝，多善视之。卒娶妻以富寿终。

（录自 光绪二年《东安县志》卷七 列传）

【十八】刘元清侍母感贼寇

潘祖显，谢氏佃户也，本零陵人。居伍塘数十年，勤力谨行。咸丰九年（1859），寇犯县境，当贼道者皆仓卒徙避。祖显兄祖辉，耄而强，耻避贼。祖显泣劝之行，固不听，乃留伴兄。寇入室，祖辉遽怒骂，贼刃之，七刃未殊⑥。祖显急救，不能解，挥锄出，击一人，立毙。余贼攒

---

① 会：适逢。
② 蠃蛤：螺蚌。
③ 客作：佣工。
④ 惟志：一心想着。
⑤ 喑：哑。
⑥ 殊：死。

刺①脔割之。明日，祖辉创发乃死。其时有刘元清，母年九十余，不能避。元清夫妻侍母不去，贼义而舍之，三过其门无或犯者。

（录自 光绪二年《东安县志》卷七 列传）

【十九】蒋文成积善旺子孙

蒋文成，嘉庆时人，居白牙。同里胡氏巨富，田园连蔓，六人分理之，文成居其一。岁旱，饥殍相望，请于主人减价粜、减息贷，以其诚恳，许焉。五人皆迂笑之。及后胡氏析居，五人者各酬之田，文成任事浅实，亦以其行善，多所费，故不之与。然文成子孙并为诸生，俱饶给，而五人皆贫无子。

（录自 光绪二年《东安县志》卷七 列传）

【二十】宋正彩代邻偿息

又有宋正彩者，当道光十五年（1835），岁旱，以己券贷谢氏钱数十万，贷族邻而自偿其息。谢庭芳者，亦好义，笑曰："宋翁独为君子邪？"尽蠲之。时人两称②焉。庭芳，县学生，自有《传》。庭芳父添富，性和厚，邻人来为盗，遇而避出。尝典③屋居，人以半价赎，未及移，遽塞其门，添富自后墙梯而运。其能忍如此。以高年赐九品冠带。

其先又有谢厚福，以不拾遗金，为县令所旌。道光十五年（1835）之饥，有张致鸿质④田以贷，妻武氏倾箧佐之，借者遂负不偿，以是贫困。其后夫妻年皆八十有五，子孙蕃盛。而雷世炎、黄金舒亦皆贷举以振云。

（录自 光绪二年《东安县志》卷七 列传）

---

① 攒刺：合力刺杀。
② 两称：赞为一对好人。
③ 典：租。
④ 质：抵押。

【二十一】蒋志述富而不吝

蒋志述，字培圣，蒋烈八世孙也。初为农，力田以起其家，始诵诗书，好《司马书仪》《朱氏家礼》。平居褒衣博带，容貌甚伟。事兄恭谨，岁节率子侄拜寝门外，肃肃如也。相见，怡怡如也。富而好施，里人皆呼"蒋翁"，不敢名。乾隆六年（1741），行乡饮酒礼，府县采众论，以志述当大宾。志述固辞，谓子弟曰："吾观《礼经·乡饮篇》，宾贤者，将为贡士。故与之习礼。今或以孝弟、力田及退老者当之，此养老之礼耳，而号为宾。吾非儒生，不敢言其非，又不敢以老农居士君子之上。"闻者韪①之。

志述从孙芝腾，字晓峰，道光时候选州同。是时名爵尤重，郡县巨富率不过入赀得州同，所至倾视②。芝腾慷慨刚正，县中诸义举待之以集事，谨事父母，喻之于道，故富而不吝，晚岁焚券千金。

县人兄弟睦友者，有毛春虎，弟春义，家有礼法。嘉庆七年（1802）春霖雨，春虎昼卧，见一虎，逐之，惊遽走出，墙訇然倾倒，人以为笃行感佑云。

其好施乐义者，明代有唐大贞、陈经、刘仁聪、唐忠友，国朝沈昭文、邓纯学、李枝鼎、文星殿、雷鸣幻、王廷飏、文质、周道轩、蔡元珑、杨文选、文荣彬、周则稷、唐生杰、唐伯舒、陈本筠、刘埘，皆平粜③焚券，完人夫妻。其行事，大抵相类。而文质，自其祖父郁，父宏谟，皆富而能仁，积而能散。刘埘子玉瑞，世载其德，尤为乡里所称。

（录自 光绪二年《东安县志》卷七 列传）

---

① 韪：是，以为对。
② 倾视：斜视。
③ 平粜：平价卖米救荒。

【二十二】唐绍光万金捐相邻

唐绍光者，字觐廷，以赀为州同。先世富饶，至绍光，更置产业万金，益折节①为恭敬，有退让君子之风。人有请求，浮②数席其庭，以平旦会。平旦，绍光出，客满堂矣。一客必有一事，酒半分别问之，皆各满其欲以去。里有兴作，不问贵贱，以捐钱多者则簿名列前。绍光于其来，恒大书其名以冠众人，告曰："若更有多于我者，请再来，当增益之。"盖为善不可以后人也。县令或闻其名，枉③车骑而过之，与之为礼，绍光一再让辞。其往答其拜也，车骑雍容甚盛，声名震一时。为人长身鹗顾，发声如洪钟。虽执躬谦下，乡人甚敬惮之。绍光卒，吊客数千，车数百辆，皆白衣冠以歌丧，或哭泣如丧其亲。

孙信德，从席宝田讨贼，以管军饷有功，擢蓝翎都司。时时鲜衣细服，骑大马，跌宕自喜。同治六年卒。

（录自 光绪二年《东安县志》卷七 列传）

【二十三】唐中正施财至家落

唐中正，字庆堂，绍光次子也。绍光既已富好施，至中正益甚。中年与其兄中规析财，财各万金，田六百亩。中正妻子衣食所费，岁不过百金，谷数十石，其余悉推与师友、族戚及门客。客食于中正，中正别其等辈，酒肉之。客或少年，常厌其主人，主人又折节过当，则告去。中正于其来也，不与抗礼，而使子姓④款狎数日，已不过当食一接席，临去一送别，务在各厌⑤其意，客以故益盛。中规寿至八十余，时节中正坐兄于宾筵，身率子姓上寿。出则具舆马，以为

---

① 折节：谦下。
② 浮：准备。
③ 枉：绕道。
④ 子姓：子孙。
⑤ 厌：满足。

常。然中正竟以厚施，用破其产，而客不来矣。始，中正悯乡里贫人之举①女常不育也，振②一人，人谷四石。其远人不知，则揭③于衢。至家落乃止。

（录自 光绪二年《东安县志》卷七 列传）

【二十四】席三德高年拜世母

席三德，上锦从子也。父上达，以岁贡授宜章训导，辞不赴。力学能文，著有《四子辑注》，学者称为"文雅先生"。三德为人，端方植④品，处家庭、乡党，和乐不苟。方年九十，而其世母⑤九十六，徒步行十里，自持羊酒祝世母生日。见者笑羡曰："世间有世母九十六，而从子九十，犹往来拜跪以上寿乎？"官吏慕其年德，给冠带。其庭坐客有先三德举"耆民"者，市井人也。国家所以设是礼，以优老，而尤在德，官吏乃以非类⑥当之，三德心耻焉。曰："吾奈何与是人同科？"遂不肯衣冠，宾族亦莫之强也。卒年九十九。弟伟观。

（录自 光绪二年《东安县志》卷七 列传）

【二十五】席伟观读书讲礼

[席]伟观，县学生，读书讲礼，事三德最谨。析产时，皆相让不取，族人代均其业，署券⑦拈与之，乃敢受。三德居别墅，时节兄弟相见，酒肉迎送如宾客，怡怡如也。三德号称高年盛德，而伟观为文章有名，尤喜作制艺⑧，至老益甚。平日好以直言折人，其实和乐易近。里中

---

① 举：生养。
② 振：通"赈"。
③ 揭：扬言。
④ 植：正直。
⑤ 世母：伯母。
⑥ 非类：另类人。
⑦ 署券：签名于契卷。
⑧ 制艺：科考标准时文。

子弟来质疑难，伟观接之，与饮酒，谐笑至醉。其戚王际盛与友善，而居又最近，常饮于伟观。伟观不过三爵径醉矣，际盛不言去，伟观谈言陪坐，至中夜罢。然伟观年七十余，犹手抄其文示人，甚自得也。三德卒时，伟观病痿痹，家人知其笃爱，秘之。伟观微觉，则恸哭不可解，未几，伟观亦卒。

（录自 光绪二年《东安县志》卷七 列传）

【二十六】雷济怀谨承师道

雷济纯，贡生。弟济怀，县学廪生。幼孤，事母与祖父最孝谨。振人之急，能不吝百金。济怀师事蒋舒怀，舒怀年老耳聋，又无子，济怀时时恤其家室。及舒怀病且死，济怀立榻前哭泣。又伤其师[以]道义自砺，无子嗣世其业，死后声名将不显著于时，收其文刊之。舒怀者，嘉庆时孝廉，邵阳人也。醇谨无华饬①，惟勤著作，然卒赖济怀以存。

（录自 光绪二年《东安县志》卷七 列传）

【二十七】李仁喜恭俭廉慎

李仁喜，字时升，自其祖父以上皆淳朴长者，至仁喜益为恭俭。与弟仁琬、仁琳，最为友恭。平居盛衣冠，内外整秩，坐立行止，不易其方。宾客至门，虽最素狎习、卑幼者，必为设具②，自起奉觞，送迎有礼。人畏其苛节，敬爱其严正焉。

陶如蟠者，县廪生，又能医，为仁喜治病，见其兄弟饮食揖让，甚敬慕之，为留旬余日乃去。至道州，道州牧问："君游近县，见有高年盛德者乎？"如蟠为言仁喜如所见状。牧为作《花萼颂》，因如蟠寄赠

---

① 饬：通"饰"。
② 具：食。

之。年七十五卒。

初，仁琬为府礼房吏，岁得钱以奉仁喜，仁喜别置一匮。仁琬闲时，归朝兄，对案上食，饮酒乐甚。酒中，谓仁琬曰："弟为吏甚劳，安所取而有余资，今又携钱而寿我邪？"趋入，引示匮中钱，数十千未尝解贯[①]。仁琬曰："此卖卷所得，非偷来者，何以不充公家用？"仁喜曰："公家自有钱。"其廉慎如此。仁琬为吏，亦实公廉，有善人名。

（录自 光绪二年《东安县志》卷七 列传）

【二十八】李文宜不争家产

李文宜者，与其兄同居。当析产，两兄争财相殴，文宜顾默不语。晨出负薪，午归，自取饭啖之。其兄见文宜恬然不与其事，愧甚，且怒，曰："析产不均，义当争。汝奈何坐视，欲令两兄相殴击死乃快邪？"捽其发于地，拳之。文宜卒默然不语。久之，文宜所得田产，于诸兄为薄，牛又瘟死，产日落一日。买牛过别村，妻待至夜，遣子随其仆道迎。子见田塍上石光，指告文宜，使仆拾之，则金也。戚里于是贺文宜得金，文宜告妻曰："贫贱之家，无故而得窖金，不祥。"卒推与其仆，仆货之，家不贫矣。文宜后亦以力作起家，有田四百亩，为富人。

（录自 光绪二年《东安县志》卷七 列传）

【二十九】陈光典廉介和族

陈光典，一名乾瑞。其先，兄弟同居，皆光典主其事，内外雍睦和顺，终光典之世，无相讼者。当道光中年，里人饥馑，告籴于光典。光典先时储谷，谷一石，石减价十三，尽指囷卖之。邻田与其田接壤，上

---

① 解贯：松解钱绳。

第五章
史/海/钩/沉/人/物/传

有沟,沟坏而邻人惮于筑也,则沟于其田以通流。光典竟不罪责,而卖邻以其田。于是家人昆弟谓光典直惠不贪,盖有功于我。他日异居,同财割郭外田凡几亩奉光典,光典辞焉。曰:"我方以廉介率下,乃自私哉?"卒不受。后咸丰九年(1859),光典年七十矣,粤寇且入境。黑夜扶母登舆,而身自徒行护慰之,即家人谏阻请代,不顾也。年八十以无疾终。

(录自 光绪二年《东安县志》卷七 列传)

【三十】文荣彬刚直和睦

文荣彬者,字质庵,其先为宋丞相天祥。天祥本无后,以弟子升承祀。升仕元,为集贤学士。升子富,为兴文署丞。富死,支姓徙东安,为东安人。

荣彬祖,当乾隆时,发粟赈族里困饿者,盖饶于财。至荣彬,赀产微矣,然刚直不阿。俗人有斗争,荣彬苦劝之,不听则骂,人惮而止。文氏自先世[为]大族也,然不相统属。荣彬一以公廉,人人开道①教勉,令后不得相龃龉。公田租入,皆荣彬主计,族人由是大和,一切唯荣彬命是听。荣彬年至七十余,老且病,里有相争不止者,请得质庵先生一言。荣彬强起,舁入其家,告曰:"事所以如此者,气未平也。与其负气而讼,毋宁和。"两人于是敬听不相争矣。荣彬死时,族里如丧贤,有司升其主于祠堂,且铭其功。

(录自 光绪二年《东安县志》卷七 列传)

【三十一】蒋柏福忠厚能忍

蒋柏福,字玉林,家本农也。其先曰定国者,山行闻呱呱声,迹

---

① 道:通"导"。

之，得小儿窖中。抱归，告其族，则昨夜其弟举子，以贫，弃之。于是定国语弟以得儿状，抱至其室，不受。定国乃自收养之，长遣归焉。

柏福为人，忠厚长者，其邻族尝虐苦之，则迁去。因其土宜播种，连岁大熟，稍买田二十亩，家不贫矣。然人终以其孤懦，田卖于柏福，明年稼熟，佯告曰："君奈何盗种吾田邪？"获其稼。柏福家人怒，欲与斗，柏福骂止之。一日，过丧家会食，自持碗越席取饭，坐①人夺碗而碎之，柏福顾默不语。同坐诸客怒，拳夺碗者，柏福翼②其人以出，笑曰："此不干诸君事，反动气邪？"盖能忍如此。至子煜凤，益多买田宅，行善事，子孙执耕读者数十人矣。后父子皆以高年终。曾孙兰陔，县学生。

（录自光绪二年《东安县志》卷七 列传）

【三十二】胡顺君天性宽忍

胡顺君，字青云。仲弟顺官早死，季弟曰顺堂。顺堂日饮于外，顺君苦禁之，顺堂滋不悦。诸酒徒又日短③其所为于顺堂，顺堂恨甚。尝于酒肆大骂而归，至门，则益大骂，顺君则哭顺官重负债于酒人家。顺君故弛其管钥，顺堂因尽发其藏付酒家矣。或以告顺君，佯曰："弟素恭谨，钱谷乃其自有，宁须盗邪？"然未几，顺堂亦死矣，顺君哭之盖过哀云。顺君季年，有田四百亩，每日浮数席其庭以食客。代耕者，租不取盈。有豪人没其田，人以告顺君，顺君曰："岂不知哉！但吾家人好胜，切不可泄之。"与饮酒至醉，其人去，顺君竟未尝言。盖顺君友爱其弟固甚，至其宽忍，亦天性也。

（录自光绪二年《东安县志》卷七 列传）

---

① 坐：通"座"。
② 翼：遮掩。
③ 短：毁谤。

第五章
史/海/钩/沉/人/物/传

【三十三】陈元音厚德孝亲

陈元音者，字虞韶，年二十余，补县学生，后入赀为贡生。其家五世同居，子姓男、妇过六十人，皆元音主会计。然孝友廉仁，折节为恭敬以率下①。先世田不过百亩，至元音，起家节俭，益买田七百亩。内外雍睦循谨，饮食衣服及供宾客之具，率有常度，丰俭皆不逾也。当嘉庆时，郡城建考棚，县城建文庙、育婴堂，元音与州县公廉有大力者司其事，郡人立石颂美，推元音为功首。于是廪生邓士杰、唐知炼等，复状上其美行，称元音居家孝于亲，友于兄弟，制行谨秩，有厚德于人。县令移学官核之，如所言，大荷旌宠矣。后数年，以老寿终。同日与元音被旌者，有唐凤池，其行事佚。

（录自 光绪二年《东安县志》卷七 列传）

【三十四】邓秀才遇寇不辱

邓镜心，字石潭，高才孤傲，工乐府歌诗。咸丰五年（1855），寇犯永州，将及，镜心奉母避山中。逾数日，贼未至，入城省视，道中遇寇。执而索金，镜心叱曰："有金岂与尔者！"寇问："尔何人？"有识者曰："邓秀才，名士也。"寇中得书生辄不杀，号为"先生"。优假之，数人给役。争拥镜心行，不可。刃拟之，镜心知不免，阳②好语曰："今从女，当书报母。"即就馆作书，具述状，末曰："儿名在儒学，儒者之义，可杀而不可辱。又恶乎伪从而终逃者？且逃得亦死，不如先自洁以报母恩。"书成，语贼遣所识者持以去，遂从行。渡水，自投死。或曰镜心遗书石上，贼去，或得之，送其家，乃知死云。贼去，得其尸，事闻，诏赠监知事，恤其子云骑尉。其时诸生死难者，有唐鹏飞，居白

---

① 率下：为下面的人做表率。
② 阳：通"佯"。

牙，死于其居。

（录自 光绪二年《东安县志》卷七 列传）

【三十五】唐麟孤城死战

唐麟，字灵甫，大族也。弱冠为县学生，以才略自许。咸丰二年（1852），土寇起，知县邵绶名令募义兵守城，城获全。五年，寇陷东安，绶名移知邵阳，急召麟，率一营驻五峰，防寇东犯。已而，东安复，贼走。麟追讨有功，绶名上其功，议叙以府经历、县丞选用。又尝与邻族争，邻夜集众数千围之，麟率族人百余人，据垣拒守。以兵法五人为队，分合出奇数，出击辄胜。相持月余，官兵至，乃解。

九年，石达开犯永州，李右文请于上官，檄麟领乡勇三百人，专治城守事。绶名时知宝庆府，复召之，麟以本县事急，谢不往。寇至，累出搏战，小有诛获。贼知麟能守，不急攻。麟度寇必穴城，甕听①之，果有声。于所乡②筑子城，又沟水断之，果不得穿。贼射书城中，言其来专为诛官吏，不与土人仇。唐麟虽督兵接战，若能断李令头出和者，保其族，且解围去。右文得书，知贼誓破此城，而援兵不得至，促麟遁。麟曰："死耳，安能走？"夜作书，召其族集兵入援。众议贼十万，兵不盈千，不可往。贼尽发近城冢，取柩及棺，实火药轰城。城裂，众汹惧，尽走散。麟独督帐下卒巷战，夺门走出，从者五人耳。复行百许步，独麟在，犹力战斩数贼，乃死。得尸荆棘中，经旬日面如生，金缠臂犹在，众皆异之。事闻，恤如优例。同守城者，邓公吕、唐玉彩、刘光耀、胡清尊及弟清标，哨长李祥兴、祥兴子某，皆力战死。缒城出战者，邓正心，深入多杀，被围战死，并

---

① 甕听：以空瓮扣地，听声音辨其掘地声。
② 乡：通"向"，方向。

第五章
史/海/钩/沉/人/物/传

从祀昭忠祠。

（录自 光绪二年《东安县志》卷七 列传）

【三十六】黄福彦乡勇败贼

黄福彦，字锡志。父石诠，道光时诸生，有才名。军兴，总①清下乡团练，防邵阳界。咸丰九年（1859），石达开逾领②犯郴桂宝永诸属县，土寇应之。院司专守省城，尽诿团练使自保。福彦以能兵，受父命，领千人拒贼斗山铺乡。兵无器仗营壁，虽众易散。福彦随宜③诱战，累败贼，获贼帅张黄段等。贼怒甚，益兵深入，众溃，执福彦及刘安球，杀而焚之。安球父大武，亦团长，有权略。

（录自 光绪二年《东安县志》卷七 列传）

【三十七】樊学洙临刃不屈

樊学洙，道光初生员。少谨信，见重乡里，事继母以孝闻。咸丰五年（1855），土寇陷东安，贼帅朱洪音[之]伪监军陈得盎者，学洙子妇之弟也。书招学洙，言贼帅欲降，请得县中有信义[者]先要约，乃后诣官降。学洙欲行，或曰："此必伪，勿往。"学洙曰："今城中涂炭，彼以好来，且与之无仇，绐我何为？"遂往。至则得盎述贼帅，意欲得学洙为重，言语大相悟。学洙怒骂，上食不食，且将击得盎。得盎怒，列白刃胁之。骂三日，知不可屈，乃送之还。不食三日，气才属④，家人救治不起，呕血死。

（录自 光绪二年《东安县志》卷七 列传）

---

① 总：统领。
② 领：即五岭。
③ 随宜：灵活机动。
④ 属：断属。

【三十八】黄建盛御乡杀贼

黄建盛者，居斗山铺，年六十矣。咸丰九年（1859），流寇石达开围攻宝庆府，连营百余里。斗山铺、大盛桥之间，近贼垒，游骑时出掠。黄钟音倡乡人结九岳团，防御甚力。寇益来攻，钟音诣府请兵。寇大入，杀钟音母。劫建盛，索骡马。建盛骂曰："我固无马，即有马，不与贼也。"贼杀之，遂破栗木村。

（录自 光绪二年《东安县志》卷七 列传）

【三十九】魏庆茂拒贼保乡亲

魏庆茂、庆秀者，同母兄弟也，居里中，为良农。寇至，村民骇叫，弃老弱散走。庆茂兄弟手长矛，呼曰："毋恐，我在此。"植矛立村口，贼不敢进。久乃前迓斗，庆茂及弟皆死，老弱尽得免。同死者又有刘安求，亦拒战被杀。

（录自 光绪二年《东安县志》卷七 列传）

戊篇　东安女德无虚誉

自刘向分八传以记女德①，范氏增之于汉史②，但述美行。而赵宋以后，贞顺相高，朝廷大宏节孝之奖，一县同时无虑③数百，天下节妇恒数十万。独东安尤慎举报，其人士皆朴信无虚誉，无诬称。五百年来，见前志及今册者，视列县不敌十之一。如是，故可贵也，故可信也。

---

① 女德：《古列女传》，七卷，续一卷，汉刘向撰。
② 汉史：《后汉书》，一百二十卷，刘宋范晔撰，其中志三十卷为晋司马彪所撰。《后汉书》之卷八十四为《列女传》。
③ 无虑：大概。

第五章
史/海/钩/沉/人/物/传

自明嘉靖至今，良吏吴永裕、谢相、朱应辰、吴德润、荆道乾，及学使钱沣、知府王宸，皆有所旌礼。其人又皆廉惠正直，忠信不妄许者，异夫一牒上而悉报可①之吏。所谓华衮之荣②，其谓斯乎？然女节无殊，人人大同，不足为传者，众矣。今分姓为节妇表，以检重名，而取其尤卓卓昭著者，为之传。既题为"列女传"，故不专取节烈为贵，亦欲广女教焉。

【一】无名氏为夫代死

丁国宾妻，宋建炎中人也，失其姓。国宾与妻流寓滁州，值南渡寇乱，为兵所掠。将杀国宾，妻泣请曰："丁氏流亡已尽，乞存夫以续宗祀，妾当代死。"兵杀之。既感悔，乃释国宾。

（录自光绪二年《东安县志》卷七 列传）

【二】唐氏咏词殉夫

唐氏，李廷儒妻也。父休征，其谱牒称为西蜀城守，未知为屯官，为营官也。当明嘉靖时，廷儒以参将守陕西，（明制，自总兵官至把总，无品级。陕西分守参将六员，曰：河州、兰州、靖虏、陕西、阶文、西固。其总兵驻固原，后又设洮岷副总兵。）时吉囊娄入兰州，官军战守疲困。唐氏每咏边塞征戍之词，未尝不歔欷流涕。未几，廷儒战死，赴至，遂自经以殉焉。唐氏知书史，工翰札，死时年三十五。所作诗词散佚，唯有《寄夫诗》为时所传。（诗云：梦中闻鼓角，画里见关山。戍火金微暗，春风锦帐闲。别魂愁路远，边信感时艰。惟有清溪竹，分人翠袖斑。）

（录自光绪二年《东安县志》卷七 列传）

---

① 报可：批复可以。
② 华衮之荣：指封诰表彰的恩宠。

【三】王氏诗誓死寇

王氏，李生明妻。父乃言，明万历时廪生。生明死时，王氏年三十六矣。流寇掠东安，舅姑及家人悉避。王氏以无子，又寡居，义不从众匿走山谷中。家有菊圃，携老婢居之。知不免难，题绝命诗自誓，付婢曰："即死，持报舅姑。"贼果至，捽其发，胁以刃，挽菊篱不行，见杀。（诗云：极目谁为主，扪心尚未亡。愿同战霜菊，埋作故园香。）年四十一。

（录自 光绪二年《东安县志》卷七 列传）

【四】唐氏高洁不屈

唐氏，李之裳妻，年十七，容度高洁，娴习妇礼。之裳年少，恒倚妻父护视焉。吴三桂据衡州，列县残破，唐氏与夫避寇羊旗岭。群贼散劫，卒[①]至岭下，唐父携之裳急走，顾谓女曰："宁死无屈也。"寇至，挟之上马，哭骂不起。出刀胁恐之，声愈烈。削其发，伤脑，遂去。其父与夫还，气才属，顷之死。时人嘉唐氏义烈，亦称其父能教云。

（录自 光绪二年《东安县志》卷七 列传）

【五】唐氏为婚死节

唐氏，荣氏之童养妇也。小家多于童时婚，姑抱养之，待长而配。或不喜，则更嫁之，姑主其婚。荣氏之子曰春甲。死时，唐氏年二十一矣，犹未配，则未知其为夫年小，或出，或姑故迟之也。将嫁唐氏，唐氏不可避，依父居六年。父贫老，以女工助养，父犹厌女，命之还荣氏。于是自计进退无所容，待嫁而死，不如先之，遂自经死。年二十七。知县尚式廓闻之，状其事，上院司，旌其节烈，且为建坊焉。

（录自 光绪二年《东安县志》卷七 列传）

[①] 卒：通"猝"，突然。

【六】蒋氏曲意教子

蒋氏，雷世年妻，幼习女教，事舅姑以孝闻，敬夫劝学，称贤妇。年二十七，夫死。雷氏故富室，族人睸其孤而陵胺①之。世年父先死，有继妻，无子，以蒋氏之抚孤承家也，视家资若他人有，暴殄财物，苛索所无。蒋氏内外调协，曲意承欢，姑感其顺，遂助之理。教二子，皆为名诸生，年五十一卒。

（录自光绪二年《东安县志》卷七列传）

【七】邓氏敬事舅姑

邓氏，胡炳焜妻也。夫死无子，以夫从子②增仪为后。增仪弱冠举于乡，状母节，告京朝官，于是自侍郎郑际唐以下，为诗歌颂者百数十人。其名者，谢振定、蒋云宽，皆时望也。知府王宸以清简称良吏，亦为赋诗称寿。故邓氏节最显。

始炳焜未娶时，已病。病甚，乃迎妇，逾年死，邓氏年十九。屏华饰，慎言笑，敬事舅姑，舅姑贤之，委以家政。家素富，自先世好施予，戚党繁盛。邓氏早作夜休，内外措置，咸得其理。舅没，姑老目眊，邓氏侍姑寝，无寒暑昼夜，或先或后，未尝失姑意。知县张增良采众论，上其事，建坊表之。

王宸所褒美者，又有白氏。夫曰谢生衍，死时白氏年二十三。家贫，以纺织供养，侍姑疾七年，娣姒咸感愧之。性和顺，六十年无疾言怒声。三子长，家日饶。尤勤于施，尝捐金完人夫妇③。年八十四。

（录自光绪二年《东安县志》卷七列传）

---

① 陵胺：欺凌。
② 从子：侄子。
③ 完人夫妇：助人成婚之意。完，助成，成全。

【八】蒋氏姑妇双节

蒋氏,周一御妻也。子妇邓氏,夫曰士玠。一御死时,蒋氏年二十五。士玠死时,邓氏年十八。姑妇相依,并励清节。知县吴德润状为"双节",表其门。

其后又有易氏"双节",娣姒妇也。易义富妻艾氏,弟义全妻姚氏,皆无子。艾氏年至九十四。

（录自 光绪二年《东安县志》卷七 列传）

【九】李氏妇德为法

李氏,生员雷震天妻也。夫死时年二十四,舅姑并笃老,恃李氏以养。夫弟子时坚,七岁,无父母,李氏并抚之,督之学,与己子同入府学,有文名。知县梁伦褒礼之。年七十四卒。同时节妇最著者,有张际遒妻姜氏,家贫孝养,亲族罕得见其面。年七十七卒。闾里言妇德,必举为法。知县亢肇洁表其门。

（录自 光绪二年《东安县志》卷七 列传）

【十】刘氏誓死抚孤子

刘氏,樊成性妻。年二十夫死,舅姑劝之嫁,誓死抚孤子。事舅姑生死尽礼。年四十六,有疾,子请召医,刘氏曰:"吾所以生,以汝父亲老、子幼,代其职耳。今职已尽,得死为幸。"遂不药而死。

（录自 光绪二年《东安县志》卷七 列传）

【十一】易氏孝慈无闲言

易氏,萧文佐妻,年十九归①文佐,百日而夫死。萧故大族,同居

---

① 归:嫁。

者百余人，易氏处诸姑娣姒间，皆有恩纪。自舅姑以下咸闵敬之，六十余年孝慈无闲言。卒年八十一。

（录自 光绪二年《东安县志》卷七 列传）

【十二】萧氏安命自洁

萧氏，陈天毓妻也，父起瑛。天毓未娶得疾，清狂不慧。天毓父雅言请退婚，起瑛不可。强之，以告女。女泣涕不食久之，乃归于陈，年三十二矣。数年，天毓死，以贞孝著称。或曰萧氏嫁时，其夫实不省①，故未配。或曰雅言恐子妇厌薄其夫，或悲愤不能安，故待其长，见其志坚而后迎之。萧氏之归陈，特以义不再聘而来守，非嫁也。事过于礼，然亦可谓安命而自洁者。

（录自 光绪二年《东安县志》卷七 列传）

【十三】熊氏谏夫自诀

近岁芦洪有银工孙甲妻者，姓熊氏，丰城人也。甲随居芦洪，其母在家，熊氏父周恤之。既笄，孙贫不能娶，故送女来婚。甲先游贵州，觅之还，则乞食以归，有疠疾矣。人之见之者，皆为女羞。熊氏卖嫁衣，供医药，薰沐而事之。甲父子亦感奋，勤其业。熊氏有美色，精女工，不二年，衣食粗足。羞之者羡之，皆曰："甲游荡子，全赖妇贤且美，固宜成立。"居无何，甲复博游，恒不归，稍稍②盗己物以偿负。甲父以妇贤，能谏夫，反委托之。一夕甲还，其父闻妇泣声，窥之，甲跂卧，妇坐床隅泣且语，语小大不尽闻。久之无声，视之，则甲酣寝，熊氏自经死，未知其所由也。市人颇疑其欲卖妇，故熊氏先自诀云。熊氏之婚三年，死时年二十二。

（录自 光绪二年《东安县志》卷七 列传）

---

① 省：清醒。不省指不懂人事。
② 稍稍：渐渐。

【十四】汤氏贤淑好施

汤氏，唐义恩妻也。年二十三，义恩死，子生周月耳。唐富而汤氏好施，名著于乡里。有远客将还其乡，行有日①矣，资用绝，一家十余人俱病，不能兴。汤氏日炊以食之，蔬茗悉具。数日，病少愈，赠以行资，乃得归。其任恤皆类此。年七十卒。

其时贤妇以施济见称者，有蔡世英妻李氏。族邻生女，贫者多不举。李氏见孕者则与约："生女当告，我助之养。"其将溺者，必止之，皆计衣食之费以予之。乾隆四十三年，大饥。见里中负薪者过其门，饿不能归，请于舅姑，为食于路待饿者，得食者颂德盈路。其舅必曰："新妇之惠也。"年至八十有二。

（录自 光绪二年《东安县志》卷七 列传）

【十五】邓氏励弟妇以节孝

邓氏，陈尚钦妻，家贫，安困苦，操作以助其夫。夫弟死，妇将嫁，邓氏往劝之，则对以贫。邓氏曰："娣第②抚子，衣食我任之。"娣愧而止。媒媪知邓氏梗议，以其贫，厚赂之，拒不受。弟妇卒以节终。尚钦后益饶给，邓氏年至九十一，优闲老寿，为邻里所重。

（录自 光绪二年《东安县志》卷七 列传）

【十六】陈氏劝孝书家训

陈氏，魏魁先妻。康熙时归于魏，逮事曾祖姑，以孝敬为三姑③所爱。颇识书史，勤俭有法度。有子女各五人，中外曾、元④男女过百人。每生辰岁节，罗拜庭下，庭不能容。凡在魏氏八十余年，上事三世，下

---

① 有日：有预定之日期。
② 第：只管。
③ 三姑：指夫之母、祖母、曾祖母。
④ 曾、元：曾，指曾孙；元，通"玄"，即玄孙。

见五代，子孙皆耕读，务本业，虽未至富贵一时，妇人之福莫能过也。陈氏既老，恒率童幼讲古事，劝孝弟，手书五言六句为家训。曰："家国同一理，耕读岂殊分。勤俭斯良士，孝友即贤臣。尔曹当体此，母恤贱与贫。"见者以为简要。嘉庆初年，百岁无疾而终。

其后又有刘纶香妻文氏，年八十二，夫妻并强健。子呈烈，已充拔贡生，从孙世鸿，复举于乡，子孙入学者，犹有四五人，府县并称为盛门。纶香先卒，文氏年近百岁。

（录自 光绪二年《东安县志》卷七 列传）

【十七】周氏诵诗以守节

周氏，陈正式妻。十九夫死，一子方逾月。舅姑老贫，以勤力操作供养。姑病宜食梨，当梨熟时，剖竹纳梨，埋窖中，经冬如新摘者。他人效之，不能及也。子兴永妇欧氏，其孝养周氏，亦如周氏之事姑。年九十乃卒。当周氏之新寡也，既除丧，舅讽之改嫁，周氏不答，面壁诵古诗曰："瑶池古冰雪，为妾作心肝。死者若有知，剖与良人看。"泣涕歔欷，自是无复议嫁者。又尝自为诗曰："绝崖一株松，年年留苦节。自有岁寒心，严冬饱霜雪。"闻者皆叹息，嘉其年少有立志焉。

同里有郭氏者，孙良杰妻也，亦年十九而寡，无子。奉寡姑，执事如婢，戚党[①]见之，咸叹其孝。孙氏富而子姓失学，郭氏始课之读。其子燕，为诸生。

（录自 光绪二年《东安县志》卷七 列传）

【十八】陈氏羸疾死孝

陈氏，席上锦妻也。父惟顺，新化训导。陈氏性端顺，善事姑。姑

---

① 戚党：亲戚族人。

老有疾,恒侍姑寝。一夕夜起,仆于地,姒起掖之,乃苏。姑闵之,令少休。越三日,遂死。乃知陈氏羸瘵,久不堪劳,然故隐之,家人皆莫知云。上锦兄上达,名儒也,为文祭之,以为纯孝。

席氏妇称贤节者,又有相识妻谢氏。相识朴鲁,家事悉主于妻,内外雍睦,娣姒率礼。年二十九夫死,操持贫苦,训子女严肃,为族党所敬。

(录自 光绪二年《东安县志》卷七 列传)

【十九】蒋氏饶益济贫

蒋氏,李义涵妻,生子十月而夫死。谨事舅姑,以居积起家。邻族以其孤弱,常凌之。子赞乾,怒欲与争。蒋氏闭子室中,遣人谢过,与以钱谷,乃已。其后益饶,则分济贫乏,惠周乡里,无忍复欺者。赞乾入赀官五品,赠蒋氏宜人。

(录自 光绪二年《东安县志》卷七 列传)

【二十】蒋氏贤孝感神

蒋氏,胡春魁妻也。父淳彬,以至孝称于道光时,事在《列传》。蒋氏承父义训,持重寡言,敬事其夫,教诱诸子,有母德。长子知汉,幼颖悟,每会课,多代同舍生为文,归以告母,且矜[①]焉。蒋氏怒曰:"是欺己以欺师,且欺人也。何取于文?"知汉惭谢,后不敢。淳彬死,家贫困,蒋氏事母仇氏,过于诸子女。春魁亦以妻贤孝故,经营其家。春魁病足濒死,蒋氏侍疾恒至夜分。遇严寒,敲冰取水,束竹皮为薪,烹茗温汤,憧憧然,苄苄然。邻妇见者,咸哀叹其勤苦。如是三年,夫疾竟疗。里中塞[②]神,以偶龙卜日往,晴则吉,雨则神不佑。惟春魁家

---

① 矜:夸耀,自大。
② 塞:祭祀。

不卜日，日决于蒋氏。虽阴雨旬日，至期辄霁，乡人传为神福贤妇云。

（录自 光绪二年《东安县志》卷七 列传）

【二十一】哑妇扑虎救姑

哑孝妇者，张氏女而适文氏子，为人口瘖，以故得哑名。其舅盖业卖米饼者，土人呼米饼曰"巴"，而舅曰"搅巴老"云。家在欧冲，冲多虎。舅日卖米饼其村，夫执耕，妇奉其姑居守。姑时有所问于妇，则为手语，妇则手以应。一日，方春而力不舁①，姑往助妇。妇手语，止不可。妇且舂且操箕扬其糠，虎则跃入，衔其姑。妇疾举箕扑其虎，虎去，乃负姑归其室。举手告家人以虎衔姑之厄，举箕示以己扑虎之功。姑竟以免。此嘉庆十一年事，人至今称哑孝妇。而其生平孝于舅姑，与其夫之名，则逸不传。

（录自 光绪二年《东安县志》卷七 列传）

【二十二】王氏食必舍肉

王氏，陈大凤妻。大凤死时，有子曰元义，子妇廖氏，其家贫也。元义尝因岁暮无米，求贷其邻某甲者，甲安应之，约明日来其家。署券②时，王氏仅有一鸡，于是杀之，半佐肴，半以市酒米而飨客。至明日，甲竟不来。元义待至日中，未敢尝食，则往要甲。甲笑曰："戏耳。吾安得有钱假人哉？"元义大恚。俄廖氏提一尺半鲤鱼，施施自外来，置王氏前。王氏疑其盗取，穷诘不已。先是，其家绝炊且累日矣，廖氏摘一筐菜而涤之池，默祝愿："安所得鱼以飨吾姑乎？"鱼忽自头上跃下，卧筐中。廖氏惊喜，以菜覆其上，于是携归，而遭姑之诘责也。则谓王氏曰："鱼自跃入吾筐，非盗来者。"盖廖氏为人孝谨，虽平时馈粥

---

① 舁：抬起。
② 署券：签借据。

不继，姑媳夫妇之间，泄泄如也。王氏乃不言。然王氏喜饮，家贫不得，廖氏日任舂于人，以饮姑。或归宁①赴戚党之宴，食必舍②肉，时时畜果饵献之，以为常。后元义以纤啬起家，王氏享用十余年，年九十一卒。廖氏年八十三。

（录自 光绪二年《东安县志》卷七 列传）

【二十三】向氏附棺殉夫

向氏，胡应诏妻。应诏，清癯白皙，语言如恐伤。向氏尤婉顺，善事夫，盖相爱也。已而应诏膺瘵疾死，向氏持其尸悲痛，家人且劝且舁其尸棺中。向氏过哀失次，犹疑其夫之未即死也。忽举目不见，奔出，谓家人曰："乃不令我一面吾夫乎？"于是附棺欲与同敛，妇女掖以去。其母曰："儿竟不自节哀邪？独奈何不为汝母地③？"泣且对曰："有兄妹以事母，有伯叔以事舅姑，何生为母，奈何不为儿地？"姑姊知其贞烈，防闲④之。然自是日少食饮，且病矣，竟以死。

（录自 光绪二年《东安县志》卷七 列传）

【二十四】谭氏智勇擒寇

谭氏，唐振泮妻也。振泮事在《列传》。谭氏开敏，而振泮豪宕好宾客，诸子任侠，助夫治家，有贤能名。咸丰五年，土寇朱洪英破县城，谭氏年六十二矣。次子楚翘，率壮丁防隘口。寇夜弃城北走，至唐村，诸男丁皆出在外，仓卒无所为计。谭氏语众曰："今走亦死，守亦死，宜张虚声应之。"自率诸孙及敢从者十余人，伏太平桥举火焚积草。

---

① 归宁：回娘家看望父母。
② 舍：放置一边，指留着。
③ 为汝母地：为……地，意即为……着想。
④ 防闲：防备。

寇见火，疑有备，又闻唐氏团练名，会暮惧伏，裴回①不前。后至者则惊曰："官军至矣。"遽反走。谭氏曰："追之。"众相顾不敢。谭氏曰："昏黑相疑，何知吾众寡？不追寇，必还，村毁矣。"于是吹角，众讙噪②，寇奔走不相顾，夺马二匹，俘贼妇二人以还。鸡鸣，楚翘率壮丁救至，闻贼去，复追之。搜芦中，复擒五十余人。谭氏后五年以寿终。

（录自 光绪二年《东安县志》卷七 列传）

【二十五】袁氏富家有方

袁氏者，胡氏童养媳也，夫曰长照。长照尝就外傅③，家事皆筦④于袁氏，乃得竟学。然卒未有成名，先袁氏死。袁氏督其六子读书，各举其职。自长照时，田不过百亩。至袁氏季年，子妇孙曾至六十人，益以奴客、外戚，食于座者，岁需数百金。袁氏躬率诸子，厚薄丰俭有等，竟增产到六百亩，子各百亩，持其家世益盛。袁氏尝语人曰："财岂可封⑤哉？家富而吝于施，不祥。"于时有夫死而襁其女丐食者，谓袁氏当能赈援我也，委其女隘巷。袁氏闻知，甚不忍，属⑥乳母养之，至成人而嫁焉。袁氏之死时，年七十七。

（录自 光绪二年《东安县志》卷七 列传）

【二十六】李氏为夫祈年

李氏，州同叶本岳之妻，以子兆兰贵，晋封一品太夫人。年满六十，乡人采其节孝上之，奉旨旌表，得建坊。今上南江西去二里许竖立石坊，表曰："诰封荣禄大夫叶本岳之妻一品太夫人李氏节孝坊"，是

---

① 裴回：迟疑。
② 讙噪：喧哗鼓噪。
③ 就外傅：外出受教。
④ 筦：同"管"。
⑤ 封：闭藏。
⑥ 属：通"嘱"。

也。李氏少失怙①，善事继母唐氏，嫁时唐氏送之门，哭其伤，人以此益知李氏贤。既至，叶家适落，翁顾②喜宾客，肴馔不称意，辄不乐。李氏每暗典裙簪，豫为之储。居数年，翁殁，丧事毕，而家益窘。夫本岳故不善生计，唯读书饮酒垂钓自娱。李氏既以一身勤井臼、浣纴、纺织之事，又常辍早餐，赢一杯米，买香纸为父母祈永年。日或不再食，未尝倦也。又数年，夫且病，屡祷于神，至乃以身代。人谓："数③不可移，日至是而不应，乃无如何耳。"及卒，一恸而绝，久始甦，连日不食。父光弼抚其头曰："痴儿，死何益？且不闻无成有终之义乎？"李氏沉思良久曰："是儿之责也。"既葬，驱兆兰入塾，每逃则挞焉，或至流血。家贫，绩④多储棉纱。

道光十五年大饥，有鬻书者，以棉纱易之。今家中所藏旧籍，多系当年十指尖头血所易也。后兆兰官潜山，送之行，诫之曰："汝毋要潜人钱。明年，余入潜视汝。"旋以道阻不果行，卒于籍。潜人习闻其诫语也。至是，兆兰哭，潜人亦哭。为道场七日，费钱八十余万。胡文忠公闻而叹之曰："此家人父子事也。潜民其可用矣。"遂进兵潜城，克之。兆兰归，奉李氏棺葬于黄茅山，距家五里云。

（录自光绪二年《东安县志》卷七列传）

【二十七】李氏织绩以待儿

李氏，徐大宾妻，贤明有妇德。大宾性刚烈，不能忍人，人亦不忍之。因族有田讼，并讼大宾，忿怨连绾⑤，莫能解。李具酒食，请族长者为谢其仇家，事乃得已。其兄女，幼为童养妇，姑家贫，不能乳，母

---

① 失怙：失去父母依靠。
② 顾：却。
③ 数：命数。
④ 绩：纺织。
⑤ 连绾：牵连纠结。

亦不恤之。李氏自往，抱女归，哺以糜粥，长大及笄，又为具装，遣还其壻家。女不知母，而母李氏。李氏送之嫁，乃谓曰："我非尔母。"具语以故。女涕泣，终身事李氏如母。李氏终亦不自恩也。既无子，长兄以子启明嗣之。大宾苦贫，促令耕。李氏欲令读，不可，则令儿昼往耕，夜往读。恒坐待儿还，至丙夜。儿亦勤孝，闵母劳，伺母寝，乃入学舍，然李氏终织绩以待儿还。咸丰九年，寇掠县境，启明将舁母避山上，时李氏年八十矣，挥启明曰："速去，无虑我。"上下山谷二十许里，步履如少年，至九十四岁卒。

（录自 光绪二年《东安县志》卷七 列传）

【二十八】唐氏责盗息家难

唐氏，蒋钟宇妻。钟宇富赀财，每岁别储谷百石为一匦，遇贫人指匦给之。其戚友相交好，需贷者不在此数。钟宇死，其子淳光踵①行之。无几时，淳光又死。淳光子幼，原产日削矣。人责②谷于匦者，恒不厌其意，则中③蒋氏危法④，夜乘屋盗其物，蒋家虽鸡狗不宁。时唐氏年六十余，尚在，告妾卿氏曰："彼固皆受吾家恩，当以大义责之。汝但视吾颜色怒甚，阳相劝，阴持钱分给之，约以今日为止，后不可矣。"明日悉召其党，既至，唐氏言曰："若等竟不记忆吾先夫与吾子邪？欺人孤儿寡妇，恩施而仇报，吾宁尽没其产于官，无钱谷予人。"即曳杖趋入内。众愕眙良久，卿氏徐曰："余不令媪知，请得以钱十千佐诸君一日酒食费，后不得再索吾匦谷。"皆感泣不受以去，盖无事张皇而靖家难焉。唐氏卒时，年六十七。卿氏年八十。二孙：南枝，训道。

（录自 光绪二年《东安县志》卷七 列传）

---

① 踵：接着。
② 责：求，讨要。
③ 中：中伤。
④ 危法：危害法纪。

【二十九】奖氏节孝教子

奖氏,蒋元楚妻。元楚得末疾,奖氏守侍,经月不解衣带。然元楚竟不起。奖氏则经于僻室,家人觅而苏之,谓奖氏曰:"蒋氏幸有后,母死,谁与任乳养?奈何不为其难者?"奖氏乃起听命。子曰兆麒,二岁耳。卒教养成立,为县学生。奖氏事舅姑尤孝谨有礼,兆麒于是乃上其母状于当事,得"节孝"旌。

(录自 光绪二年《东安县志》卷七 列传)

【三十】端姑护母惊寇

谢端姑,年十七。咸丰十年,流寇犯县城。端姑父早死,有兄侍聋母,闻警,急负衣粮先出谋避乱。所居,留端姑守其母。俄而寇已入城,独扶母出南门。将渡桥,后喧呼追至。寇欲掠端姑,端姑投水死。寇惊哀其烈,释其母去。

(录自 光绪二年《东安县志》卷七 列传)

【三十一】唐氏守媪退贼

唐氏,邓绍汾妻也,父雍玉。绍汾世父无子,从俗为两后,故唐氏有二姑。所后者妾,又为少姑。亲疏嫡庶之间,雍雍如也。生二子一女,而夫死。邓氏故饶于财彦,承两父产,皆主之唐氏。唐氏丰于施,啬于用,以善治家称。咸丰二年,土寇起,唐氏年四十四,奉姑避山中。姑病无药,对曰:"与①我流徙死,毋宁兵死。"唐氏泣不能对。遣探者,言贼定不来,于是呼舁夫②奉姑俱还。还而寇至,见唐氏守病媪不去,叱之。唐氏泣而请,翼③而护,意唯恐惊病人。寇见其诚,故

---

① 与:与其。
② 舁夫:轿夫。
③ 翼:遮掩。

刃胁之，唐氏不惧。寇相谓曰："此孝妇也，年老而爱敬不衰，此真孝妇。"反与以珍药而去。既免，其家人携二子归，唐氏惊悟曰："汝等犹在耶！皆从何来？"盖其奉姑还，匆匆惟以疾为忧，遂忘二子云。

　　赞曰：宋丁抗义，女教弥修。唐王才思，峻节明秋。唐谭智略，孙熊好仇①。魏陈家福，八叶②蒙休③。叶姆④贞孝，旌浩则优。端姑护母，蹈难无尤。余妇行芳，其馨斯留。

（录自 光绪二年《东安县志》卷七 列传）

---

① 好仇：典出《诗经》"君子好仇。"仇，通"逑"。
② 叶：世。
③ 休：美名。
④ 姆：通"母"。

沉香寺建于清乾隆四十八（1783）。沉香寺位于东安县渌埠头湘江北岸的尖峰岭上，相传因悬崖边上有一高大沉香树而得名。这里香火缭绕，香客往来不绝。最盛行时堪称"日有千人朝拜，夜有万盏明灯"。寺庙石壁上刻"我心非石"四字，每字高0.66米，阴刻，字体雄浑，发人深思。现为东安县禅德文化基地。

我心非石——沉香寺·郭松燕摄

高岩水库是东安饮用水源地，位于东安紫水国家湿地公园源头，是东安的"小三峡"，被誉为"十里画廊"。

仙人棋台・将军石 文高平摄

东安是湘江进入湖南的第一个县，湘江在东安县内流程50.4公里，自然落差18.5米，多年平均径流量为89.472亿立方米，平均流量为每秒283.505立方米。

渔舟唱晚——东安湘江风光　刘耀辉摄

川岩乡上界头，村民居住在海拔1100米的山间盆地里，那里有令人流连忘返建在山坡上的吊脚楼，被称为"壁上挂灯笼"；有游人络绎不绝来参观的十万亩杜鹃花海，五十万亩竹海林涛；有神奇莫名的将军棋、青龙寺，如梦似幻的诗画田园宛如世外桃源。

阡陌纵横——上界头田园风光　文高平摄

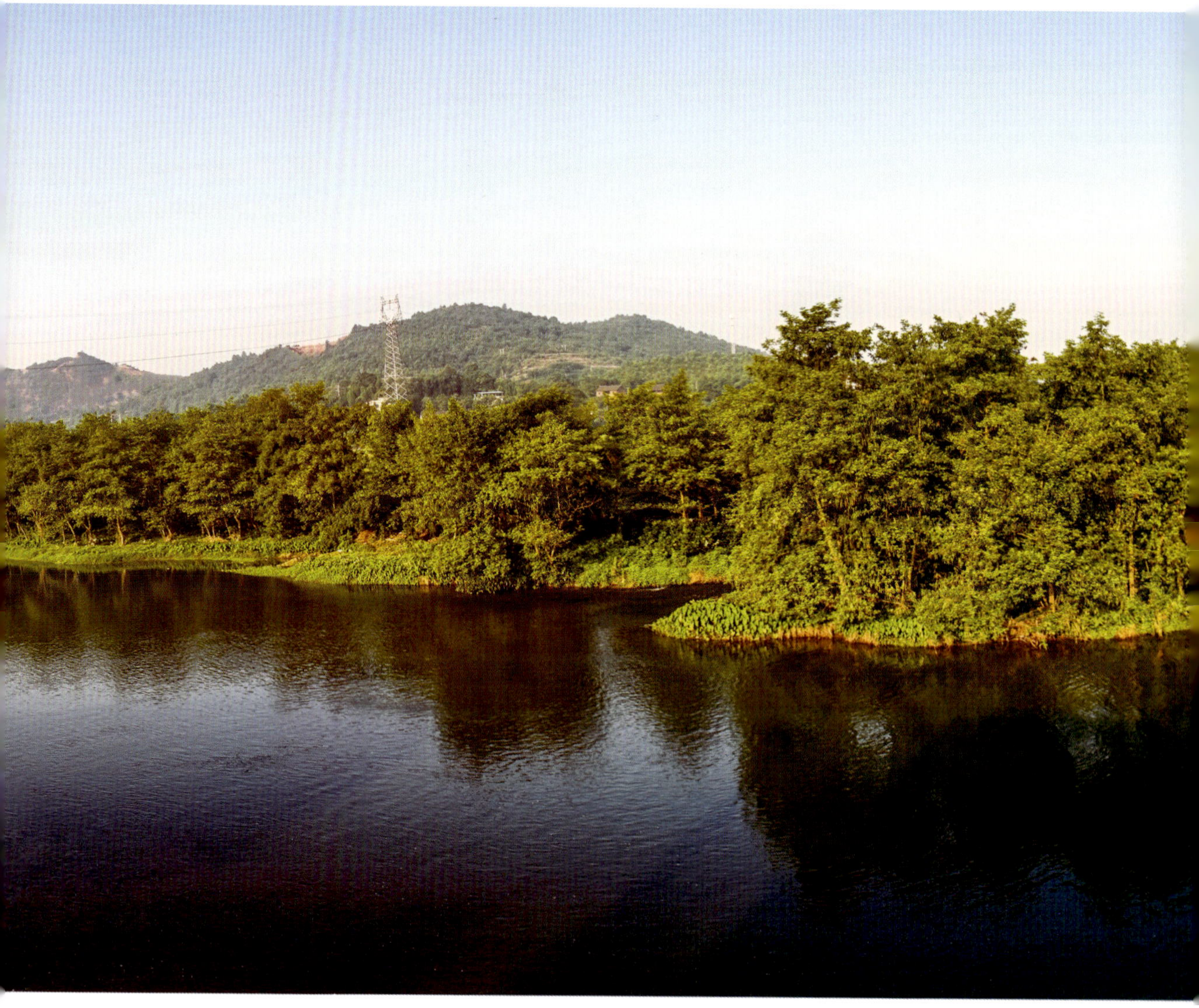

东安紫水国家湿地公园风光·五龙归海　文高平摄

孝子潭里赛龙舟　于德满摄

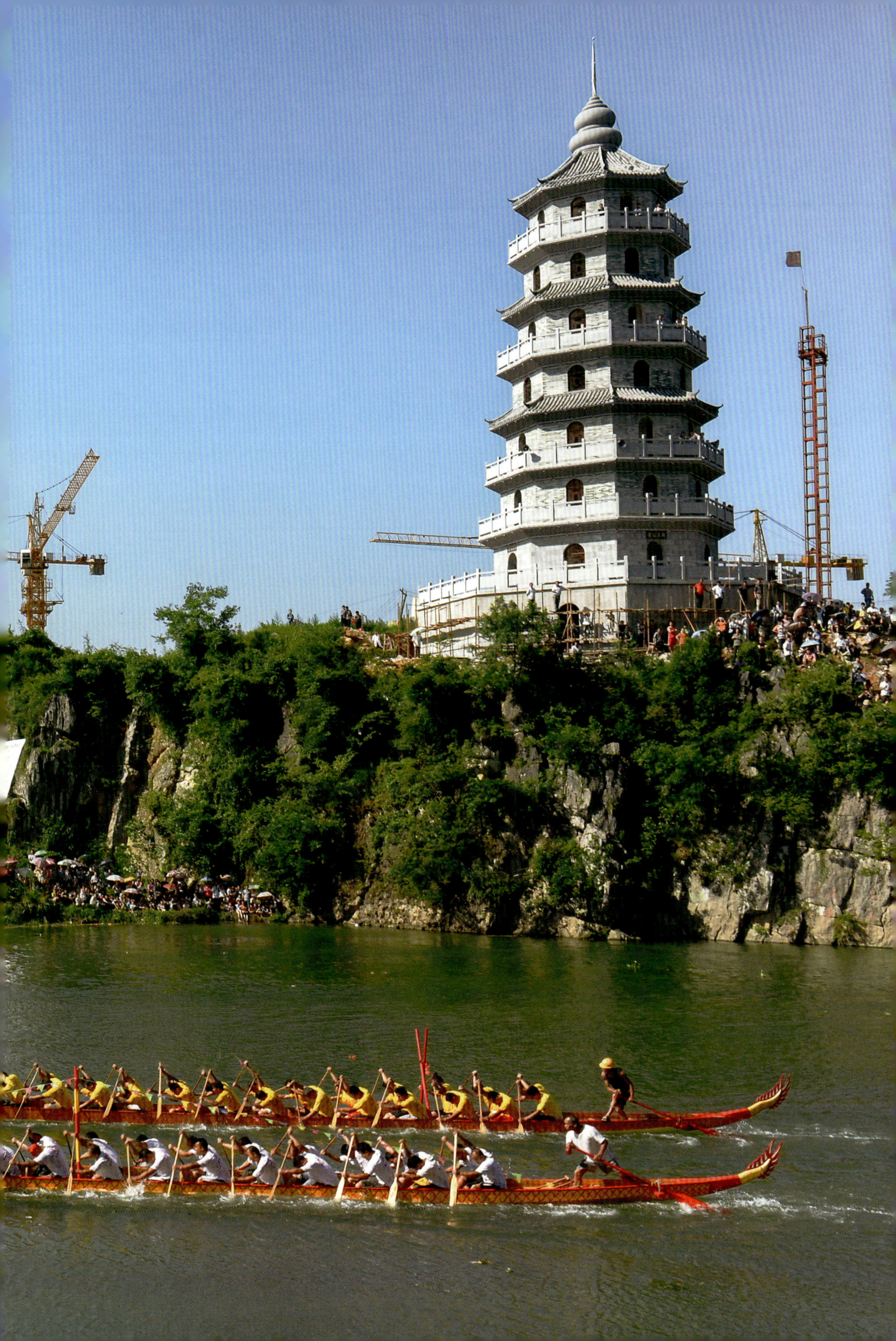

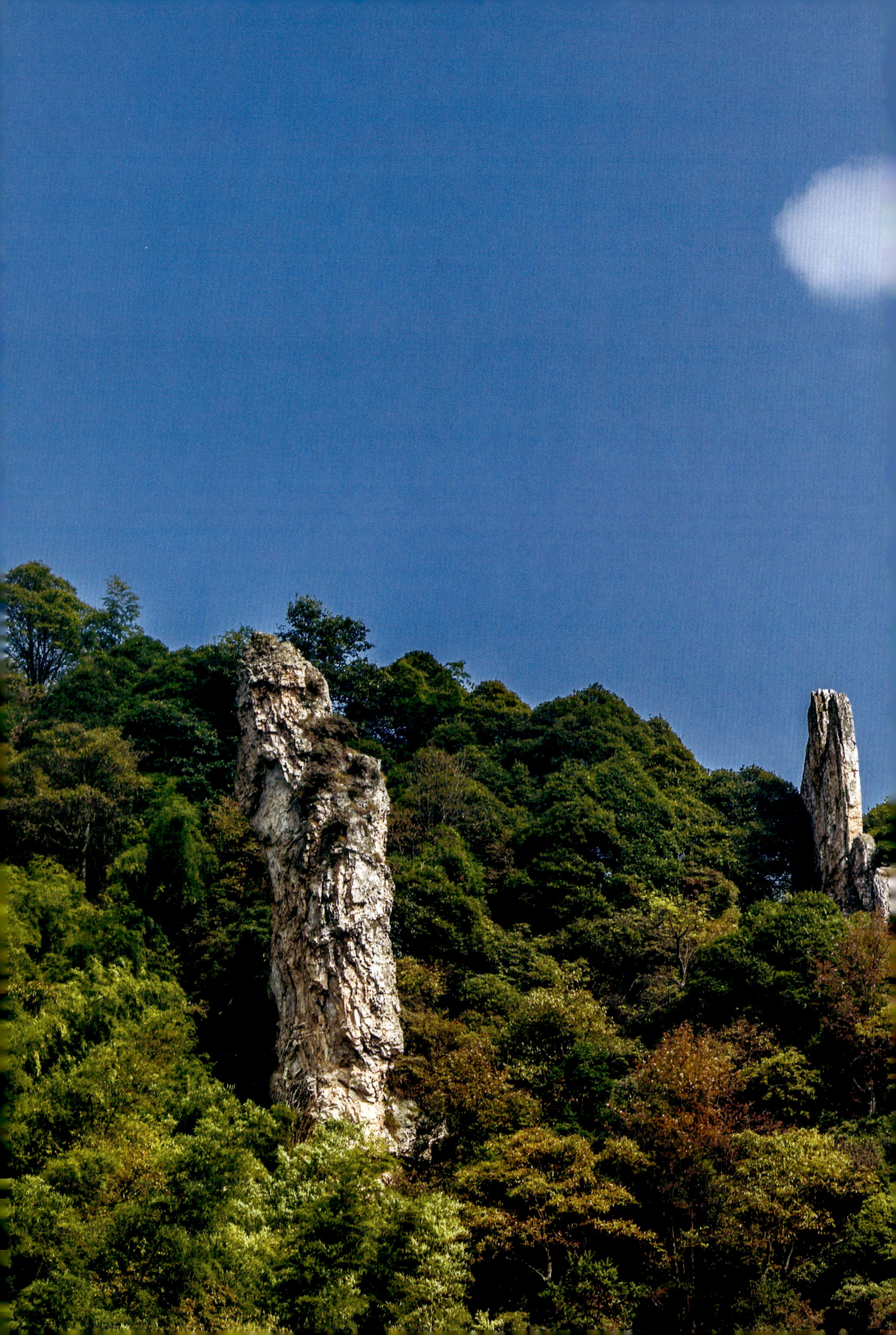

黄金洞：五指山上白云飞 文高平摄

诸葛岭海拔373米，方圆8000平方米，是载入省志的历史名山。清《一统志》载："诸葛岭在县南一里许，相传武侯驻兵于此，壁垒之迹犹存。"清光绪二年《东安县志》载："昔葛相亮，以军师将军督零、桂军赋，尝驻于此。其时零陵太守治今兴安。自衡（衡阳）至全（广西全州县），此为通道，军师屯宿，正协驿程。"

诸葛岭下·鱼闯滩　文高平摄

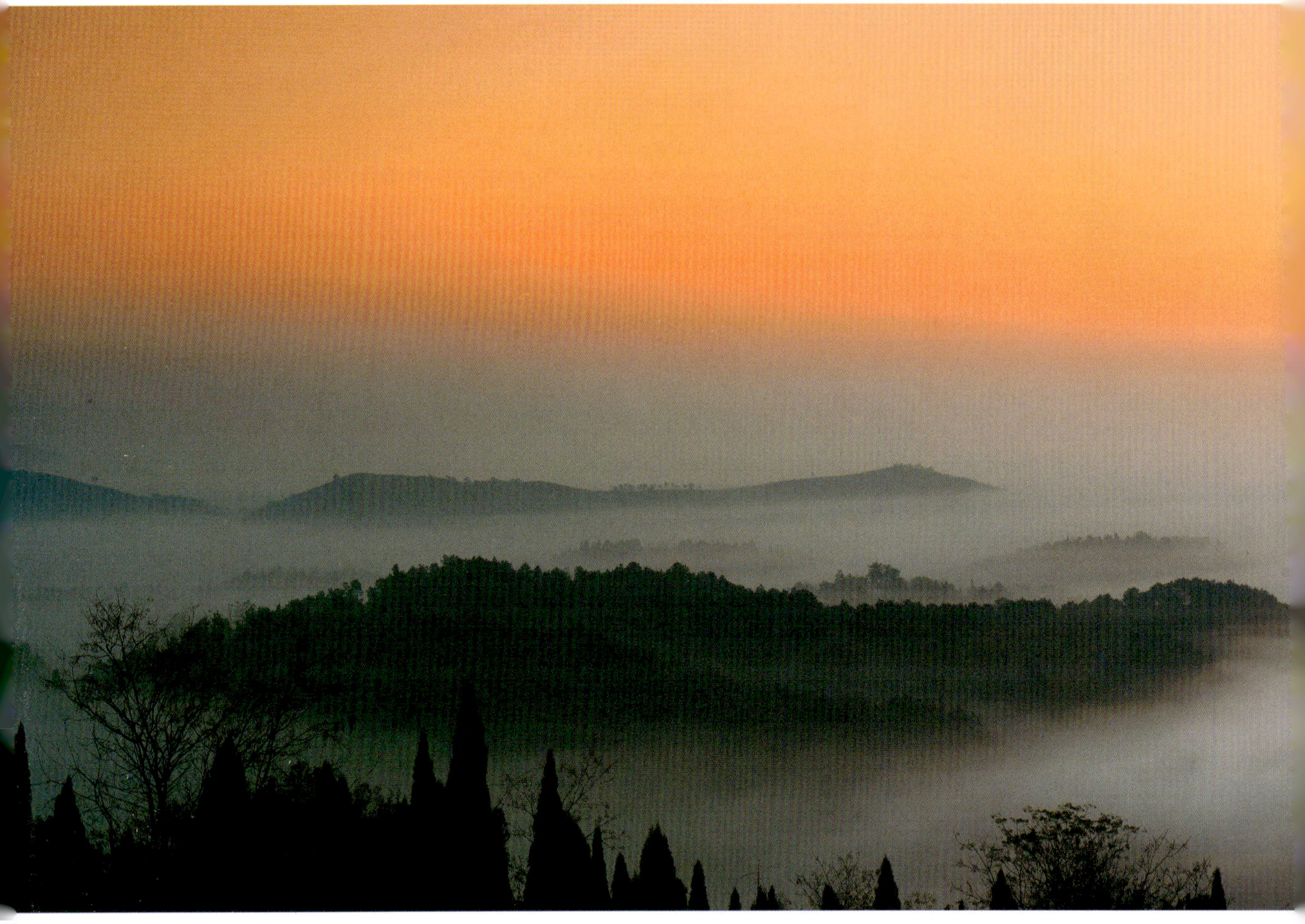

县城日出　蔡小平摄